포스트모던 교육 사상

게시 아키라
(下司 晶) 저
최승현 역

教育思想のポストモダン

일본교육학은 포스트모던을 어떻게 수용했는가

박영story

저자 서문

최승현 교수께서 이 책을 한국어로 번역하여 출간에 이르게 되어 대단히 기쁩니다. 최 교수님과 저는 한국과 일본의 교육학을 나누는 가운데 만났습니다. 우리는 이런 학술적·문화적인 국제교류를 더 심화해 가고자 합니다. 이 책은 1950년 무렵부터 현대까지 일본 교육학의 동향을 분석한 것입니다. 한국의 독자 여러분에게도, 저에게도 가슴 아픈 일이지만 일본의 교육학사를 말하기 위해서는 어찌 됐든 한국과 일본의 역사를 직시하는 일에서 시작해야만 합니다. 한국과 일본 사이에는 불행한 과거가 있습니다. 메이지 유신부터 제2차 세계대전의 패전에 이르기까지 일본은 한국을 부당하게 대우하였습니다. 일본인은 이 과거를 과소평가할 수 없습니다. 이 과거는 아직 지나가지 않았습니다. 현재에도 일본이 과거에 한국에 대해 자행한 행위를 용서할 수 없다고 느끼는 분들이 있음을 충분히 이해하고 있습니다. 그런 분들의 기대는 당연하다고 생각합니다. 일본인이 이런 현실을 외면하는 것은 결코 허락될 수 없다고 생각합니다.

교육은 자국의 이익만을 위한 것이 아니라 국제적인 평화를 지향해야 합니다. 이 책의 키워드 중 하나인 '전후교육학'은 1950년 무렵 생겨난 일본의 독자적 용어입니다. '전후교육학'은 메이시 유신부터 제2차 세계대전까지의 교육 방식을 반성하고 평화를 향한 염원을 새롭게 다지는 지점에서 출발합니다.(이하의 내용은 이 책의 마지막 장에서도 논의하겠지만, 독자 여러분의 이해를 위해 여기서도 조금 상세히 설명하려 합니다. 마지막 장을 이해하기 쉬울 것으로 생각합니다.)

모두 동의하는 바와 같이, 일본은 메이지 유신부터 제2차 세계대전까지 제국주의적이고 군사주의적인 국가였습니다. 여러 교육학자나 교사들은 전쟁을 원치 않는 마음에도 불구하고 협력하고 말았습니다. 그러나 일본은 1945년 제2차 세계대전의 패전을 계기로 미국의 실질적인 점령기관인 연합국 군최고사령관 총사령부(GHQ)의 지도로 다시는 전쟁을 하지 못할 평화 국가로 변하고자 노력하였습니다. 일본은 전쟁의 피해자일 뿐 아니라 가해자임을 강하게 자각했습니다. 일본국 헌법(1946년 교부, 1947년 시행)은 전전戰前에 한정되었던 인권을 전면적으로 인정함과 더불어 일본이 다시 전쟁을 하지 못하도록 육해공군 외 기타 전력을 보유하지 않기로 정하였습니다. 교육기본법(구법, 1947년 공포 · 시행)은 "민주적이고 문화적인 국가"의 건설과 "세계평화와 인류의 복지"에 대한 공헌이라는 "이상의 실현은 근본적으로 교육의 힘에 의해 이루어진다."라고 쓰고 있습니다. 즉, 교육을 통해 평화로운 세계를 만드는 것이 일본의 새로운 사명이 된 것입니다.

1945년 패전 이후, 교육학자와 교사 모두 전쟁에 가담했던 과거를 강하게 반성하고 새로운 교육을 지향하였습니다. 이렇게 생겨난 전후의 새로운 민주주의적 교육은 '신교육'이라고 불리게 되었으며 다양한 실천이 자유롭게 시도되었습니다. 이 '신교육'이라는 말에는 이중의 의미가 들어 있습니다. 하나는 패전 이후 전전의 초국가주의적 교육 방식을 부정하기 시작한, 새로운 민주주의적 교육이라는 의미입니다. 이 새로운 교육은 미국에 의해 일본에 들여오게 되었습니다. 다른 하나는 19세기 말~20세기 전반 선진국에서 시도되었던 '신교육'(new education)으로, 미국식으로는 '진보주의교육'(progressive education)이라는 의미입니다. 종래의 주입식 교육, 성인 중심, 교과 중심의 교육이 아니라, 존 듀이로 대표되듯 아동을 교육의 중심에 두고 민주주의 사회를 지향하는 경험주의적 교육 방식을 말합니다. 이런 의미에서의 신교육은 1920년 무렵~1930년대 전반 일본에서도 '다이쇼大正 자유주의교육'으로서 일부 시행된 바 있습니다. 그러나 이런 운동은 이후 일본이 군국주의화 하면서 무너지게 됩니다. 그리고 패전 이후 다시 미국에 의해 일본에 도입됩니다.

이와 같이 민주주의적이면서 아동중심주의적, 경험주의적인 '신교육'의 실천은 1950년 무렵까지 일본 전국으로 확대되었습니다. 1946년부터 1950년 무렵까지의 교육은 일본 역사 속에서 가장 자유롭고, 민주적이며, 많은 자유가 인정되었다고 할 수 있습니다.

그러나 1949년 중화인민공화국의 탄생, 1950년 한국전쟁의 발발로 미국의 대일정책에 변화가 생깁니다. 미국은 일본에 대한 '비군사화·민주화' 전략에서 '반反전체주의'(반공산주의)의 방파제로 삼는 정책으로 전환하였습니다. 그 결과 전후에 도입된 자유와 민주주의에 어두움이 드리웁니다. 일본은 1951년 샌프란시스코 평화조약과 미일안전보장조약(안보조약)에 조인하고 재일在日 미군을 들여오게 됩니다. 이 무렵 과거 전쟁에 가담하여 공직에서 추방됐던 사람들이 정치인 등으로 복귀하였습니다. 패전과 더불어 해체된 전쟁부대도 1950년에는 경찰예비대라는 이름으로 부활하여 현재의 자위대가 되었습니다. 그리고 전전 국가주의적인 이데올로기 교육을 했던 '수신'이라는 도덕교육 교과를 부활시키려는 움직임도 나옵니다. 1958년에는 학습지도요령에 법적 구속력이 생겨 국가에서 동일한 기준으로 교육할 것을 규정하여 자유로운 교육실천이 제한됩니다. 이와 동시에 '도덕 시간'이 특설되어 국가에서 통일된 도덕교육을 하게 됩니다.

많은 학자나 언론인은 이런 동향을 국가통제 강화의 증거로 삼아 일본에서 군국주의가 부활했다고 염려하기 시작했습니다. 그들은 일본의 민주화, 비군사화에 역행한다고 생각되는 정치활동을 '역코스'로 부르고 비판하였습니다. 진보적 지식인이나 일부 교육학자는 전후에 도입된 민주화의 움직임이 전전 초국가주의로 회귀할 것을 염려하며 국가정책을 강하게 비판하는 일을 사명으로 삼았습니다. '전후교육학'(postwar pedagogy)은 이와 같은 상황에서 나왔습니다. 이 말에는 '역코스'에 저항하여 전후 직후의 민주적 교육의 방식으로 돌아가 그 방향성을 계승해야 한다는 사고가 들어 있습니다. 전후교육학은 혁신 층이나 진보적인 문화인들의 지지를 받았습니다. 1955년 이후, 일본의 정치체제는 제1여당인 자유민주당과 제1야당인 사회당이 대립하는 체제가 오랫동안 지속되어 왔습니다. 이 정치적 대립 도식은 '55년 체제'로 불립니다. 자민당은 '개헌 · 보수 · 안보유지'를, 사회당은 '호헌 · 혁신 · 반안보'라는 입장을 취했습니다. 진보적 문화인이나 전후교육학은 좌파 · 혁신파의 입장에서 대미추종 · 국가주의적 정책을 취한 자민당을 비판하고, 국민을 우선으로 생각하며, 평화를 지향해야 한다고 주장하였습니다. 55년 체제는 교육학에서는 국가를 체현한 문부성과 국민을 대표하는 전후교육학의 대립, 톱다운(top-down) 방식으로 교육정책을 실현하고자 하는 문부성과 학교현장으로부터의 보텀업(bottom-up) 방식을 지향하는 일본교직원조합(일교조)의 대립이라는 도식으로 표현되었습니다.

그런데 이 본론에서 상세히 논하게 될 바와 같이, 1990년대 이후 일본의 교육학은 전후교육학에 커다란 비판을 가합니다. 이 사상적 동향은 '전후교육학 비판'(critique of postwar pedagogy)이라고 불립니다. 그러나 여기서 주의해야 할 것은 '전후교육학 비판'이 결코 '역코스'

와 같이 복고주의적인 것도, 우파·보수파에 가담하는 것도 아니라는 것입니다. 독자 여러분 중에는 왜 평화를 지향하는 전후교육학이 비판받게 되었는가라며 납득하지 못하는 분들도 계실 것입니다.

1990년 무렵 '전후교육학'이 영향력을 잃고 '전후교육학 비판'이 대두하게 된 이유를 이해하기 위해서 두 가지 동향을 설명해야겠습니다. 첫째, 정치적 이유로서 55년 체제의 종언입니다. 55년 체제에서 보수와 혁신이 대립한 배경에는 미국으로 대표되는 서방 여러 나라와 소비에트 연합으로 대표되는 동유럽 여러 나라의 냉전체제가 있었습니다. 좌파 혁신층이 여당인 자민당을 강하게 비판한 것은 공산주의를 실현한 국가가 현실에 존재했기 때문입니다. 실제로 동유럽 여러 나라가 그다지 이상적인 국가가 아님을 안다 해도 '본래의' 공산주의나 사회주의는 일종의 유토피아로 상정되어 현실의 일본 정치체제를 비판할 근거가 되었던 것입니다. 그러나 1989년 베를린 장벽이 무너지고, 1991년 소비에트 연합이 해체되면서 동서 냉전이 끝납니다. 이윽고 일본의 55년 체제도 종언을 고합니다. 자민당은 1993년에 여당의 위치를 빼앗겼고, 1994년에는 사회당을 포함한 연립정권이 여당이 됩니다. 이렇게 보수 대 혁신, 자민당 대 사회당이라는 좌우 대립 도식이 소멸합니다. 오랫동안 문부성과 대항 관계에 있었던 일교조도 1995년에 문부성과 역사적 화해를 이루어 협조노선으로 방침을 전환하였습니다. 이에 따라 '혁신세력'이었던 전후교육학도 기존의 의의가 의문시됨에 따라 새로운 유형의 교육학이 요구되기에 이르렀습니다.

둘째, 사상적 자유로서의 포스트모더니즘의 경향입니다. 물론, 포스트모던 사상 이전에도 마르크스나 니체와 같이 근대를 비판하는 사상은 존재했습니다. 그러나 구조주의나 후기구조주의와 같은 포스트모던 사상, 포스트모더니즘은 그 비판을 더욱 철저히 하였습니다. 1960년대까지 영향력을 지녔던 마르크스의 사상(그리고 그 선구인 헤겔)은 테제these와 안티테제antithese가 종합 테제synthese로 종합되는 것과 같이 '이것이냐, 저것이냐'라는 이항대립이 변증법적으로 지양되어야 한다고 생각했습니다. 이에 비해 '전후교육학 비판'은 포스트모던 사상의 영향을 받으면서 이와 같은 '이것이냐, 저것이냐'라는 이항 대립식 문제설정의 전제에 의문을 표하고, 이 물음 자체를 탈구축하여 전후교육학의 한계를 넘어서고자 하였습니다.

몇 가지 사례를 들고자 합니다. '전후교육학'이라는 말은 1945년 이후의 세계를 '전쟁이 끝난 평화의 시대' 혹은 '전쟁을 과거의 것으로 보고 평화를 향해가는 시대'로 생각합니다. 그러나 세계적으로 보면 한국전쟁이나 베트남전쟁을 필두로 현대에 이르기까지 1945년 이후에도 전쟁은 이어져 오고 있습니다. 이 가운데 1945년 이후를 '전후'로 규정하는 것은 일본 국내에만 통용되는 것에 불과한 자국중심주의적인 태도입니다. 나아가 전후교육학은 '국가'와 '국민'을 대립시켜 '국민을 위한 교육'을 요구한다는 특징을 갖습니다. 이 사상은 전전의 교육이나 교육학이 초국가주의에 가담해 왔다는 반성에서 생겨난 것입니다. 그러나 '국민국가'라는 말이 보여주듯 국가 없이 국민은 존재할 수 없기에 국민과 국가가 분리될 수 있다는 발상은 소박한 것입니다. 또, '국민'이라는 용어는 일본에 사는 사람들의 다양성을 균일화, 평면화한다는 비판도 받고 있습니다. 일본에는 야마토大和 민족뿐 아니라 아이누나 오키나와인도 있으며, 해외에 뿌리를 가진 사람들도 많이 있습니다. 더구나 전후교육학은 국민을 위한 교육이나 복지제도가 전후에 새롭게 등장했다고 생각하지만, 1990년대 이후 전개된 총력전 체제에 대한 연구는 이들 교육이나 복지제도가 사실 전시부터 준비되어온 것임을 밝히고 있습니다. 이와 같이 '전후교육학'의 불충분함을 지적하는 것이

‘전후교육학 비판’입니다. 추가로, 이 책의 중요한 키워드인 ‘근대교육학’(modern pedagogy) 및 ‘근대교육학 비판’(critique of modern pedagogy)이라는 용어도 설명이 필요합니다. ‘전후교육학’은 ‘근대교육학’과, ‘전후교육학 비판’은 ‘근대교육학 비판’과 공통성을 지니고 있습니다.

일본은 메이지(明治) 유신 이래 서양 근대의 사회체제와 문화를 수용해왔습니다. 그리고 다양한 조건이 중첩되어 아시아 국가들 중 눈에 띄게 일찍 ‘근대화’를 달성하였습니다. 그러나 이는 다른 한편에서 보자면 일본의 제국주의화 과정이기도 합니다. 일본이 이미 근대화를 달성했다고 생각한 이들은 1930년대 말부터 1940년 무렵까지 서양 근대의 제국주의를 넘어 동양적 가치관을 체현한 ‘대동아공영권’의 수립이 일본의 사명이라고 불손하게 주장해 왔습니다. 철학자를 필두로 일부 학자들은 1942년에 ‘근대의 초극’이라는 슬로건을 제창하였습니다. 이미 근대화를 달성한 일본이야말로 동양적 가치관을 체현해야 할 중심적 존재라고 주장했습니다. 당연히도 ‘근대의 초극’은 전후 엄밀한 비판대상이 되었습니다. 그런데 만일 반대로 그 입장을 현재 시점에서 재평가한다면, 동양의 시점에서 서양중심주의를 묻는 자세 자체는 이후에 나온 포스트모던 사상과 통하는 부분이 있을지도 모릅니다. 그러나 이 ‘근대의 초극’이라는 사상은 어디까지나 국가주의 범주에 속한 일본 중심의 사고방식이라는 문제가 있었습니다. 이 슬로건은 군국주의와 섞여 일본의 전쟁과 대외진출을 정당화하기 위한 용도가 되었고, 결국 또 하나의 제국주의를 낳고 말았습니다.

그러나 일본의 지식인들은 제2차 세계대전에서 패배함에 따라 메이지 유신 이래의 근대화가 불충분한 것이었다는 생각을 하게 되었습니다. 인류 최초로 원자폭탄 투하로 초래된 파멸적 피해, 도쿄를 필두로 전국의 도시에 닥친 대공습, 미국의 압도적 기술력과 물자 격차, 계획성이 결여된 채 인명을 경시한 전쟁은 일본의 근대화가 겉모습에 불과한 것임을 실감하기에 충분했습니다. 그리고 1945년 이후 일본은 다시 한번 '진정한 근대화'를 달성합니다.

1945년에서 1951년까지 일본은 GHQ, 실질적으로는 미국의 지배 아래에 있었습니다. 이후에도 미국은 일본에 매우 큰 영향력을 행사하였습니다. 그러나 일본의 연구자는 현실의 미국이나 유럽 나라들뿐 아니라 이들이 만들어온 '이념'이야말로 제2차 세계대전 이후의 일본을 인도해 왔다고 생각하였습니다. 일본이 서구歐美 제국에게서 배운 것은 근대의 제국주의적 측면뿐 아니라 구미 제국이 근대화하면서 들여온 인권의식 등의 보편적 이념이라고 생각한 것입니다. 이런 근대의 이념을 일본의 목표로 삼는 입장은 '근대주의'로 불립니다. 전후교육학은 이 근대주의라는 입장에 서 있습니다. 그리고 전후교육학은 '근대의 이념'을 국가에 의한 통제적 교육이 아닌 국민 자신에 의한 자발적 교육, 국제사회에 공헌할 평화교육이나 모든 아동이 똑같은 교육을 받을 권리 등으로 생각하여 이를 실현해야 한다고 생각하였습니다.

현대적 입장에서 보면, '구미도 달성하지 못한 최고의 근대적 이상을 지향한 것' 자체는 나쁘다고 할 수 없습니다. 그러나 이 책에서 서술한 바와 같이, 서양에서도 구조주의, 후기구조주의를 필두로 포스트모던 사상은 자신들의 서양중심주의, 이성중심주의, 백인 남성 중심주의를 반성하고 '근대'의 부정적 측면을 도출하였습니다. 그리고 이들 근대비판 사상을 이어받아 '근대교육학'에 대한 이상화를 비판하는 것이 일본의 '근대교육학 비판'의 입장입니다.

예를 들어, 이반 일리치의 『탈학교 사회』는 1960년대 이후 과도하게 학교화, 학력사회화된 일본의 상황을 묻는 시초가 되었습니다. 1970년대 이후 관리가 엄격해진 일본의 학교는 미셸 푸코가

『감시와 처벌: 감옥의 탄생』에서 묘사한 바와 같이 일부 학교 관계자들이 보기에 마치 감옥과 같은 것이었습니다. 필립 아리에스의 『아동의 탄생: 앙시앙 레짐기의 아동과 가족생활』은 '아동을 위한 교육'이나 '과학적인 아동 이해'로 과연 우리가 행복해졌는가를 의심한다는 시사점을 제공합니다. 즉, '서양 근대'를 지향해야 할 이상이 아닌 현실의 일본과 동일한 문제를 가진 것으로 보게 된 것입니다. 나아가 교육의 보급이 반드시 사람들의 행복을 약속하지 않는다고 생각하게 되었습니다.

이런 의문이 교육학으로 전개된 것이 1990년대 이후의 '전후교육학 비판'과 '근대교육학 비판'입니다. 이는 '좋은 것으로서의 교육', '지향해야 할 이상으로서의 서양 근대'라는 전후교육학의 전제를 의문시합니다. '전후교육학 비판'은 포스트모더니즘의 영향을 받아 여태까지 혁신적인 것으로 생각했던 전후교육학을 비판하였습니다. 이로 인해 이 책에서 설명드리게 될 것처럼 '전후교육학'의 입장을 견지하는 입장은 여러가지 비판을 하게 됩니다.

'전후교육학 비판'에 대한 비판은 예를 들면 다음과 같은 것입니다. 그것은 보편적인 교육이념을 부정하기 때문에 교육이 지향해야 할 이념을 보여줄 수 없다. 또, 학문적인 방법론에 흠이 있어서 객관성·보편성을 방기한다. 이야기식 역사관을 수용하기 때문에 실증주의적·객관적인 역사를 묘사할 수 없는 역사 수정주의에 가담한다. 혁신적 입장에 손을 놓아버리기에 국가주의나 신자유주의를 정당화하고 평화주의의 이상에서 손을 뗀다 등이 그것들입니다.

그러나 상세한 것은 본론에서 이야기하겠지만 이런 비판들은 전혀 온당치 않다고 생각합니다. 포스트모더니즘의 영향을 받은 교육학도 학문적인 방법을 따르고, 실증주의적인 역사를 중시하며 현상에 대한 비판을 잊지 않고, 이상과 평화를 추구합니다. 다만 그 수행 방식이 전후교육학과 다를 뿐입니다.

이 책에서 묘사한 것은 1950년 무렵에서 현대까지 일본교육학의 일부입니다. 특히, 1990년대 교육철학이나 교육사상연구의 전환을 중점적으로 논하였습니다. 이 책은 교육학을 통해 일본의 사상 일부만의 변천을 도출한 것으로서 반드시 일본 사회의 전체상을 그려낸 것이라고는 할 수 없습니다. 또, 이 책은 제가 1990년대 도쿄의 대학과 대학원에서 배운 원체험을 바탕으로 하나의 역사를 그린 것으로서, 그 한계 또한 충분히 자각하고 있습니다. 세대나 지역을 달리하는 저자라면 당연히 교육학의 역사를 저와는 다른 각도에서 그렸을 것입니다.

이 책에 등장하는 일본의 여러 교육학자들은 한국에 이름이 알려져 있지 않습니다. 독자 여러분들은 이들의 고유명을 기억할 필요가 없습니다. 이보다는 일본교육학의 변천을 큰 흐름 속에서 이해해주면 고맙겠습니다.

제가 소속된 일본의 교육철학회나 교육사상사학회는 게재된 논문을 웹 상에 무료로 공개하고 있습니다. 일본어를 배운 독자라면 이 논문들을 직접 읽는 것도 흥미로울 것입니다. 또, 교육철학회는 영어판 온라인 저널도 무료로 공개하고 있습니다. 괜찮다면 이 또한 권해 드립니다. 일본인에게 한국은 가장 가깝고 친근감을 느끼게 하는 나라 중 하나입니다. 현재도 많은 일본인이 한국의 문화를 좋아하고 있습니다. 팝 문화를 통해 한국의 매력을 느끼고 한국어를 배우기 시작한 사람들도 적지 않습니다. '한국의'라는 의미를 표현한 '한류'라는 일본어는 '한류드라마', '한류영화'와 같이 쓰여 어린아이부터 노인에 이르기까지 스며들어 있습니다. 또한 'K'라는 이니셜이 한국의 문화를 표현하기도 합니다. K-POP은 일본인이 애호하는 음악 장르의 하나이며, 젊은이들은 K-HIP HOP에서 일본과의 동시대성과 친근감을 느끼고 있습니다.

한국인들도 일본의 애니메이션이나 만화 그리고 음악이 친근할 것입니다. 일본에는 한국에서 온 많은 유학생들이 있습니다. 어떤 유학생은 일본의 애니메이션을 통해 일본어를 배웠다고 말하기도 합니다. 저는 언젠가 한국에서 온 한 유학생이 일본인 학생보다 일본 팝송을 뛰어나게 부르는 것을 듣고 감동을 받은 적도 있습니다.

한국과 일본의 문화에는 아시아의 전통과 서양의 영향이 혼재되어 있습니다. 양국의 문화에는 공통된 면과 다른 면이 공존합니다. 이 책에서 묘사한 일본의 교육이나 교육학의 역사도 한국과 비슷한 면이 있을지 모르고 다른 면도 있을지 모르겠습니다. 저는 이 책을 통해 한국의 독자들이 양국의 교육과 교육학의 활용 방식을 비교해 볼 것을 기대합니다. 그리고 그 성과를 우리 일본인에게 가르쳐준다면 기쁘겠습니다.

마지막으로 이 책의 한국어판을 번역하고, 출판해 준 충북대학교의 최승현 교수님과 출판사 분들 모두에게 깊은 감사를 드립니다. 최승현 교수님을 저에게 소개시켜 주셨고, 일본교육학회 회장을 맡고 있는 히로타 데루유키広田照幸 선생님(니혼대학)에게도 감사를 빼놓을 수 없습니다. 추천사를 써 주신 고려대학교의 한용진 교수님과 서울교육대학교의 오성철 교수님에게도 감사드립니다. 처음에 쓴 것처럼, 한국과 일본의 교육학자가 적극적으로 교류하기를 희망합니다. 저도 미력하나마 양국의 우호 관계를 구축하는 일에 도움이 되고 싶습니다. 이 책이 여기에 일조할 수 있다면 저자인 저로서는 가장 큰 기쁨일 것입니다.

2020년 9월

저자 게시 아키라下司 晶

머리말

포스트모던 교육사상. 이 제목에서 당신은 어떤 내용을 떠올리는가? '포스트모던이라는 새로운 사상의 입장 때문에 여태까지 없었던 교육의 방식에 대한 제언'을 기대할까, 혹은 '철 지난 사상을 새삼스레 다루는 것에 어떤 의미가 있나'라는 의문을 품을까? 이 중 어떤 생각을 했든 책장을 넘기면서 무언가 속은 게 아닌가라는 느낌을 가질지도 모르겠다. 본서의 목적은 특정한 외래 사상에 기반한 교육의 비전을 제시하는 것이 아니기 때문이다.

그러나 새삼스럽게 포스트모던/포스트모더니즘에 관해 이야기할 거리가 남아있기나 한 것일까? 1980년대 일본에서 포스트모던 사상이 붐을 일으켰고 이미 30년 이상 세월이 흘렀다. 라캉, 푸코, 들뢰즈, 데리다 등…. 그들은 모두 죽었고 주요 사상은 거의 소개되어 있다고 해도 좋다. 그 사이 포스트모던은 하버마스에 의해 '신보수'라는 딱지를 받았고, 소칼에 의해 '유행에 불과한 넌센스'로 각인되었다. 더구나 2000년대 이후 일본에서는 프랑스 현대사상을 대체하는 영미권 정치철학이 주류를 이루게 되었다.

하지만 그렇다 해도, 아니 그렇기에 본서에서 필자가 보는 '최신' 교육학의 상황은 명확해졌다고 생각한다. 그러나 그것은 앞서 말한 바와 같이 유럽(특히, 프랑스)에서 온 사상에 우리가 관심을 보이고 거기에 일본의 교육을 비추어 본다고 해서 이루어질 일은 아닌 것이다. 오히려 본서가 드러내고자 하는 것은 일본의 교육학이 어떻게 포스트모던/포스트모더니즘에 응답하고, 스스로를 변화시킬 수 있을 것인가에 있다. 현대의 우리들에게 포스트모던/포스트모더니즘은 당연한 것이 되었지만, 그렇다 해도 이 변화를 느끼지 않는 이들과 이를 부정하는 이들 또한 변함없이 많은 것이 사실이다.

현대 교육학의 패러다임은 어느샌가 변해버렸다. 그렇다면 언제, 어떻게 변한 걸까. 이를 '포스트모던'이라는 용어를 통해 밝히고자 하는 것이 이 책의 목적이다. 뒤에서 다룰 바와 같이 사실 일본의 교육학은 포스트모던 사상을 충분히 음미하지도, 수용하지도 못했다. 그럼에도 불구하고 그 영향이 전무하다고는 할 수 없다. 애초 포스트모던 사상을 배우지 않았더라도 포스트모던 상황으로부터 벗어날 수도 없다. 포스트모더니즘은 그 이전으로 되돌아가는 것이 불가능할 만큼 깊은 흔적을 교육학에 남기고 있다. 이에 이 책은 그 흔적의 깊이를 탐구함으로써 이후 교육의 방향을 생각하고자 한다.

외래문화와의 관계에 관해 다음과 같이 자주 이해되곤 한다. 일본은 여러 외래문화를 동시대적으로 수용해 왔지만 이를 자신의 것으로 완전히 소화하기 이전에 다음 외래문화로 이동했고, 결국 이들 문화는 일시적인 유행으로 끝나고 말았다. 그렇게 우리는 아무것도 배우지 못한 채 외래의 것을 자기화하지 못해왔다. 이는 어쩌면 내가 마루야마 마사오나 요시모토 다카아키와 같은 저자들에게서 이런 논의를 접했던 19세 무렵 그 뜻을 정확히 이해했다고 착각하고 눈앞의 안개가 걷히는 느낌을 받았던 때와도 같아 보인다.

하지만 잠시 후 이런 주장에 대한 의문도 머릿속에 떠올렸던 것 같다. 과연 외래문화 혹은 그것들을 수용한 선배들의 노력은 후세에 아무것도 남기지 않은 걸까. 한자와 가타카나片仮名를 동시에 구사하는 일본어를 보건대, 일본인의 문화적 혼효混淆의 상황은 분명하다. 일본이라는 국가나 문화의 윤곽을 메이지 유신 이전으로까지 거슬러 올라가 생각하는 일이 본질적으로 오류를 띤다 하더라도 현대의 우리가 받아들인 문화는 늘 '바깥'과의 대화를 통해 구축되어 왔다. 교육학에서 포스트모던 사상은 그런 대화의 상대였다. 무엇보다 교육학은 이를 완전히 수용하지 못했다. 공감, 호응, 의심, 반발, 거부, 거절. 반응의 방식은 다양했지만 어쨌든 그에 응답하며 교육학이 스스로를 변화시켜 온 것은 의심할 바 없다.

포스트모던/포스트모더니즘만큼 세간의 평판에 격하게 휘둘린 말도 근래에는 없었다. 그것은 일부 사람들에게는 근대의 유산을 전적으로 부정하는 모든 악의 근원이었으며 반지성주의의 대표이자 이미 정점을 지난 일시적인 유행병이었다. 전문 학회에서 알레르기 반응을 보인 사람들도 다수이고, 정의가 통일되지 않은 채로 각 논자가 자신의 주장을 펼쳤기 때문에 생산적인 논의가 이루어지지 않았던 탓도 있다. 때문에, 누구든 이 말로부터 거리를 두고자 했고 그것과 자신을 구별하고자 했던 것이다.

이런 상황에서 '포스트모던'이라는 말을 저작의 제목으로 쓴 것은 어떻게 봐도 현명한 선택은 아닌 것 같다. 그럼에도 불구하고 굳이 이 '반대 길'을 택한 이유는 무엇보다 필자의 성격이 고분고분하지 못한 탓도 있지만, 다른 하나는 이 시각으로 보지 못하는 지점에 서야만 볼 수 있는 것이 있다고 생각했기 때문이다. 이 시도가 잘한 것인지에 관해서는 독자 여러분들의 비판이 궁금할 뿐이다.

목 차

서장 교육사상과 포스트모던

1. 교육학과 포스트모던 _ 1
2. 포스트모던과 포스트모더니즘 _ 8
3. 교육학의 포스트모던 사상 _ 15
4. 이 책의 대상과 범위 _ 25

1장 포스트모더니즘과 규범의 상실? : 교육철학의 포스트모던 사상 수용

도입: 망각의 포스트모더니즘 ············ 33
1. 이스케이프 부호esc로서의 포스트모더니즘 _ 35
2. 밀교祕敎로서의 포스트모더니즘 _ 41
3. 규범주의의 단절과 연결 _ 46
4. 수행(performative)이 아닌 진술(constative)로 _ 54
5. 포스트모더니즘의 커다란 유산 _ 59
결론을 대신하여: 육화된 포스트모더니즘 ············ 65

2장 근대비판, 미완의 프로젝트 : 교육철학은 근대를 어떻게 논해왔는가

서론: 교육철학에서 근대론의 전개 ········ 69

1. 아이러니로서의 근대: 1960년대 _ 71
2. 근대주의의 등장: 1970년대 _ 75
3. 근대주의의 전성기: 1980년대 _ 78
4. 근대비판의 전개: 1990년대 _ 83
5. 근대비판을 넘어: 2000년대 _ 89

결론을 대신하여: 근대비판, 미완의 프로젝트 ········ 94

3장 근대교육학 비판이란 무엇이었나 : 교육사상사의 과제와 방법에 기대어

서론: 망각의 유혹에 저항하여 ········ 97

1. 왜 '근대'의 '사상사'인가? _ 100
2. '전후교육학의 근대' 비판 _ 105
3. 교육사상사에서 교육인간학으로?: 근대교육학 비판의 전개 _ 113
4. 근대교육학 비판의 실제성 _ 120

결론을 대신하여: 성찰과 대화의 근대교육학 비판 ········ 125

4장 언어론적 전회 이후의 교육사상사 : 혹은 포스트모더니즘의 어떤 점이 불가不可한가?

서론: 포스트모던을 경유한 후 교육 비판은 가능한가? ········ 127

1. 교육사상은 비판의 근거를 획득한 것인가? _ 129
2. 언어론적 전회 이후의 교육사상사: 말해지지 않은 규칙 _ 136
3. '언어론적 전회 이후의 교육사상사'로부터: 갱신의 역사로 _ 146

결론을 대신하여: '근원적으로 상실된 무엇인가'와의 거리 ········ 151

5장 교육철학과 교육실천, 그 관계성의 전환
: 잃어버린 계몽의 행방

서론: 계몽의 행방 ········ 155
1. 전후교육학과 교육실천: 마르크스의 속박을 벗어나 _ 157
2. 독백으로부터 대화로: 교육철학의 변용 _ 162
3. 새로운 관계성을 위해: 장소, 텍스트, 임상 _ 170
결론을 대신하여: 이론-실천의 매개자를 기른다. ········ 177

6장 국민의 교육권론을 푸코로 다시 짜다
: 도덕의 교과화를 어떻게 대할 것인가

서론: 전후 체제의 종언과 전후교육학 비판 ········ 179
1. 전후교육학 패러다임의 형성과 계승 _ 185
2. 국민의 교육권론의 한계와 그 속박 _ 190
3. 통치로서의 근대교육과 그 비판 _ 196
결론을 대신하여: 교육을 변혁하는 회로 ········ 203

종장 전후교육학을 넘어

1. 전후교육학에서 냉전후 교육학으로 _ 205
2. 근대비판의 행방 _ 218
3. 교육사상에서 사회사상으로 _ 232

맺음말 ········ 245
옮긴이 후기 ········ 251
인명색인 ········ 254
사항색인 ········ 259
최초 출처 ········ 267

일러두기

이 책은 일본 인명, 지명, 고유명사의 한글 표기를 교육부의 지정표기법에 따라 통일하였습니다.

서
장

교육사상과 포스트모던

1. 교육학과 포스트모던

(1) '포스트모던'을 누구도 알지 못한다

교육사상의 포스트모던. 어느샌가 '근대'를 준거로 삼아야 하는 교육사상 논의 방식을 본서는 이렇게 부르고자 한다. 정확히는 '교육사상연구의 포스트모던 양상'이라고 불러야 할 것이다. 포스트모더니즘은 교육학에서 무엇을 초래한 걸까, 교육사상연구의 포스트모던 양상으로의 전환은 어떻게 이루어진 걸까, 이 전환에 의거하여 교육실천과 교육현실 그리고 교육학의 관계는 어떻게 변화한 걸까? 이런 문제들을 검토하는 것이 이 책의 목적이다.

하지만 '포스트모던' 혹은 '포스트모더니즘'이란 대체 무엇일까? 정의의 어려움, 그 괴물 같은 성질, 이것이야말로 포스트모던/포스트모더니즘의 최대 특징이라고 할 수 있을 것이다. 영국의 문학 연구가인 스튜어트 심Stuart Sim은 『루틀리지 비판사전: 포스트모던 사상』[1]의 서두에서 '포스트모던'이 정형구로서 일상적으로 사용되고

1 Stuart Sim(ed.) *The Routledge Critical Dictionary of Postmodern Thought*(New York, Routledge, 1999). 이 책은 *The Icon Critical Dictionary of Postmodern*

있음에도 불구하고 이 말이 무엇을 의미하는가에 대해 확신을 가지고 말하는 이는 거의 없다고 하였다(Sim, 1999a: vii/2002a: 3).

이 상황은 교육학에서도 마찬가지이다. 『옥스퍼드 교육철학 핸드북』에 수록된 '포스트모더니즘과 교육'에서 니콜라스 버뷸러스 Nicholas Burbules는 본래 '포스트모더니즘이란 무엇인가'에 관한 함의가 형성되어 있지 않기 때문에 이에 대한 충격의 정도를 묘사하는 것은 어렵다고 하였다. 포스트모더니즘이란 전혀 다른 이론적 입장을 묶어낸 포괄적 용어(an umbrella term)라는 것이다. 예를 들어, 로티의 네오 프래그머티즘, 푸코나 리오타르의 후기구조주의, 데리다의 탈구축 철학, 가다머의 해석학적 현상학, 하버마스의 비판이론, 프레이저, 벤하빕, 해러웨이, 이리가레 등의 차이의 페미니즘, 그 외 다양한 입장이 '포스트모더니즘'으로 통칭된다. 더구나 최근에는 포스트모던 마르크스주의, 포스트모던 기독교, 포스트모던 보수주의와 같이 전혀 포스트모던적이지 않은 세계관에도 이 수식어가 붙고 있다. 일관된 정의를 거부하는 것이야말로 포스트모더니즘의 본질처럼 생각되고 있는 것이다(Burbules, 2009: 525).

포스트모더니즘에 대한 정의가 일정하지 않다는 논의가 확산되고 이것이 수습되지 않고 있는 사정은 일본 교육학에서도 다르지 않다. 마스부치 유키오增淵幸男와 모리타 히사토森田尚人가 편집한 『현대교육학의 지평: 포스트모더니즘을 넘어』(南窓社, 2001)는 일본 교육학에서 최초로 포스트모더니즘을 본격적으로 검토한 훌륭한 저작으로서, 서두에서 마스부치는 포스트모던의 영향을 깔끔하게 정리할 필요가 있다고 말한다.

Thought(Cambridge, Icon Books, 1998)의 미국판본이다. 번역은 제1부 「포스트모더니즘, 그 역사와 문화적 맥락」이 『포스트모더니즘이란 무엇인가』(스기노 겐타로杉野健太郎 외 역, 松柏社, 2002)로, 제2부 「인명집 · 용어집」이 『포스트모던 사전』(스기노 겐타로 외 역, 松柏社, 2001)으로 출판되었다.

> 포스트모던이라는 말은 오늘날 일종의 유행어로 사용되고 있지만 그 본질이나 실체에 관한 이해와 논의는 어디까지 이루어져 있는 것일까. [중략] 교육학에서도 포스트모던이 교육의 이론과 실천에 가져다준 영향과 문제점을 말끔하게 정리할 필요가 있다 (增淵, 2001: 7).

이 목적이 성공했는가를 말해 보자면 유감스럽게도 머리를 갸웃거리지 않을 수 없다. 이 책에 수록된 각 논문에는 포스트모던/포스트모더니즘이 각각 제시되어 있기 때문에 도리어 문제가 복잡해졌다고 생각된다. 그것은 한편으로는 포스트모던/포스트모더니즘의 다양성을 담보한다고 말할 수 있지만, 다른 한편으로는 교육에 대한 그 영향력의 정리 면에서 어수선하다는 인상을 준다.

(2) 교육학 사전의 '포스트모던'

그렇다면 우선 정의에 대한 검토로부터 시작해 보자. 처음 두 권의 교육학 사전을 통해 대표적인 예를 비교해 보자. 하나는 호소야 도시오細谷俊夫가 대표 편집한 『신교육학대사전』(第一法規出版, 1990)에 수록된 후지타 히데노리藤田英典의 '포스트모더니즘'이고, 다른 하나는 교육사상사학회 편의 『교육사상사전』(勁草書房, 2000)에 나온 다나카 사토시田中智志의 '포스트모던'이다. 양자의 기술에는 포스트모던/포스트모더니즘에 대한 평가의 차이가 단적으로 나와 있어 흥미롭다. 전부를 인용할 수는 없지만 특징적인 점을 분석해 보자. 우선 정의부터 보자. 후지타는 포스트모더니즘을 근대의 탈구축에 연관지어 논한다.

> 근대modern의 의미를 묻고, 그 편성원리 · 지적태도로서의 근대주의modernism의 정당성을 의심하고, 근대사회와 근대주의를 탈구축deconstruct하고자 하는 이상적 · 인식론적 입장을 말한다. 1960년대 이후 문예비평 · 문명비판 · 현대사회론 · 과학론 · 철학 등의 여러 영역에서 융성하였다(藤田, 1990: 276).

이에 비해 다나카는 포스트모던을 다음과 같이 특징짓는다.

> 포스트모던의 특징은 ① 자율성(주체성)보다 풍요로운 차이를 찬미하는 태도 ② 표상representation보다 아이러니나 모방과 혼성(해학 내지 패러디)을 긍정하는 것 ③ 속류 허무주의에 빠지지 않으면서도 진보주의적인 '진보', 유토피아적인 '꿈'을 포기하는 것 ④ 자의성 · 우발성 · 비연속성을 승인하는 것(기초를 부정하고 탈구축화를 긍정)이다(田中, 2000: 646).

얼핏 후지타는 간결한 반면 다나카는 설명적이라고 할 수 있지만 전체적으로는 공통점도 있다. 첫째, 모두 리오타르Jean Francois Lyotard의 『포스트모던의 조건』(Lyotard, 1979/1986)에 의거하여 '거대서사의 실추'를 포스트모던/포스트모더니즘의 특징으로 거론하고 있다는 점이다. 둘째, 이 말의 기원을 1960년대에서 구하고 젠크스Charles Jencks의 『포스트모더니즘의 건축언어』(Jencks, 1977/1978)를 계기로 건축 분야에서 확대되어 왔다는 점을 보여주고 있다는 점이다.

다른 한편, 사상으로서의 포스트모더니즘에 관해 양자는 조금 의견이 나뉜다. 후지타가 데카르트 이래의 근대 철학과는 다른 현상학, 구조주의(후기구조주의)를 그 예로 드는 데 반해(藤田, 1990: 277), 다나카는 후기구조주의를 중심으로 들뢰즈Gilles Deleuze뿐 아니라 제임슨Frederic Jameson, 로티Richard Rorty 등을 거론한다(田中, 2000: 646-647). 그렇다 해도 이 차이는 현상학이나 미국 사상을 포함하고 있는가라는 점에서 그런 것일 뿐이며, 양자 모두 구조주의·후기구조주의와 같은 프랑스 현대사상을 중핵으로 삼고 있는 점은 변함이 없다.

(3) 포스트모더니즘과 교육

그런데 포스트모더니즘과 교육의 관련성을 논하고자 할 때 그 연결 가능성과 관련하여 후지타와 다나카의 설명은 크게 갈라진다. 후지타는 포스트모더니즘이라는 말의 의미를 확장하여, 아리에스, 일리치, 푸코, 마이어를 −그들 자신이 그와 같이 스스로를 정의하지 않았더라도− 포스트모더니즘으로 위치 짓는다. 그들은 근대사회나 학교교육의 존재 방식을 비판하고 여태까지 자명한 것으로 간주해 온 학교를 상대화하기 때문이다.

> 1960년대 후반부터 융성했던 학교 비판 담론이나 사회사적인 학교연구 가운데에는 근대적인 제도로서의 학교의 의미와 성격을 묻고, 여태까지 자명한 것으로 간주해 온 학교를 상대화한다는 점에서 포스트모더니즘에 속하는 것이 적지 않다(藤田, 1990: 277).

후지타는 포스트모더니즘을 1970년대부터 1980년대에 수용된 근대비판 사조로 폭넓게 이해한다. 때문에, 자유 학교, 열린 학교, 열린 교육, 대안학교 등 기존의 학교와는 다른 새로운 교육을 구하는 동향이야말로 근대교육의 특징인 표준화·효율화의 폐해를 비판하고 놀이·자유·자발성 등을 중시한다는 점에서 '젠크스적인 의미의 포스트모더니즘 교육에 대한 시도'라고 본다(藤田, 1990: 277).

후지타는 젠크스가 『포스트모더니즘의 건축언어』에서 묘사한 건축의 두 유형을 교육에 채용한다. 근대건축은 직선으로 구성된 기능적·효율적인 것에 비해 포스트모던 건축은 곡선이나 원 등 효율로 환원되지 않는 자유나 유희를 디자인에 넣는다(Jencks, 1977/1978). 교육으로 치환하면 전자의 모던적인 교육이란 기준을 설계하여 아동과 학생을 효율적으로 표준화시키고자 하는 근대학교에 대응하고, 후자의 포스트모던적인 교육은 그런 근대학교의 한계를 적극적으로 넘어서고자 하는 새로운 움직임에 대응한다.

이에 비해 다나카의 정리에서는 후지타와 같은 넓은 폭의 모습은 자취를 감춘다. 다나카에 따르면 근대교육학은 '거대서사'에 의존하는 것으로서 포스트모더니즘은 그 해체를 전제로 삼기에 교육과 포스트모더니즘은 기본적으로 서로를 용납할 수 없다.

> 포스트모더니즘이 리오타르가 말한 '거대서사' -목적론을 내장한 역사상- 인 통일성 · 보편성을 부정하는 담론인 한, 현재의 많은 교육학(근대교육학)은 이 포스트모더니즘을 배반하는 것이다. [중략] 사회/개인의 대립, 어른/아이의 대립을 매개로 한다는 것은 해방의 역사이자 발달의 과정인 '거대서사'이기 때문이다(田中, 2000: 647).

이렇게 다나카가 거론하는 '포스트모던 교육학'의 사례는 미국의 실이 제시한 '비판적 교육학', '경계교육학'의 성격을 보유하고 있다.[2] 그런데 포스트모던 교육학을 자칭하는 질은 다른 한편으로

2 이듬해 다나카는 질과 더불어 맥라렌을 거론하고 그들의 '경계적 교육학', '비판적 교육학'을 '교육학적 포스트모더니즘'의 사례로 든다. 또 여기서 피셔의 '초월론적 비판적 교육학'이나 렌첸의 '교육학적 메텍시스(관여)론'과 같은 독일의 사례를 추가한다(田中, 2001: 63).

근대적 주체를 상정한다는 점에서 하버마스적이며, 모던으로 회귀하려 하고 있다. 이와 같이 '포스트모던 교육학'은 '근본적으로 자기 모순적인 개념'이라는 것이다(田中, 2000: 648).

표 서장-1 두 개의 사전항목에서 '포스트모던/포스트모더니즘' 이해

	후지타 히데노리 '포스트모더니즘' 『신교육학대사전』(1990)	다나카 사토시 '포스트모던' 『교육사상사전』(2000)
포스트모던 상황 (포스트모더니티)	탈산업사회, 근대 산업 문명의 변질	모던 이후의 상황, 고도자본주의사회
포스트모던 예술·건축	젠크스, 놀이·자유로운 발상·상징적 표현	취미 삼아 만들기
포스트모던 사상	리오타르, 현상학, 구조주의·후기구조주의	후기구조주의, 리오타르, 들뢰즈, 제임슨, 로티
포스트모던 교육학	학교 비판 담론, 사회사적인 학교연구, 아리에스, 일리치, 푸코, 마이어	실
포스트모던 교육실천	자유 학교, 열린 학교, 열린 교육, 대안학교	비판적 교육학, 경계교육학(다만 이들은 근대 교육학적이기도 하다)

근대학교를 넘어서고자 하는 대안적인 교육적 시도를 포스트모더니즘으로 파악하는 후지타와 포스트모더니즘과 교육은 근본적으로 모순이라고 생각하는 다나카. 이 차이는 어디에서 기인하는 것일까? 이를 이해하기 위해서는 교육사회학과 교육철학이라는 전문 분야의 차이보다 1990년과 2000년이라는 발행 시기의 차이에 주목해야 할 것이다. 제1장 이하에서 자세히 설명하겠지만, 교육학에서는 1990년대에 포스트모더니즘이 일정 정도 이해되고 침투되었다. 하지만 2000년대 무렵이 되자 ―나카마사 마사키仲正昌樹가 『포스트

모던의 좌선회左旋回』(2001)로 묘사한 바와 같이 – 일본 강단에서 포스트모더니즘을 과거의 것으로 보는 풍조가 생기자 포스트모더니스트들은 '좌선회'를 감행하였다. 포스트모더니즘은 애초 보수나 좌우 같은 이항대립의 탈구축을 목적으로 정치로부터 거리를 두고자 하였다. 그러나 1990년대 후반 이후 가라타니 고진柄谷行人이나 다카하시 데츠야高橋哲哉 등 여태까지 포스트모던파로 간주되었던 논자들은 좌파의 퇴조로 공석이 된 일본 자유주의의 입장을 부활시키고자 하였다.

그 결과 그들의 논의는 어느새 좌파의 그것과 극단적으로 비슷한 종류의 것이 되고 말았다. 그리고 동시에 다나카 사토시나 히로타 데루유키와 같이 포스트모더니즘의 영향을 받은 일본의 교육학자도 교육의 탈구축에서 재구축으로 방향을 전환한다. 1990년대는 근대교육학이나 전후교육학의 존재 방식을 비판했던 논자들이 종래의 교육학이 감당했던 역할을 적극적으로 받아들이게 된 것이다. 이런 자세 전환이 포스트모더니즘의 충격을 감소시키는 표현으로 나타나고 있다고 볼 수 있다.

2. 포스트모던과 포스트모더니즘

(1) 포스트모던 상황(포스트모더니티)

이상 교육학에서 포스트모던/포스트모더니즘 수용을 간단히 정리하였다. 하지만 여기서 문제는 언어의 정의에 관한 것이었다. 다음으로 본서의 이해와 사용법을 설명하고자 한다. 기본적인 것이긴 하지만 다음과 같이 구별하고자 한다.

포스트모더니즘(postmodernism)=**포스트모던 사상**(postmodern ideas, postmodern thoughts)

포스트모더니티(postmodernity)=**포스트모던 상황**(postmodern situation)[3]

이들 포스트모던론은 포스트모더니즘=포스트모던 사상과 포스트모더니티=포스트모던 상황을 충분히 구별하지 않았기 때문에 혼란을 낳고 있다. 교육학자인 야기누마 료타柳沼良太가 쓴 『포스트모던 자유 관리교육』(2010)이 그 사례일 것이다. 야기누마는 1980년대 이후 교육개혁의 동향을 '포스트모던'이라는 말로 특징짓는다. 의욕적인 통사의 서술에는 수긍되는 면도 많다. 그러나 야기누마의 논의에는 신교육이나 진보주의교육, 신자유주의나 '교육의 개성화', 학교선택, 지방과의 제휴, '유도리 교육', 상담기법의 도입이나 집단 따돌림에 이르기까지 일체의 것이 '포스트모던'의 특징이 되어 버린다. 그것은 그가 '포스트모던'이라는 말을 '사상성, 시대성, 문화성, 사회 상황성의 의미를 합쳐 적당히 취하고 있기' 때문이다(柳沼, 2010: 10).

기초적인 것만을 확인해 보자. 번역자인 고바야시 야쓰오小林康夫에 따르면, 리오타르의 『포스트모던의 조건』의 원제목인 *La condition postmoderne*는 '포스트모던 현상'의 의미이다(小林, 1986: 228). '포스트모던'이란 '거대서사'에 의해 지식의 정당성을 전제할 수 없게 된 상태를 가리키는 것이다. 리오타르에 따르면 포스트모던 상황의 기원은 19세기 말(Lyotard, 1979: 7/1986: 7)로서, 유럽에서는 1980년대 말까지 본격화된 것이다(Lyotard, 1979: 11/1986: 13).[4]

---

3 이 구분은 다카다 아키노리高田明典를 참고하여 필자가 바꾼 것이다(高田, 2005: 5).

4 다카다는 '모던'을 20세기 초부터 1970년 무렵까지로, '포스트모던'을 1970년경부터 현재까지로 잠정적으로 구분하면서 포스트모던이라는 개념 자체가 시대구분을 거절하는 용어이기 때문에 이런 정의에는 난점이 수반된다고 말한다(高田, 2005: 4-5). 필자는 포스트모던

> 과학은 자신의 지위를 정당화할 담론을 필요로 하고 그 담론은 철학이라는 이름으로 불린다. 이 메타 담론이 명확한 방식으로 어떤 거대서사 -'정신'의 변증법, 의미의 해석학, 이성적 인간 혹은 노동자로서의 주체의 해방, 부의 발전- 에 의거한다면 자신의 정당화를 위해 그런 이야기에 기준을 두는 과학을 우리는 '모던'이라고 부른다는 것이다(Lyotard, 1979: 7/1986: 7-8).

> 극도의 단순화를 무릅쓰고 말한다면 '포스트모던'이란 우선 무엇보다 이런 메타 서사에 대한 불신을 뜻할 것이다. [중략] 이와 같은 거대서사 구성의 정당화가 퇴조한 배경에는 특히 형이상학으로서의 철학의 위기, 그리고 그에 의존해 온 대학제도의 위기가 존재한다(Lyotard, 1979: 7/1986: 8-9).

후지타는 포스트모던을 존재론과 인식론으로 나누지만 이 구별이 본서에서 말하는 포스트모던 상황과 포스트모던 사상의 구별에 대체로 대응한다. 포스트모던 상황(존재론)의 특징인 '거대서사'의 실추란 교육에서 말하자면 "'학교'를 '좋은 것'으로 자명한 것으로 보는 것에 대한 비판"이며 포스트모던 사상(인식론)이란 "근대적인 계몽·진보의 관념에 이의를 제기하고, 제도로서의 교육을 통해 근대주의적인 모든 가치와 기능을 밝혀 지적으로 상대화하고자 하는 입장"인 것이다(藤田, 1992: 115-116).

일본에서는 1970년대 이후 학교 교육의 형식성·표준성·일률성·강제성·독점성에 대한 불만과 반발로 학교폭력, 왕따, 등교 거부와 같은 '학교의 황폐', '교육 병리'가 표면화되었다(藤田, 2010: 4-5). 이를 교육의 포스트모던 상황이라고 부를 것인가를 놓고 판단이 갈라지

을 시대구분을 의미하는 말이라고 생각하지 않는다. 적어도 그것은 근대 이후에 도래한 시대라기보다는 근대가 시작될 때부터 함축하고 있었던 것이다.

게 되었다. 이런 현상이 모든 사회계층이 학교 교육에 포섭됨으로써 생겨난 것이라면, 이는 근대교육이 이미 내포하고 있던 문제가 교육의 확대에 따라 표출된 것이라고 할 수 있다. 그렇다면, 이와 같은 '교육문제'에 대한 주목을 계기로 높아진 학교 비판, 교육 비판이 교육학에서 포스트모던 사상의 수용을 준비하게 한 것임은 의심할 바 없다.

물론, 포스트모던 상황이 지식으로 수용되는 과정에서 포스트모던 상황과 포스트모던 사상이 연관되는 것은 당연하다. 그러나 논의의 혼란을 피하기 위해서는 이 양자를 우선 분리할 필요가 있을 것이다. 본서의 중심적인 검토대상은 포스트모더니즘=포스트모던 사상이지만 포스트모더니티=포스트모던 상황에 관해서도 다루지 않을 수 없는 면이 있다. 예를 들어, 제5장에서 다룰 교육학과 교육실천 간의 관련성의 전환에 관한 문제는 포스트모던 사상의 영향이라기보다 포스트모던 상황의 귀결이라고 할 수 있다.

(2) 포스트모던 사상(포스트모더니즘)

이어서 포스트모던 사상/포스트모더니즘에 관한 본서의 정의를 밝히고자 한다. 다나카 사토시는 『현대교육학의 지평』(2001)에 수록된 논문에서 전년도에 나온 『교육사상사전』으로부터 일대 전환을 이루어 '포스트모더니즘'에 대한 정의를 갱신하였다. 그는 이를 포스트모더니티=포스트모던 상황에 적용할 실천이론으로 논한다. 다나카는 푸코, 데리다, 들뢰즈 등의 후기구조주의를 -전년도의 『교육사상사전』에서의 정의와 달리- '포스트모더니즘'에서 제외한다. 하지만 이는 일반적인 이해를 상당히 벗어난 독자적인 논의라고 하지 않을 수 없다.

> 여기에서 '포스트모더니즘'이라는 말은 그 어원적인 유래에 그치지 않고 포스트모던적 상황에 적용할 것을 주장하는 실천이론을 가리키는 말로서 쓴다. [중략] 이에 푸코, 데리다, 들뢰즈의 이론을 '포스트모더니즘'이라고 부를 수는 없다(田中, 2001: 55).

이에 비해, 앞서 다룬 심은 포스트모더니즘은 후기구조주의를 포함하는 개념이라고 말하였다(Sim, 1999a: ix/2002a: 5). 소쉬르, 레비-스트로스, 초기 바르트 등의 구조주의는 세계란 객관적으로 인식가능하다고 전제하였다. 이에 비해 후기구조주의는 정확히 이 전제를 부정한다.

> 후기구조주의는 구조주의가 체현한다고 생각했던 문화적 확신, 즉 세계는 본질적으로 인식 가능한 것이지만, 세계를 만들어내는 다양한 체계를 해명하는 열쇠를 구조주의가 부여한다는 확신에 의문을 품는다(Sim, 1999b: 4/2002b: 12).

심은 포스트모던 사상가로서 데리다, 푸코, 들뢰즈와 가타리, 이리가레, 리오타르, 보드리야르, 라클라우와 무페, 로티를 거론한다. 이들의 선조는 니체이다. 반대로 제임슨, 이글턴, 하버마스를 포스트모더니즘의 비판자들에 해당한다(Sim, 1998b/2002b).

이 책 또한 그의 정의를 따르지만 포스트모더니즘=포스트모던 사상의 핵심을 푸코, 데리다, 들뢰즈 등 일반적으로 후기구조주의에 속하는 프랑스 현대사상과 그 영향을 받은 사상 군으로 생각하고자 한다.[5] 미국의 로티도 포스트모더니스트에 해당한다.

---

5 보다 정확히 말하자면 프랑스의 후기구조주의가 미국을 중심으로 영어권에 수용된 형태 그리고 그것이 세계 각국에 전파된 사실이 포스트모던 사상=포스트모더니즘이라고 말할 수

그러나 다른 한편으로 무엇을 포스트모던 사상으로 부를 것인가는 심과 같은 구분으로는 충분하지 않고 기능적인 정의가 필요하다고 본다. 즉, 어떻게 파악되고 어디에 속하느냐에 따라 어떤 사상은 포스트모더니즘에 해당한다든지 하는 허용범위埒外를 생각해 볼 수 없을까? 예를 들어, 구조주의는 세계의 객관적인 파악이 가능하다고 전제하는 점에서 정초주의적이고 근대적이라고 할 수 있다. 구조주의의 이런 상정을 후기구조주의는 비판한다. 하지만 다른 한편으로, 구조주의는 실존주의에 대해 주체의 죽음을 선언한다는 점에서 포스트모더니즘과 공명한다고 할 수도 있다(앞서 본 후지타 히데노리의 정리는 이 입장을 보인다).

또, 포스트모더니즘의 근대비판에는 이성의 배후에 존재하는 큰 어둠을 본 니체, 마르크스, 프로이트 등과 같이 19세기 말 사상가들이 있고, 그로부터 소쉬르나 비트겐슈타인의 언어학, 후설이나 하이데거의 현상학, 딜타이나 가다머의 해석학 등 20세기 사상이 이어진다. 이들을 '현대사상'으로 부르는 것이 일반적이지만(仲正, 2006), 근대비판의 문맥에서 참고해 본다면 포스트모더니즘의 선구로도 이해할 수 있다.

예를 들어, 프로이트는 의식이나 이성의 배후에 있는 무의식을 발견하였지만 무의식을 어떻게 파악하느냐에 따라 구조주의적인 것으로도 후기구조주의적인 것으로도 취급된다. 반대로 무의식을 실체로 보고 그 정확한 파악이 가능하다고 본다면 구조주의적이며 근대적이다. 구조주의로 부르면 되지 않을까라는 파슨스 등의 프로이트 해석이 그 사례이다(Parsons et al, 1956/1981). 라캉의 프로이트 해석은 구조주의적이지만 약간 변칙적인 것으로 무의식이 설명 가능하지만, 거기에는 설명 불가능한 결여가 존재한다고 본다(Lacan,

있을 것이다(Cusset, 2005: 2010).

1966/1972/1977/1981).[6] 그에 비해 오히려 무의식을 우리 지성의 임계점으로 파악한다면 후기구조주의적이고 포스트모던적이다. 리쾨르나 푸코의 프로이트 해석은 그런 사례이다(Ricœur, 1965/1982, Foucault, 1994/1999). 때문에, 본서에서 포스트모던 사상/포스트모더니즘의 영향과 관련하여 협의의 포스트모던 사상의 효과에만 한정짓는 것이 아니라, '현대사상'에 포함된 근대비판 사조가 후발 주자인 포스트모더니즘에 영향을 끼치는 경우를 포함시킨다.

이 구도를 일본으로 이동시켜 볼 수 있다. 일본의 포스트모더니즘 수용에 관해서는 일반적으로 1973년 창간된 잡지 『현대사상』(靑木社)이 나오고, 아사다 아키라浅田 彰의 『구조와 힘』(1963)의 출간을 계기로 '뉴아카데미즘'이 주목을 받아 포스트모더니즘 붐이 일어난 것으로 정리된다(仲正, 2006). 비평가인 아즈마 히로키東 浩紀 등은 이 흐름을 좀 더 상세히 구별하여 미우라 마사시三補雅士가 『현대사상』 편집장을 역임한 1975년부터 1982년을 '전아카데미기'로, 아사다의 『구조와 힘』이 출간된 1983년부터 1989년까지를 '뉴아카데미기+α'로 부른다(市川 외, 2015). '뉴아카데미기+α' 시기에 활약한 가라타니 고진, 하스미 시게히코蓮實重彦, 아사다 등이 협의의 포스트모더니즘 논자들이다. 그러나 '전아카데미기'의 마루야마 게이자부로丸山圭三郞, 야마구치 마사오山口昌男, 이마무라 히토시今村仁司, 구리모토 신이치로栗本慎一郎 등 '현대사상' 논자들도 전반적으로는 명확히 구별되지 않고 일반적인 포스트모더니스트로 보는 경우도 많다.

1980년대 일본에서는 뉴에이지 사상이나 뉴사이언스도 한 시절을 풍미하였다(一柳, 2009). 아사다와 나란히 뉴아카데미의 스타로 나카자와 신이치中沢新一가 있었던 것처럼 신비주의 체험에 입각해 근

6 소칼 등은 라캉 도식의 넌센스함을 비판하지만(Sokal et al, 1998/2000), 라캉 이론의 불가사의함은 이 맥락에서 이해되어야만 한다고 생각한다.

대 합리주의를 넘어서고자 한 일부 사조는 포스트모더니즘과 공명하였다. 교육학에서는 융, 월버, 슈타이너 등의 사조로부터 사후 영혼의 '발달단계'를 고찰하는 니시하라 다다시西平 直의 『혼의 라이프 사이클』(1997)까지 다소 연대는 뒤지지만 뉴에이지 사조를 계승한 것으로 볼 수 있다. 신비주의는 홀리스틱 교육을 필두로 대안 교육과도 연관되고 실존주의를 매개로 하는 상담이론의 배경이 되지만 본서에서는 이 동향까지 다루지는 않기로 한다. 정의定義의 문제가 되어버렸지만, 포스트모더니즘의 본체는 근대적인 지식의 상태에 대한 회의이며, 비근대적인 것에 의한 초월은 없다고 보기 때문이다. 또, 본서는 건축을 필두로 예술이나 미학에서의 포스트모더니즘에 관해서는 다루지 않기로 한다.

3. 교육학의 포스트모던 사상

(1) 교육학의 반성

여기서 교육학으로 화제를 돌려보자면 포스트모더니즘에 대한 교육학의 반응은 독특했다. 일반적으로 포스트모더니즘의 중핵으로 생각되는 후기구조주의 사상 군은 푸코를 제외하면 교육학에 큰 충격을 주지 않았다. 교육학에서는 푸코와 더불어 일리치나 아리에스 등의 작업이 실질적으로 포스트모더니즘으로 수용되었다.

근대교육학이라는 '거대서사'에 대한 불신. 그것이야말로 교육학에서의 포스트모더니즘이었다. 그동안 교육은 사회의 발전과 개인의 성장이 학교교육을 통해 조화롭게 촉진된다는 전제를 바탕으로 이해되었다. 그러나 1970년대 이후 그 전제는 의문에 부쳐진다. 후지타는 이런 연구를 일리치 등의 학교 비판/학교화 비판론 그리고 아리에스나 푸코의 사회사 연구라는 두 개의 조류로 정리한다(藤田,

1991: 217).

교육학에 있어서 아리에스와 푸코는 실체론에서 구성주의로, 정초주의에서 반정초주의로의 전환을 이끌었다. 종래의 교육학은 '교육'이나 '아동'을 보편적으로 존재하는 실체로 상정하고 과학적인 연구에 입각해 보편적이고 객관적인 이해가 가능하다고 전제했다. 그러나 '교육'도 '아동'도 근대에 성립한 역사적 구성물이며 더구나 교육의 보급이 반드시 사람들의 해방을 의미하지 않았음이 명백해짐에 따라 그 기반은 크게 흔들리게 되었다. 교육사회학자인 히로타는 아리에스와 푸코의 작업이 교육학의 존재 방식에 반성을 촉발했다고 말한다.

> 교육이라는 행위나 교육학이라는 지식, 아동, 가족, 나아가 개성이나 능력 같은 여러 범주가 보편성을 가진 실체라는 사고방식(예를 들어, '진정한 교육이란 무엇인가'와 같은 의문이 도입되어 고찰되는 면)이 환상임은 오늘날 주지의 사실이 되어버렸다. [중략] 아리에스에 의한 '아동기'의 역사적 · 사회적 형성의 서술, 푸코에 의한 근대 여러 과학이 의존하는 에피스테메의 해부는 안이한 전제에 안주했던 교육학자 · 교육사회학자에 대해 전면적인 반성과 회의를 재촉하게 되었다(広田, 1995a: 23).

(2) 일리치

일리치, 푸코, 아리에스는 교육학에서 구체적으로 어떻게 수용되었던 걸까? 교육철학 · 교육사상사에 관해서는 뒤에 나올 제1장 이하에서 논하기도 하고, 이하에서는 학교론, 교육사회학과 교육사를 중심으로 동향을 살펴보고자 한다.

일본에서 1977년에 번역된 이반 일리치(Ivan Illich, 1926-2002)의 『

탈학교 사회』(Illich, 1971/1977)는 세계적인 자유학교 운동이나 대안 교육에 대한 이론적 교본과 같은 책이었다. 일리치는 본래 빈 출신의 신부로 뉴욕이나 푸에르토리코, 멕시코 등에서 활약하였으나 후에 가톨릭을 비판하며 교회를 떠나 사상가로서 활약하였다. 그는 선진국뿐 아니라 개발도상국에서도 공통되는 '가치의 제도화'를 문제시하고 이를 이론화하기 위한 모델로 학교를 선택한다. 학교는 학습learning과 교수teaching를 혼동케 하는 장치이다. 인간은 본래 스스로 배울 수 있는 존재이지만, 학교는 무언가를 배우려면 누군가 가르쳐 줄 필요가 있다는 식으로 사람들을 착각하게 만들고, 결국 제도에 의존하도록 사람들을 무력화한다는 것이다. 일리치의 사상은 문명론적인 폭을 지니고 있지만 『탈학교 사회』는 학교론·학교화 비판론으로 수용되는 경우가 많았다.

교육법학자인 시모무라 데스오下村哲夫의 『선례로서의 학교론』(1978)은 학교론으로서 일리치 수용의 사례일 것이다. 이 책은 '벽 없는 학교로부터 학교 없는 사회까지'라는 부제를 통해 신교육의 계보를 잇는 대안적 학교에서 가장 급진적인 형태인 학교 없는 사회에 대한 구상까지 기존의 학교와는 다른 교육의 존재방식을 모색하면서 그 종결 점의 하나로 일리치를 거론하고 있다.

그에 비해 일리치가 주재한 CIDOC(국제문화자료센터, 멕시코)에서 배운 야마모토 데츠지山本哲士는 『학교·치료·교통의 신화』(1979)에서 일리치의 주안점을 제도화론 속에 존재하는 학교론으로 독해하는 것은 오류라고 말한다(山本, 1979: 91-92, 106). 야마모토에 따르면 deschooling은 '비학교화' 혹은 '학교무화'로 번역되어야만 하며 *Deschooling Society*의 번역어인 『탈학교 사회』는 일리치의 사상을 학교론으로 축소하는 오역이라는 것이다(야마모토, 1979: 131). "'교육'에 초점을 맞춘 논의는 필시 더 좋은, 더 많은 것을 '다루는'treatment 결과에 이를 수밖에 없다(山本, 1979: 136)."

일리치는 아리에스나 푸코와 더불어 근대라는 시대에 대한 비판적인 시선을 양성하였다. 교육사회학자인 모리 시게오森重雄는 일리치로 촉발된 교육의 특수근대성을 다음과 같이 지적한다.

> 일리치의 교육화론에서 보자면 '교육'을 인류사에서 보편적인 사상으로 생각하는 통념적인 파악은 '교육'에 관련하여 몹시 무비판적인 인식에 불과하다. [중략] 근대교육이 아니라 근대=교육. 근대사회를 제도적으로 돕는 교육이 아니라 근대사회의 본성으로서, 요컨대 모더니티로서의 교육. 일리치의 교육화론에는 어쩌면 이 테마가 내장되어 있을지도 모른다(森, 1987: 110).

모리에 따르면 교육이야말로 근대 자체이다(森, 1987, 1993). 모리는 1980년대부터 포스트모던적인 관점에서 근대교육에 대한 급진적 비판을 이어 왔지만 이 입장은 근대교육학 비판의 조류와 합류하여 1990년대에는 커다란 흐름을 형성하기에 이른다.

(3) 푸코

프랑스의 철학자이자 후기구조주의의 한 사람으로 손꼽히는 미셸 푸코에 관해서는 일본에서도 1960년대 말부터 1970년대에 걸쳐 『임상의학의 탄생』(1963/1969), 『지식의 고고학』(1969/1970), 『말과 사물』(1966/1974), 『광기의 역사』(1972/1975) 등의 주요 저작이 번역되었다. 그러나 다수의 푸코 저작 가운데에 교육학에서 가장 주목할 만한 것은 『감옥의 탄생: 감시와 처벌』(1975/1977)이다. 적어도 당분간은 『감옥의 탄생』만 있었다고 해야 할 것이다. 가토 다가오加藤隆雄는 교육사회학에서의 푸코 수용이 『감옥의 탄생』의 규율 훈련형 권력론을 중심으로 존재했다고 정리하지만 이 경향은 교육사회학만이 아닌 교육학 전반에 공통된다.

> 『감옥의 탄생』에서 우리는 인간의 신체를 내면에서부터 '순응된 신체'로 만드는 힘pouvoir으로서의 '규율훈련discipline형 권력'을 볼 수 있다. 자발적인 자기관리를 촉진시키는 장치의 상징적 존재가 된 것은 바로 제레미 벤담이 고안한 일망감시장치panopticon이다. 프랑스에서 상호교육학교 등에서 사용된 교육방법(과 벨, 랭커스터 방식의 일제수업)은 강제적 · 교정적 지배를 행한다기보다는 본인 스스로 강제력을 느끼지 않을 수 없는 소프트한 지배를 당하는 신체를 형성한다. 분명한 힘으로 나타나지 않는 관리 방식을 보여주는 용어가 '규율=훈련'으로서 근대교육의 장치인 학교의 작동양식이 된 것이다(加藤, 2014: 11).

일리치가 학교 비판의 문맥에서 수용된 것과 마찬가지로 푸코 또한 처음에는 학교 비판 · 관리주의 교육비판의 문맥에서 독해되었다. 야마모토 데츠지는 일찍이 1985년에 이런 독해에 이의를 제기하였다. "푸코의 교육론은 학교 고발의 책이 아니라 엄밀한 의미에서의 '교육적인 것'의 역사를 묘사한 것이다(山本, 1985: 274)." 푸코는 근대라는 시대를 문제화함으로써 일리치와 마찬가지로 그때까지 교육학이 의거했던 '교육=좋은 것'이라는 전제를 문제 삼았다는 것이다.

푸코의 영향은 권력론에도 미쳤다. 마르크스주의적인 거시적 권력론에서 권력은 국가가 독점하는 것이었다. 그 영향을 받은 일본의 전후교육학은 교육을 본래 비권력적인 것으로 묘사하고 국가권력으로부터 교육의 독립을 지향하였다(제6장 참고). 그에 비해 푸코의 미시적 권력론에서는 행위자체에 미세한 권력이 침투하여 권력으로부터 자유로운 교육이란 존재하지 않는다.

> 통상, 긍정적으로 '교육적이다'라고 생각하기에 좋은 것은 비권력적 · 비정치적인 것으로서 권력 · 정치는 '교육'을 기준으로 관찰할 때에 '나쁜 것'이 되어버린다. 굳이, 푸코의 '교육론'으로 묶을 수 있는 것이 있다면 그것은 이 '교육↔정치', '교육↔권력'이라는 도식을 사회적인 의식으로 확대하고 있는 현재의 존재방식 -그것은 바로 권력형식- 을 묻는 일에 있다고 해야 할 것이다(山本, 1985: 274-275).

나아가 푸코와 뒤에 말하게 될 아리에스의 충격은 근대비판, 교육 비판에 머무르지 않고 교육사나 교육사회학에 방법론적 논의를 환기시키게 된다.

푸코의 방법학적 영향의 하나는 사회사적 연구이다. 히로타 테루유키가 아마노 이쿠오天野郁夫 등의 연구를 개관한 바에 따르면, 1980년대까지 일본 교육사회학에서 역사적 · 사회적 연구는 직접적으로 아리에스나 푸코의 수입만이 아니라 이전 세대 근대화론의 패러다임을 넘어서기 위한 고투의 결과가 이들과 겹쳐짐으로써 결과적으로 결실을 맺었다는 것이다(広田, 1990: 85). 이로 인해, 1990년대 초까지는 아리에스나 푸코의 영향을 받은 연구가 큰 조류를 형성하기에 이른다.

> 1980-90년대에는 학교 비판 · 교육 비판이 항시 융성했지만 당장 그것을 어떤 역사연구와 연결할 것인가에 관한 도구는 보이지 않았다. 그러나 1990년대에 들어서자 젊은 역사연구자들은

> 푸코나 아리에스를 읽고, 그 도구를 손에 넣었다고 할 수 있다. 이는 방법 면에서는 사회적 구성주의나 담론연구로 귀결되며 문제시각 면에서는 근대비판 내지 근대교육 비판, 국민국가비판 등의 방법을 향하였다(広田, 2006: 149-150).

교육사회학에서 푸코 수용이 교육사와 다른 점은 담론 연구로 전개되었다는 점이다. 그리고 이때 참조된 푸코의 저작은 『감옥의 탄생』에 머무르지 않았다. 모리 시게오는 『지식의 고고학』(Foucault, 1969/1970) 등을 참고하여 교육담론 특유의 전제를 해체하고 교육적 언어의 탈구축을 시도하였다. 이는 종래의 교육학 연구의 규범성이 크게 문제 삼지 않았던 것이다. 아리에스의 영향을 받은 교육사 연구가 사람들의 심성에 주목하고 민중의 생활방식을 탐구하는 방식으로 진전한 데에 비해, 교육사회학의 담론연구는 주체를 탈구축하는 방향으로 전개되었다.

> 교육담론의 연구는 우선 방법론적으로 '인간학적 예속'에서 벗어나 교육 '담론을 특정 심급의 작동 위에서 파악'하는 것이다. 이로부터 실제로 존재하는 교육이나 이를 표상해 낸 주체와 구조물로 되돌아오는 기제를 해명해야 한다. 이념적이고 초월적인 실재를 해체하는 탈구축적, 인류학적 방법을 요구한다.[7]

이 탈구축적 수법은 히로타 또한 공유한다.[8] 모리와 마찬가지로 『지식의 고고학』에 의거한 히로타는 푸코식 담론 연구의 의의를,

7 인용문 중의 문헌표시는 생략하기로 한다.

8 애초 히로타는 담론 연구와 같은 방법을 도입하는 한편, 정통적인 방법에 기반한 역사사회학 연구도 지속해 나간다(広田, 1997).

자신이 기대는 가치체계에 대한 의문과 비판에서 찾는다.

> 푸코의 담론 연구방법이 시사하는 무엇보다 중요한 점은 담론의 역사적 고찰의 출발점에 있어서 어떤 확실한 언명이나 대상 · 개념 등이 전제되지 않는다는 점이다. [중략] 근거나 리얼리티가 부족한 교육 담론을 파악하기 위해서는 푸코의 이런 통일성에 대한 의문이라는 시점을 채용하는 것이 특히 유익하다고 생각한다(広田, 1995b: 10).

1980년대부터 1990년대의 교육사회학에서는 푸코의 시각을 통해 교육에 대해 질문하는 동향이 다수 등장하였다. 이는 다음에 논할 아리에스의 영향과 상호작용하여 교육적 언어에 큰 변화를 요구하였다.

(4) 아리에스

필립 아리에스(Philippe Ariès, 1914~1984)의 『앙시앙 레짐기의 아동과 가족생활』(Ariès, 1960/1980)은 원 저작의 출판으로부터 20년이 지난 1980년에 번역본이 나왔다. 이때까지 검토해 온 논자 가운데에 가장 소개가 늦어졌다고 할 수 있지만 근대 이전 유럽에서는 '아동'이라는 시기가 없었고, 현재 '아동'으로 간주되는 연령도 '작은 어른'으로 간주했다는 테제는 오늘날까지 매우 유명하다. 일본에서 『'교육'의 탄생』(Ariès, 1983)이라는 논문집도 나카우치 토시오中内敏夫와 모리타 노부코森田伸子에 의해 출간되었다.

1980년대 전반 아리에스를 답습한 아동론을 대표하는 혼다 마스코本田和子 자신이 회상하는 바와 같이 포스트모더니즘 사조와 더불어 수용되었다(本田, 2000: 124-126). 혼다의 『다문화로서의 아동』(1982)은 아동을 '발달'과 같은 과학적 설명의 대상으로 삼는 것이 아니라 아동의 분별력이나 비합리성을 질서잡힌 현대문화를 비판하는 시점에서 파악하고자 하였다.

혼다에 앞서 가라타니 고진은 『일본근대문학의 기원』(1980)에서 아리에스의 영향을 받은 반 덴 베르크와 푸코의 이름을 거론하며 아동의 역사성을 문제화한다.

> 아동에 관한 '객관적'인 심리 연구가 진전되면 될수록 우리는 '아동' 자체의 역사성을 놓치게 된다. 오히려 아동은 예로부터 있었던 존재이지만 우리가 생각하는 것처럼 대상화된 '아동'은 어떤 시기까지 존재하지 않았다(柄谷, 1980: 147).

또, 철학자인 나카무라 유지로中村雄二郎는 『술어집』(1984)에서 어쨌든 1960년대 초기에 출간된 아리에스의 『아동의 탄생』, 푸코의 『광기의 역사』, 레비-스트로스의 『야생의 사고』는 각각 아동, 광인, 미개인이라는 '세 개의 새로운 인간', 즉 '근대 유럽의 휴머니즘이 자신들의 사회 내부와 외부에서 잊고 있었던 심층적 인간'을 발견한 책이라고 말한다(中村, 1984: 76). 이와 같이 1980년대 전반에 이르러 아리에스는 포스트모던 사조라는 문맥 위에서 근대를 묻는 하나의 시각으로 수용되었다.

다른 한편 교육사연구에서 아리에스의 충격은 사회사라는 방법론으로 수용되었다. 오히려 사회사연구에는 아베 긴야阿部謹也나 아미노 요시히코網野善彦 등의 작업이 이미 존재했지만 아동이라는 존재 자체가 역사적인 구축물이라는 아리에스의 설명은 교육사연구에 학교 중심의 제도사를 대체할 사회사·심성사라는 새로운 관점을 도입하였다. 나카우치 토시오의 『새로운 교육사: 제도사로부터 사회사로의 시도』(1987)나 미야자와 야쓰토宮澤康人가 편집한 『사회사 속의 아동: 아리에스의 이후의 '가족과 학교의 근대'』(1988)는 1980년대 아리에스 이후 사회사 연구의 대표적인 성과이다. 사회사 연구는 조직적으로 이루어졌다. 나카우치는 1980년대와 1990년대에 『총서: 육아와 교육의 사회사(전5권)』(1990-1995)(藤原書店)을 편집하고, 미야자와는 '어른과 아이의 관계사 연구회'를 조직하여 1994년부터 간행물을 발행하였다.

또, 아리에스는 마르크스주의로부터 강한 영향을 받아 억압/해방, 지배/피지배의 이분법으로 역사를 묘사한 전후 교육사연구에 대한 반성을 불러왔다. 이는 근대교육관의 전환을 낳았다.

전후 교육사학에서 역사 서술을 지탱해 온 것은 지배와 피지배의 이항대립도식으로서 이때 역사적 과거의 다양한 교육 작용은 그 대립 축을 이루는데, 여기서는 지배자의 통치 내지 교화로서의 교육과 국민 대중의 자기해방으로서의 교육을, 혹은 제도화된 교육 실태와 도달목표로서의 근대교육이념을 구분한다. 아리에스는 이들에 비해 근대교육에 내재한 억압과 해방의 분할선을 해체하고, 지배와 피지배, 현실과 이념 간의 대립이라는 것이 근대교육 전체를 억압하는 구도였음을 설파한다(鳥光, 1996: 230).[9]

일리치, 푸코, 아리에스는 그때까지의 낙관적 근대관, 본질주의적 교육관, 실체론적 아동관을 뒤집었다. 푸코와 아리에스는 나아가 사회사나 구성주의적 역사학·역사사회학, 담론연구 같은 새로운 방법을 교육사나 교육사회학에 도입하였다.[10] 그렇다면 동시대의 교육철학·교육사상사는 어떤 전환을 이루었을까? 이는 제1장에

9 인용문 중의 문헌표시는 생략하기로 한다.

10 교육학에서 아리에스나 푸코의 수용을 논한 히로타 데루유키(1995), 도리미츠 미오코鳥光美緒子(1996), 가토 다카오(2014) 등은 그것이 최종적으로 방법론적 곤란함을 초래한다는 점을 지적하지만 여기서는 상세히 논하지는 않기로 한다.

서 밝히고자 한다.

4. 이 책의 대상과 범위

(1) 교육학과 교육담론

포스트모더니즘은 대학의 교육학만이 아니라 정부의 교육방침에서부터 모든 개인의 교육에 관한 사고방식에 이르기까지 넓고 깊은 영향을 끼쳐왔다. 그러나 그 전모를 검토 대상으로 삼는 것은 불가능하다. 이에 본서에서는 교육학, 특히 필자 자신이 속한 교육철학과 교육사상사 두 분야에 한정하여 논의를 전개하기로 한다. 이 가운데 교육학과 교육실천·교육현실의 관계를 검토한다.

재차 강조하자면, 교육학이 교육현실을 충실히 반영한다고 말할 수는 없다. 오히려 그런 학문관은 포스트모던 상황에서 해체된 것으로 보인다.

아카데미즘으로서의 교육학과 일반 교육 담론의 관계를 고찰하기 위해 다소 멀긴 하나 심리학 담론의 전파 방식과 비교하고자 한다. 사회학자인 모리 신이치森真一는 미국의 사회학자 P. 파커의 논의에 덧붙여 '심리학적 사회'가 어떻게 성립하는가를 검토한다. 모리=파커에 따르면 '심리학적 사회'가 성립하는 것은 '정신분석학적 관점'이 널리 사회에 공유되고 있다는 뜻이다. 피라미드의 정점에 군림하며 이 관점을 산출하고 그 생산자가 되는 것은 전문가 집단인 정신분석가들이다(그림 서장-1). 전문가에 의한 대중지배의 구조라고 보아도 좋다(1994, ab).[11]

11 필자는 다른 지면에서 이 '모리=파커'의 도식이 정신분석이 융성했던 1960년대의 미국을 모델로 하는 것이며 현대에 와서는 성립하기 어렵다는 점을 지적한바 있다(下司, 2006: ⅰ-ⅹⅱ).

그림 서장-1 **전문가를 중심으로 하는 담론전파 구도**

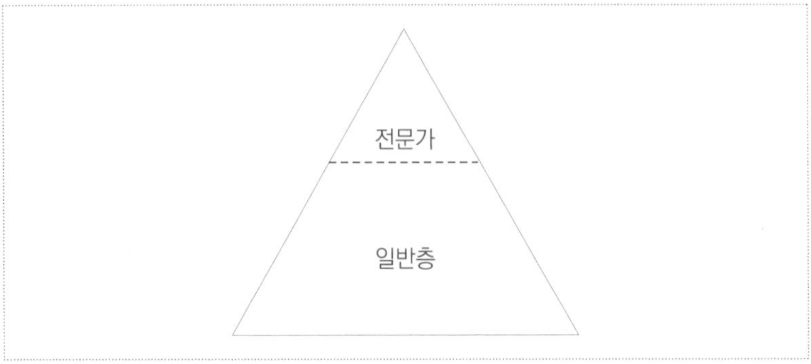

그런데 이 도식은 학문영역으로서의 교육학과 일반적으로 유통되는 교육 담론 간의 관계에도 적용될 수 있다. 물론 다르게 볼 수도 있다. 예를 들어, 확실히 문부과학성은 학교현장 교원에 대해 통제력을 가지고 있다. 그러나 일반적으로 유포되는 교육 담론은 대부분 매스컴을 통해 전파될 것이다.

하지만 일반적 교육 담론이 아닌 교육학과 교원의 관계를 초점에 두면 전후 일정한 시기까지 교육학자로부터 교원으로 흐르는 회로가 존재한다는 것을 의심하지 않았다. 즉, 자민당 집권 55년 체제 아래에서 한편으로 국가(문부성)의 교원에 대한 통제가, 다른 한편에서는 교육학자가 교직원조합이나 민간교육운동을 통해 대안적인 교육의 존재 방식을 교원에게 전파한다는 구도가 존재하였다(제5장 참고). 혁신세력이 지지하는 진보적인 교육학은 국가가 제시하는 것과 다른 '거대서사'의 담지자였다. 전후교육학 특유의 구도인 것이다(그림 서장-2).

그러나 이 구도는 55년 체제와 보혁 대립 구도가 붕괴한 1990년대 이후 성립하지 않는다. 냉전후 교육학은 대립 구도가 붕괴한 교육계의 동향을 반영하지 못하고 있다. 혁신세력의 퇴조에 따라

그림 서장-2 **55년 체제 하에서 교원에 대한 영향**

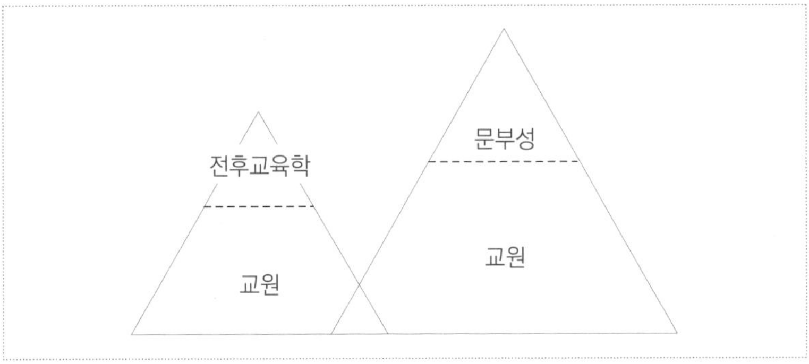

전후교육학의 영향력은 저하된다. 포스트모던 상황에서 '거대서사'의 실추가 이런 동향의 배경에 존재함은 말할 필요도 없다. 이와 나란히 1990년대부터 교육실천이나 정치성과 단절한 아카데미즘으로서의 교육학을 추구하는 동향이 활성화된다. 이들 새로운 교육학 동향 중 일부는 포스트모더니즘을 사상적 배경으로 삼고 있다. 그리고 많은 경우 포스트모던 상황에 걸맞는 학회 이외의 특정한 기반(정당이나 조합 등)이 없고, 학문적 성과나 저널리즘만을 통해 영향력을 행사하고 있다(그림 서장-3).

그림 서장-3 **냉전후 교육학**

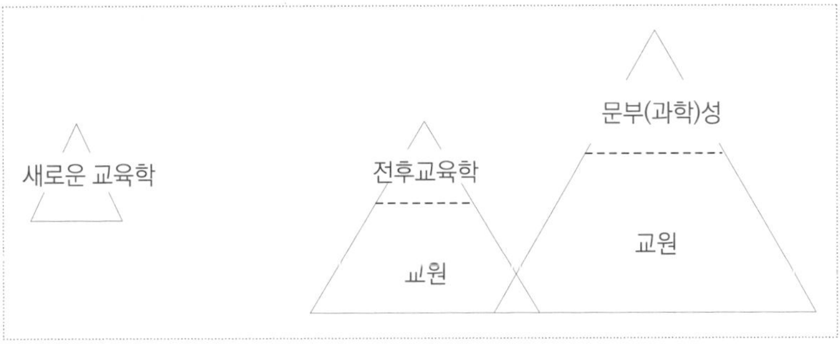

(2) 교육학을 묻는 이유

이미 교육학이 일반인을 위한 교육적 논의나 교육현실에 직접적인 영향을 끼치는 것이 아니라면 우리는 왜 이들을 검토하는가? 첫 번째 이유는 교육학의 존재방식을 반성하는 것은 앞으로의 교육과 교육학을 고려할 때에 가장 중요한 자원이 되기 때문이다. 만일 현대 교육학이 교육현실에 대한 영향력을 전혀 가지고 있지 않다면 그것은 어디에서 기인하는 걸까? 이 상황 위에서 교육학 연구는 그저 논리적 정합성만을 추구하는 방식, 즉 진공지대처럼 여기는 방식으로는 무의미한 것이 되고 만다. 선조들이 어떻게 각 시대와 싸워왔는가를 묻는 것만이 답이다.

두 번째 이유는 얼핏 보아 교육현실과 괴리를 보이고, 실제로 영향력이 없다고 생각되더라도 교육학에는 교육현실이 어떤 형태로든 반영되어 있기 때문이다. 교육학은 태생부터 현실과 동떨어진 담론이 아니라 동시대와 깊은 관계를 맺을 수밖에 없다. 여러 교육학자들은 대학 등에서 교원양성의 역할을 담당한다. 학교 등을 직접 연구영역으로 삼는 연구자도 많다. 반대로 본서에서 묘사하는 교육학의 모습이 교육의 실천과 유리된 것으로 보일 수 있다면 이는 필자의 미흡함에서 기인한 것으로 생각해 주길 바란다.

이 책은 이상의 이유에서 교육학 논문이나 전문서를 주된 분석대상으로 삼는다. 하지만 그로 인해 독자를 한정짓는 것은 필자의 의도가 아니다. 무엇보다 이 책을 낸 것은 협소한 교육학적 논의가 외부로 열리길 바라는 마음 때문이다. 각 장에서는 여러 연구자의 이름이나 학설이 등장하지만 번거롭다고 생각되면 기억할 필요가 없고 논의 전개만을 살펴보는 것도 좋겠다. 등장하는 여러 논자들은 현재 살아있기 때문에 충분히 역사화되지 못한 상태이며, 그 위상도 잠정적이어서 향후 입장이 변할 가능성도 있다. 또 여러 등장 인물은 필자가 '선생님'이라고 불러야 할 분들이지만 비평의 대상인 이상 존칭은 생략하기로 한다.

이제 『교육철학연구』(교육철학회)나 『근대교육포럼』(교육사상사학회) 등 이 책에서 검토하고 있는 다수의 학술지 게재논문들은 웹 상에서 무료 공개되고 있다.[12] 흥미를 가진 독자는 겸하여 읽어보길 권한다.

(3) 이 책의 구성

이 책은 서장·종장을 제외하면 전6장으로 구성되어 있다. 필자는 일련의 흐름을 상정하여 전체를 구성하였으며 최종적으로는 전체를 읽어보는 편이 이해를 심화시킨다고 생각하지만 각 장은 독립적으로 쓰여 있고 어디서부터 읽더라도 상관없다. 다만 교육학에 관한 예비지식이 없다고 생각하는 독자는 처음에 종장을 읽고 나서 제1장으로 되돌아오는 편이 읽기에 쉬울 것이다.

제1장과 제2장은 교육철학을 대상으로 한다. 특히, 교육철학이 포스트모더니즘이나 근대주의와 같은 입장과 어떤 관계에 있는가를 묻는다. 제1장 「포스트모더니즘과 규범의 상실?: 교육철학의 포스트모던 사상 수용」에서는 교육철학이 포스트모더니즘을 어떻게 받아들였는가를 검토한다. 포스트모던 사상을 수용함에 따라 현대 교육철학은 규범을 말하는 힘을 잃게 되었다는 것이 통설이다. 그러나 이는 과연 진실일까? 단지 규범을 말하는 방식이 변화한 것은 아닐까?

12 2016년 7월 현재 『교육철학연구』에 게재된 2007년도까지의 논문이 J-STAGE에 무료 공개되고 있다. 『근대교육포럼』은 발표일로부터 1년이 지난 논문이 CiNii Articles에 무료 공개되고 있지만 이후 J-STAGE로 이전할 예정이다.

제2장 「근대비판, 미완의 프로젝트: 교육철학은 근대를 어떻게 논해 왔는가」에서는 교육철학이 근대라는 시대를 어떻게 파악해 왔는가를 검토한다. 특히 전후교육학에서 큰 영향을 끼쳐 온 근대주의(시민사회파)의 입장은 교육철학에 어떻게 침투해 왔던 걸까? 그리고 이를 어떻게 넘어섰는가를 검토한다.

제3장과 제4장에서는 근대비판이나 포스트모더니즘을 축으로 교육사상사연구의 방법론을 다시 생각한다. 제3장 「근대교육학 비판이란 무엇이었나: 교육사상사의 과제와 방법에 기대어」에서는 1990년대 일대 붐을 일으킨 근대교육사상사연구회가 표방했던 '근대교육학 비판'이란 무엇이고, 왜 이를 추구했으며 또 그 현대적 의의는 무엇인가를 하라 소스케原 聰介의 논의를 단서 삼아 논한다.

제4장 「언어론적 전회 이후의 교육사상사: 혹은 포스트모더니즘의 어떤 점이 불가不可한가」는 포스트모던 사상을 수용한 교육사상사연구의 과제와 한계를 검토한다. 소마 신이치相馬伸一의 코메니우스론, 스즈키 아키코鈴木晶子의 헤르바르트론, 다나카 사토시의 듀이론을 분석하여 역사학의 동향과 비교함으로써 언어론적 전회 이후의 교육사상사의 현재를 도출한다.

제5장과 제6장은 얼마간 시점을 바꾸어 교육학과 교육현실의 관계를 묻는다. 제5장 「교육철학과 교육실천, 그 관계성의 전환: 잃어버린 계몽의 행방」에서는 교육철학과 교육실천 간의 관계의 변용을 도출한다. 이론이 학교현장을 지도한다는 전제는 왜 상실되고 만 걸까? 전후교육학에서 현대 교육철학으로의 이 이행을 논한다. 이 배경에 존재하는 것이 포스트모던 상황이다.

제6장 「국민의 교육권론을 푸코로 다시 짜다: 도덕의 교과화를 어떻게 대할 것인가」는 포스트모던 사상을 정책비판의 도구로 이용하는 실험적 시도이다. 전후교육학의 대표적 이론인 호리오 테루

히사堀尾輝久의 ‘국민의 교육권론’의 한계를 푸코에 입각해 넘어설 수 있을까? 포스트모던 사상은 문교정책 비판의 근거가 될 수 있을까?

종장 「전후교육학을 넘어」에서는 이상의 검토를 다른 각도에서 다시 한번 정리하고 전후교육학이란 무엇인가를 새롭게 물음으로써 이들 교육학의 과제를 제시한다. 포스트모던/포스트모더니즘이라는 담론은 자신과 다른 입장을 비방하기 위한 딱지 붙이기(와 그 이면에 존재하는 자기정당화)로만 활용된다는 것이다. “포스트모던파는 상대주의자로서 줄곧 비판만 할 뿐이지만 알고 보면 자신은 적극적인 제언을 하고 있다.”라는 식으로 말이다. 그러나 그와 같은 논법을 추구하는 논자로 한정하더라도 포스트모던/포스트모더니즘을 이해하지 못하겠다는 경우가 많다. 그러나 바로 이 이해불가능이라는 식의 말이야말로 실체가 아닌 그림자를 두려워하는 것에 불과하다.

확실히, 이들의 언어는 정의 자체가 곤란하며, 조감도적 이해가 불가능한 부분이 있다. 이와 관련하여 이 책을 읽고 나면 포스트모던/포스트모더니즘이란 무엇인가에 관한 일정 정도의 전망을 얻을 수 있지 않을까 생각한다. 그것은 이 책의 서술이 객관적이기 때문이 아니라 오히려 우리들 내부에 존재하는 포스트모던/포스트모더니즘을 끌어내고자 하기 때문이다. 느낌을 말해 보자면, 우리는 어느새 포스트모던적 사고법에 익숙해져서 포스트모던 상황을 일상처럼 받아들이고 있다. 그렇다. 우리가 이들을 아무리 부정한다 해도 이미 그것은 우리의 일부인 것이다. 때문에 자신을 되돌아본다면 내부에 존재하는 포스트모던/포스트모더니즘을 발견해 낼 수 있다.

어쩌면 이런 것이 아닐까? 포스트모던을 두려워하는 것으로는 부족하다. 이 책을 읽고 난 뒤 포스트모던 담론에 대한 불안감이 걷히고, 정체를 알 수 없었던 ‘무언가’와 공생할 길을 모색할 수 있다면 필자는 더없이 영광이겠다.

1
장

포스트모더니즘과 규범의 상실? : 교육철학의 포스트모던 사상 수용

도입: 망각의 포스트모더니즘

다른 분야와 마찬가지로 오늘날의 교육학에서 포스트모더니즘/포스트모던 사상은 지나간 시대의 유물로 잊혀지고 있다. 예를 들어, 2012년 교육철학회 제55차 대회의 연구주제인 '규범과 교육'[13]은 포스트모더니즘 이전의 소박한 규범적 교육학으로 회귀하였다. 하지만 포스트모더니즘은 어느 특정한 시기에 형성된 사상으로서 일거에 유행했던 병으로 잊혀져야 하는 걸까? 이 사조는 현대 교육철학에 어떤 유산도 남기지 않은 걸까?

이 장에서는 이상의 문제의식에서 교육철학의 포스트모더니즘 수용에 관해 검토한다. 물론 여태까지도 유사한 시도가 없었던 것은 아니다. 예를 들어, 교육철학회의 연구주제인 「20세기 말의 교육철학: 포스트모더니즘의 공과」(1999)에서는 교육학에서 포스트모더니즘의 충격이 어떠했는가를 물은 바 있다.[14] 그러나 뒤에 검토

13 제안자: 모리타 요지森田洋司 · 다니다마 스유키谷田增幸 · 츠네미 이시도石堂常世, 지정 토론자: 하야시 야스나리林泰成, 사회: 다카하시 마사루高橋勝 · 후지 치하루藤井千春, 2012년 9월 16일, 와세다早稲田대학 이부카井深 기념홀에서.

14 제안자: 이마이 야스오 · 스즈키 쇼코鈴木晶子 · 하야카우 미사오早川操, 사회: 마츠후지 유키오松渕幸男 · 모리타 히사토. 1999년 10월 16일, 도호쿠東北대학 교육학부에서. 연구

하게 될 바와 같이 이 심포지엄에 참가한 이들 모두 현재 상황의 당사자로서 상황을 조감하는 식의 발언은 하지 않았다. 이에 비해 이 장에서는 그것이 이미 지나갔고, 과거의 것이 되어버린 현재의 시점에서 다시 교육학의 포스트모더니즘 수용에 관해 묻고자 한다.

이를 위해 주된 검토대상으로 삼을 것은 교육철학회의 계간지 『교육철학연구』이다.[15] 자료를 학회지에 한정하기에 사상의 폭을 충분히 묻는 것은 곤란하겠지만 일본의 교육철학 · 교육사상 분야의 연구방식을 교육철학회가 온라인화한 것은 밝힌 바 있으며(이에 대한 비판은 일단 접기로 하자), 이 학회지의 동향을 파악하는 것은 일본의 교육학에서 포스트모더니즘 수용을 이해하는 열쇠이기도 하다. 그 가운데에서도 주목할 것은 이 학회가 2009년에 편집한 『교육철학연구』 100호 기념 특별호(이하 '100'으로 표기)이다. 거기에 수록된 『교육철학연구』의 발자취를 개관한 다수의 논문들이 1990년대 교육철학에서 일어난 '전환'과 맞닿아 있다. 이러한 교육철학연구의 전환 혹은 그런 이름이 아니더라도 이것이야말로 포스트모더니즘의 유산이라는 것이 필자의 입장이다. 이하에서는 서장에서 정리한 바와 같이 포스트모더니즘/포스트모던 사상을 근대적 사유를 비판적으로 묻는 특징을 가진 후기구조주의(푸코, 데리다, 들뢰즈 등)를 핵심으로 삼는 사상군으로 이해하기로 한다.[16]

토론의 보고는 『교육철학연구』 제81호(2000)에 수록되어, 후에 다른 집필자를 더해 마스붙이 유키오增淵幸男 · 모리타 히사토 편 『현대교육학의 지평: 포스트모더니즘을 넘어』(南窓社, 2001년)로 발전한다. 서장에서 논한 바와 같이, 이 책은 교육학에서 처음으로 포스트모더니즘을 본격적으로 검토한 것이지만, 포스트모던/포스트모더니즘의 정의는 논자마다 다르다.

15 지면 관계상, 『교육철학연구』의 참고, 인용 지점은 저자 이름을 쓰거나(호수:면수) 또는 (호수, 년) 형식으로 본문 중에 표시한다. '100'은 제100호, '백'은 100호 기념 특별호를 의미한다. 『교육철학연구』의 백넘버는 2007년 분까지 J-STAGE에 무료로 공개된다(https://www.jstage.jst.go.jp/).

16 일반적인 포스트모더니즘 이해에 관해서는 서장 및 심Sim(1999/2001, 2002), 나카마사

이하에서는 (1) 포스트모던 수용으로 교육학의 규범주의적 성격이 약화되었다는 통설에 질문을 던지고, (2) 교육철학에서 포스트모더니즘은 드러난 종교顯敎가 아닌 밀교祕敎로 도입되었다는 점, (3) 포스트모더니즘은 교육철학의 규범주의를 무너뜨리고자 하지 않는다는 것, (4) 포스트모더니즘은 아카데미즘의 문법을 흔드는 것이 아니라 오히려 강화하고자 하는 것임을 논하고, (5) 최종적으로 포스트모더니즘이 가져다준 유산을 검토하기로 한다.

1. 이스케이프 부호esc로서의 포스트모더니즘

우선 '포스트모더니즘에 의해 교육철학의 규범적 측면이 약화되었는가'라는 통설에 관해 질문해 보자. 애초 일본의 교육철학이 포스트모던 사상과 정면으로 대결했다고 말하기는 어려우며 오해와 몰이해에 기반한 비판이 많았다. 포스트모더니즘의 수용에 있어서 교육철학은 규범을 논하지 않았다고 통설로 이야기되어 왔지만 실제 앞으로 보게 될 바와 같이 1980년대부터 2010년대에 이르기까지 일관되게 규범을 논해 왔다.

(1) 비판으로부터 규범으로?

교육학에서 포스트모더니즘은 매우 안이하게, 자주 매직 워드처럼 사용되어 이스케이프 부호가 되었다고 해야 하지 않을까? 최근 공유되고 있는 포스트모더니즘에 대한 평가를 다음과 같이 요약할 수 있을 것이다. ① 포스트모더니즘은 근대교육 비판에 있어서 뛰어나다. ② 그러나 포스트모더니즘은 비판만 이어갈 뿐 새로운 교육 구상이나 규범을 만들어내지 못한다. ③ 때문에 교육의 재구축이나 새로운 교육상의 창출을 위해 포스트모더니즘을 버려야만 한

(2006) 등을 참고할 것.

다. 예를 들어, 교육사회학자인 히로타 데루유키는 포스트모더니즘을 수용함에 따라 교육철학자가 교육목적을 말하는 것이 곤란해졌으며 이로 인해 교육이 정치로 회귀해 버렸다고 말한다.

> 현대의 교육철학자가 교육의 목적에 관해 말하는 것에 겁을 내게 된 것은 1980~90년대에 포스트모던론이 유행했던 영향이 있었다(広田, 2009: 112).

> 현대 교육학자가 포스트모던의 충격 속에서 '교육의 목적'에 관해 이야기할 수 없게 된 가운데에서 현실의 교육은 교육목적의 차원이 흔들려버리는 사태가 벌어지고 있다(広田, 2009: 116).

히로타와 마찬가지의 위기의식을 다른 교육철학자가 이미 주장한 바 있다. 예를 들어, 2002년 미야데라 아키오宮寺晃夫는 히로타에 앞서 이를 주장했다.

> 포스트모던파의 논의는 모더니즘을 넘지 못한 채 점차 모더니즘에 가까워졌다. 그런 가운데에 '좋은 것으로서의 교육'에 대한 냉소주의만 남았다. [중략] 보편주의적인 교육 담론이 탈구축되는 한편 선한 교육이 버젓이 매우 현실주의적으로 규정된 것도 사실이다. 시장원리에 의한 교육 공급의 정당화가 바로 그것이다(86: 31).

이런 가운데에 포스트모던적 근대비판으로부터 교육의 재구축으로 '전향'한 교육철학자도 있다. 미국 교육사상사를 전문으로 연구하는 다나카 사토시는 1990년대 교육학에서 근대비판의 선두에 섰던 사람이었지만 2000년 무렵 '교육의 재구축'파로 방향을 바꾼 후 다음과 같이 밝힌다.

> 2000년 전후, 내가 교육에 대한 비판에서 교육의 재구축으로 연구 스타일을 바꾸고자 할 때에 무엇보다 필요하다고 느낀 것은 세계에 대한 신뢰였다. [중략] 쑥스럽지만 나는 사람들이 세계를 신뢰하는 사회 상황을 그려보길 원했다(田中, 2009: 254).

포스트모던 사상에 의거한 비판에 구애되지 않고 지금 혹은 앞으로 있어야 할 교육상을 말해야만 한다는 논자들의 태도 속에는 일본의 '현대사상'계에서 일어난 '포스트모던의 좌선회(仲正, 2002)'와의 공통점이 엿보인다.

(2) 신랄한 비판에 대한 단순한 오독

그러나 포스트모더니즘은 규범을 말하는 것이 불가능하기 때문에 이로부터의 탈각을 원한다는 식의 논의에는 몇 가지 의문이 든다. 첫째, 교육학은 과연 포스트모더니즘을 수용했는가라는 문제이다. 히로타 데루유키는 포스트모더니즘이 교육학으로부터 규범을 말하는 힘을 탈취해 갔다고 말한다. "1980년대부터 90년대에 걸쳐 폭을 넓혀온 포스트모던론은 본래 취약했던 교육학의 인식론적 발판을 근저에서부터 파괴하는 것이었다. [중략] 이른바 교육학적 규범은 자의적인 언명과 같은 것이었다. 근대교육학의 언명이 가진 자의성이나 권력성을 폭로하는 연구가 점차 나오게 된 것이다. 그것이 90년대였다(広田, 2009: 113)."

그러나 포스트모던론은 그만큼의 충격을 가져온 것일까? 오히려 교육학에서 포스트모더니즘은 그 본질에 맞게 이해된 것이 아니라 유행어로 소비된 것에 불과했던 것이 아닐까? 교육철학자인 이마이 야스오今井康雄는 '실천적 유효성'을 방패막이 삼아 강고하고도 비판적인 시각에 입각해 교육학에서의 포스트모더니즘은 근원이 없다고 지적한다.

> 일본에서는 '포스트모던' 개념에 의거하여 새로운 교육학을 구상한다는 식의 렌첸이나 실에 대응하는 시도가 나타나지 않았다. '포스트모던'은 신기한 유행어로 소비되고, 그 소비가 신기함을 빼앗아 일상용어로 정착되는 익숙한 패턴이 교육학에서도 반복된 것이다. [중략] '포스트모던' 개념의 취합을 이상과 같이 한정적인 것으로 묶은 주된 요인은 그 실천적 유효성을 향하는 교육학 내부의 강력한 '포스트모던' 비판의 압력을 상정할 수 있다.[17] '포스트모던'은 이런 비판의 압력을 저지함으로써 현상확인을 위한 개념으로 떨어지고 말았다고 생각한다(81: 2-3).

인용문 속에서 이마이는 교육학 내부의 포스트모던 비판의 사례로 미야데라 아키오(1997)과 사토 마나부(佐藤 學, 1996)를 거론한다. 이마이가 90년대 후반 자주 거론한 사람은 교육학자의 한 사람이자 포스트모더니즘에 대한 신랄한 비판자로 알려진 사토 마나부로서 그는 다음과 같이 말하였다.

> '포스트모던 담론'은 '담론' 수준의 위력에 필적할만한 현실적 힘을 교육과정 실천의 수준에서 발휘했던 것일까? 오히려 다수의 '포스트모던 담론'은 근대합리주의적 보편성을 '권력과 권위의 폭로'라는 시점에서 철저하게 전개했다 하더라도, 결코 자신은

17 이 지점에서 이마이는 사토 마나부(1996)과 미야데라 아키오(1997)의 문헌을 거론한다.

합리적 · 체계적 대안을 제출할 방법을 지닌 것은 아니었다. 때문에 교육의 차이화에 입각한 해체로 귀결되든가, '폭로와 고발'이라는 자가당착에서 시작해서 끝나는 경향을 보였던 것이다(佐藤, 1996: 99).

그러나 포스트모던 사상이 문제시한 것은 근대의 상징으로서 기존의 학교제도와 지식에 입각한 지배라고 할 수 있다. 그렇다면 '교육과정을 실천하는 수준'에서 '합리적 · 체계적 대안'을 제출한다든가 대안을 요구하는 사토의 포스트모던 비판은 실제로는 포스트모던 사상에 대한 거부에 지나지 않는다. 실천적 유효성을 면죄부로 삼는 사토의 입론은 자신의 발판이자 의무교육제도에 의존해 온 교육학 체계를 유지하기 위해 신기한 사상의 수용을 완고하게 거부하는 보수성의 표명이라고밖에 할 수 없는 것이다.

여기서 둘째, 다수의 포스트비판은 오해와 몰이해에 기반한 것이 아닐까라는 물음을 던져보자. 예를 들어, 사토의 다음과 같은 언급은 각 사상에 대한 소박한 몰이해를 단적으로 보여준다.

> 나의 철학적 입장에서 급진적 프래그머티즘에 입각한 탈구축주의와 후기구조주의에 대한 입장은 젊은 시절부터 일관되지만 2000년 이후 문화연구의 충격을 수용하여 포스트모더니즘 비판 방법을 탐색하는 속에서 문화 정치학으로서의 교육학을 모색했다[이하 생략](佐藤, 2012: 211).

자신의 꼬리를 먹은 뱀, 우로보로스. 크레타인의 패러독스. 이것이 아니라면 단순한 겉치레. 의식적으로 말해 '후기구조주의'는 포스트모더니즘의 주요 본체로서 데리다가 가져온 '탈구축'이야말로 그 시대적 수법에 불과한 것이 아니다. '급진적 프래그머티즘'이 무엇을 의미하는가는 불분명하지만,[18] 만일 로티의 '언어론적 전회'나 '반정초주의'를 가리키는 것이라면 그것이야말로 미국판 포스트모더니즘이라고 말해도 좋다(일반적으로는 '네오 프래그머티즘'이라고 부른다). 물론 문화연구도 광의의 포스트모던 사조의 일부로 볼 수 있다. 이 외에도 다수의 포스트모더니즘 비판은 오해와 몰이해에 기반하고 있다.

(3) '논의되지 못한 주제'

교육철학은 포스트모더니즘과 정면으로 맞선 것이 아니었다. 다나카 사토시가 요약한 바와 같이 1980년대에서 90년대 전반 교육사회학에서는 포스트모더니즘의 영향이 직접 드러났다. "1980년대부터 90년대 전반 교육사회학에서는 푸코의 키워드인 '권력', '규율훈련', '판옵티콘'이나 데리다의 키워드인 '탈구축'이 마치 유행어처럼 사용되었다(100: 361)." 그러나 이런 동향을 교육철학은 공유하지 않았다. 『교육철학연구』 100호 기념 특별호에서 니시무라 다쿠오西村拓生는 '포스트모더니즘(100: 353)'을, 다나카 사토시는 '푸코나 데리다 등 이른바 현대사상(100: 361)'을 각각 '교육철학에서 논의되지 못한 주제'로 거론하였다. 다나카는 '푸코, 데리다에 관한 연구논문'이 해외 교육철학 관련 학회지(미국의 *Educational Theory*, 영국의 *Journal of Philosophy of Education* 등)에는 산발적으로 보임에도 불구하고 "과거 50년간의 『교육철학연구』에 한 번도 게재된 적이 없었다. 이는 특이한 현상이다(100: 361)."라고 지적한다. 니시무라 다쿠오 또한 "교육철학회는 포스트모더니즘에 대해 특히 방어적이었다(100: 354)."라고

18 로스Roth(1998)는 프래그머티즘과 고전적인 정신적 · 종교적 관점의 화해를 '근본적 프래그머티즘'이라고 부르지만, 사토의 입장과는 다를 것이다.

말한다.

교육철학이 포스트모더니즘을 수용하지 않았던 것이 아니라면 포스트모더니즘에 입각한 규범이 이야기되지 않았다는 통설은 재검토의 여지가 있다. 애초 90년대에 교육철학이 발언력을 상실한 것에 반비례하여 대두한 분야가 교육사회학이나 임상심리학이었던 점을 되돌아본다면 철학의 규범주의를 대체하여 구축된 것은 사회학이나 심리학의 사실주의라고 생각할 수 있지만 이 과제는 본서의 범위를 넘어서는 것이다.

2. 밀교祕敎로서의 포스트모더니즘

여태까지 교육철학은 포스트모더니즘을 충분히 수용하지 못했다고 말해왔다. 그러나 그것은 포스트모던이 교육철학의 문제구성에 영향을 끼치지 못했음을 뜻하는 것이 아니다. 오히려 현대 교육철학은 포스트모더니즘의 강한 영향을 받고 있다. 그럼에도 불구하고 그 심도는 측량하기 어렵다. 프스트모더니즘은 '드러난 종교'가 아닌 '밀교'로 수용되었기 때문이다.

(1) 포스트모더니즘의 밀교성

포스트모더니즘은 교육철학에 어떤 영향도 끼치지 못했던 걸까? 물론 그렇지는 않다. 니시무라 다쿠오는 "포스트모더니즘으로 총칭되는 사조가 교육철학회에 끼친 영향은 보이는 것 이상으로 크지 않았을까(100: 353)"라고 말한다. 『교육철학연구』 100호 기념 특별호에서는 다수의 논자가 80년대와 90년대 사이에 교육철학의 전환이 일어났다고 인식하고 있다. 어떤 시대성을 띤 개념군에 의해 1990년대의 교육철학에 커다란 패러다임 전환이 일어났음은 의심할 바 없다. 필자의 판단으로는 그것이야말로 포스트모더니즘이 교육철학에 가한 충격이다. 그럼에도 불구하고 그 방아쇠를 '포스트모더니즘'으로 불러야 하는가 아닌가에 관해 다쿠오는 헷갈려한다.

> 정치와 교육, 실천과 교육철학이 서로 외재적으로 일찍이 지정된 이론 상황은 광의의 포스트모더니즘(혹은 포스트모더니즘의 융성이라는 시대적 사조)의 영향을 거쳐 '전환'되었다. [중략] 하지만 [중략] 여기서 주목할 만한 여러 이론적 계기를 포스트모더니즘이라는 개념으로 포괄할 수 있을지 아닐지에 관한 점은 이론異論의 여지가 있을 것이다. 그렇다면 포스트모더니즘이라는 개념에 전혀 구애될 필요가 없다(100: 359-60).

여기에 포스트모더니즘의 '밀교성'이 존재한다. 교육철학에서 포스트모더니즘은 '드러난 종교'가 아닌 '밀교'로 수용되었다. 이미 논한 바와 같이, 교육학의 포스트모더니즘 수용은 대단히 한정적인 것이었다.

나아가 문제를 복잡하게 만드는 것은 포스트모던 사상의 부정형성, 전체상을 붙잡는 문제이다. 이마이 야스오는 포스트모더니즘의 영향으로 간주되는 개념군은 다수이지만 "명시적으로 이 말을 사용하지 않고 '포스트모더니즘'이라고 딱지를 붙이기를(81: 1)" 꺼린다고 말한다. 그러나 포스트모던 사조 및 포스트모더니즘의 영향과 관련하여 직접적으로 그런 말을 쓰는 연구만을 검토한다는 것은 이해할 수 없다. 이에 본서는 잠재적인 것을 포함하여 교육철학에 대한 포스트모더니즘의 영향을 검토하고자 한다.

(2) 교육학의 과잉방어

더불어 교육철학에 대한 포스트모더니즘의 영향이 잘 보이지 않는 이유로는 포스트모더니즘에 대한 교육학의 과잉방어적 대응도 한몫한다고 할 수 있다. 그 첫 번째 사례로 수용 시기 문제를 지적할 수 있다. 교육철학에 대한 포스트모더니즘의 영향은 언제부터 확인될까? 물론 그 답은 논자가 포스트모더니즘을 어떻게 정의하느냐에 따라 다를 것이다. 이케다 다케유키池田全之는 1980년대부터 포스트모던 사조의 영향이 산발적으로 보인다고 말한다. "1980년대는 포스트모던 사조의 영향 아래에 그때까지 『교육철학연구』에서 다루지 않았던 시점이 다수 발견된 시기였다(100: 112)." 그에 비해 니시무라 다쿠오는 80년대의 교육철학은 포스트모더니즘에 대한 태도 결정을 유보한 채 본격적인 도입은 90년대를 기다리지 않을 수 없었다고 생각한다. "이미 사상계 일반에서는 한때 융성했던 포스트모더니즘에 대한 수용이(예를 들어, 아사다 아키라의 『구조와 힘』은 1983년에 출판되었다) 한물간 시기에 교육철학회는 아직 포스트모더니즘 수용 단계에 머물러 있다는 인상이었다." "연구토론·연구과제 논의에 한정하여 볼 때에 교육철학회에 포스트모더니즘의 영향이 미쳐 이른바 패러다임 전환이 일어난 것은 1993년부터 [중략] 96년에 걸쳐 있다고 생각한다(100: 352)."

필자의 진단은 다쿠오에 가까운데, 90년대에 들어설 때까지 교육철학은 포스트모더니즘을 수용하지 않았으며, 90년대의 수용도 부분적인 것에 지나지 않는다는 입장이다. 80년대는 확실히 '현대사상 붐'으로 말할 수 있으며 포스트모더니즘이 매우 인기 높았던 시기였다(仲正, 2006). 그러나 동시대 교육철학회는 스키조 키즈의 경쾌함과는 거리가 먼 것이었다. 세간에서 1983-84년 동안 이목을 모은 것은 아사다 아키라의 『구조와 힘』(1983)과 『도주론』(1984)이었지만 교육철학회의 심포지엄은 '국민실천요강(1953)'과 '기대되는 인간상(1966)'에 대한 비판을 염두에 둔 '인간상', '인간성'이 주제였으며, 1988-89년에는 교육심의위원회에 대한 비판이 이어졌다. 제2장에서 논하게 될 바와 같이, 교육철학회는 1970년대보다 80년대 쪽이 '정치의 계절'로 부르기에 알맞다.

필자가 아는 한 『교육철학연구』에서 '포스트모던'이라는 말의 첫 등장은 1987년 마츠이 하루마로松井春滿의 「'인간'을 존중하는 사상의 재구축」(55: 37)이지만,[19] '포스트모던'이라는 말은 시대진단으로 사용된 것에 불과하고 논의 자체는 근대의 '인간주의'를 가리키는 것이었다. '포스트모던'이 사상적 과제로 자각되어 이야기된 효시는 야노 사토지矢野智司의 「교육에 있어서 합리주의와 비합리주의」(1991)라는 토론과제이다. 여기서 야노는 자신의 '놀이'론의 전제를 다음과 같이 정리해 나간다.

> 근대합리주의는 계몽주의, 과학적 합리성, 도구적 이성과 같은 다양한 모습이 복잡하게 결합되어 있지만 각각 현대사상의 전개 속에서 비판적으로 고찰되어왔다. 1980년대 이후 교육만이 아닌 광범위한 영역에서 포스트모던을 둘러싼 논쟁이 일어난 것은 잘 알려져 있다. 이는 근대교육학이 자명한 전제로 삼은 다양한 명제가 물음의 대상이 되기 시작했다는 것을 의미한다(63: 10).

포스트모더니즘을 필두로 본격적으로 검토한 논문은 연구과제인 『교육철학을 묻는다: 교육학연구의 다양화 속에서』(71호, 1995)에서 도리미츠 미오코의 「포스트모던과 교육학」이다. 여기서 도리미츠는 독일교육학의 포스트모더니즘에 대한 반응을 논의한다. 또, 같은 연구과제에서 이마이 시게타카今井重孝는 루만의 체계론을 활

19 제목에 '포스트모던'이라는 말을 쓴 논문의 최초 출처는 도시히코 츠치도土戸敏彦(제69호, 1994년)이다.

용하여 전후교육학의 대표자 호리오 테루히사의 논의를 비판한다(제2장 참고). 이상과 같이 1990년대에는 포스트모더니즘의 영향이 산발적으로 나타나지만 교육철학회가 심포지엄에서 이를 주제로 삼는 것은 세기 전환기를 기다려야만 했다.

(3) 사후의 수용

그리고 교육철학회에서 처음으로 포스트모더니즘을 정면에서 받아들인 연구토론 제목이야말로 포스트모던에 대한 과잉 방어적 반응의 두 번째 사례를 전형적으로 보여준다. 「20세기 말의 교육철학: 포스트모더니즘의 공과」, 즉 포스트모더니즘이 최초로 본격적으로 논의된 시기는 이미 그것이 죽은 것, 넘어야 할 것으로 간주된 시기였다. 심포지엄에서 사회를 맡은 마스부치 유키오와 모리타 히사토에 따르면 이 기획의 의도는 포스트모더니즘이 유행어로 소비되어 그 내실이 부족하다는 실정을 반영하기 위한 것이다.

> 이 말이 일종의 유행어로 선행하는 실정을 의외로 숙지하지 못한 것이 아닐까라는 의문에서, 논의주제인 세기말과의 관계를 염두에 두고 '포스트모더니즘이 교육학에 부여한 문제는 어떤 것이었는가'를 한번 확실히 정리해 둘 필요가 있다고 이해하기에 이르렀다(增淵 · 森田, 2000: 16).

마찬가지 징후는 이 연구토론에 이어 출판된 마스부치와 모리타의 편저 『현대교육학의 지평』(增淵 · 森田, 2001)에서도 발견된다. 이 책은 "교육학 분야에서 포스트모더니즘을 본격적으로 논한 최초의 시도(「BOOK」 데이터베이스)"였음에도 불구하고 그 하위 제목은 「포스트모더니즘을 넘어」였다. 그럼에도 불구하고 시대의 총아였던 포스트모더니즘은 그 죽음이 확인되고 나서야 처음으로 인지되어 비애로 가득한 사생아가 되었던 것이다.

포스트모더니즘에 대한 교육철학의 세 번째 과잉반응은 비판만 한결같았다는 점이다.

그 책임은 '포스트모던파', '포스트모던 비판자' 양쪽 모두에 있다고 생각한다. 우선 '포스트모던파'를 보자면 스스로를 '포스트모더니스트'로 지칭하는 논자가 없다. 심포지엄에서 포스트모던/포스트모더니즘을 논한 야노 사토지(63호, 1991), 이마이 시게타카 · 도리미츠 미오코(71호, 1995), 이마이 야스오 · 스즈키 쇼코 · 미사오 하야카와早川操(81호, 2000)는 모두 명확히 그 사상권 내에 있음에도 불구하고 자신들을 포스트모더니스트로 부르는 논자가 한 명도 없다.[20] 교육철학의 포스트모더니즘 수용에는 책임자가 없는 셈이다.

비판자 쪽의 문제도 이와 표리일체, 즉 겉과 속이 하나인 관계이다. 그것은 바로 구체적으로 저자나 문헌을 명시하지 않고 '포스트모더니즘 일반'을 비판하는 경향이다. 예를 들어, 앞서 본 미야데라 아키오의 논의는 어떤 문헌이 문제인가를 명시하지 않고 포스트모던 일반을 비판한다(86호, 2002). 포스트모더니즘 비판은 비판 당하는 자가 부재한 채로 비판만 증식하는 불가사의한 현상을 보인다. 이것이 생산적 논의로 발전하지 않는 것은 무리가 아닐 것이다. 본서에서 되도록 사람 이름을 거론하여 문제점을 지적한 것은 이와같이 성과 없는 공중전을 피하기 위함이다.

3. 규범주의의 단절과 연결

과연 포스트모더니즘은 교육철학에게서 규범 창출 능력을 빼앗아간 걸까? 필자가 보기에 교육철학의 포스트모더니즘 수용은 한정

20 애초, 푸코나 데리다나 들뢰즈도 자신이 '포스트모더니스트'라고 하지 않았다.

적인 것으로서 규범주의적 성격을 붕괴시키는 데에까지는 이르지 않았던 것으로 보인다.

(1) 놓칠 수 없는 규범주의

이미 다룬 바와 같이, 히로타 데루유키는 포스트모더니즘의 영향에 의해 교육학·교육철학의 규범주의 창출 능력이 상실되었다고 말한 바 있다. 하지만 여태까지의 검토는 –히로타와는 반대로– 교육학이 애초 포스트모더니즘/포스트모던 사상과 정면으로 맞부딪치는 것을 피해왔으며, 그 이해 또한 충분한 것이 아니었음을 보여주었다. 바꿔 말해, 다수의 포스트모더니즘 비판은 교육학의 규범주의가 굉장히 강하다는 것을 증명한다.

그 비판 소재로서 1980년대부터 실시되어 온 교육철학회의 심포지엄 대회 주제를 일람표로 보자(표 1-1). 교육철학회의 심포지엄에서는 '연구토론(대회개최 대학교 기획)'과 '연구과제(이사회 기획)'가 있고 어느 쪽이든 이듬해의 『교육철학연구』에 그 내용이 게재된다(심포지엄은 1982년부터 2회씩 개최 되었지만 학회지에 그 경위에 대한 기술은 없다). 다음 표는 『교육철학연구』가 작성한 것으로서 실제 심포지엄은 전년도에 행해진 것이다(이하, 본문 중의 년도는 기본적으로 발행 년도를 표시한다).

이렇게 일람해 보았을 때에 교육철학회는 포스트모더니즘의 충격을 정면에서 받아 멈추는 것이 곤란할 정도로 충분히 규범적인 면을 이어왔다고 할 수 있다. 1990–92년의 연구과제인 '지식의 전환' 등 확실히 90년대를 전후로 한 심포지엄의 주제 속에는 포스트모더니즘의 영향이 보이지만, 총체적인 면에서 주된 물음의 방식은 일관되게 규범적이며 이 경향은 일반적으로 교육학의 포스트모더니즘 수용기인 90년대를 통해서도 변함이 없다.

표 1-1 교육철학회 심포지엄 일람(1980년 이후)

『교육철학연구』에서 필자가 작성, [ ] 안은 본문을 통해 판단한 것

연도	호	연구토론	연구과제
1980	41	20세기와 아동	-
1981	43	교육사상의 비교 문화적 고찰	-
1982	45	교육에서 내셔널한 것과 인터내셔널한 것: 교육철학의 입장에서[※연구토론 I]	교육과 폭력[※연구토론 II]
1983	47	교육철학 연구에 대한 문제제기	전후교육학에서 인간학: 반성과 전망
1984	49	서양의 교육사상에서 '인간성'의 제문제	교육철학을 어떻게 사고할 것인가: 현대 일본에서 교육철학의 방식
1985	51	오늘날의 풍요로움에서 살아가는 문제를 교육은 어떻게 극복할 것인가	교육 연구에서 철학적 접근과 역사적 접근의 접점을 찾다
1986	53	교육철학에서 사상연구의 방식	교육철학은 교육개혁에 어떻게 접근하는가: 교육에서 '자유'의 문제
1987	55	교육철학은 수업연구에 무엇을 할 수 있는가	교육철학은 교육개혁에 어떻게 접근하는가: 교사에게 구할 수 있는 것과 구해야 할 것
1988	57	교육이 지향하는 인간상의 조건: 현실감각 충족의 실마리를 구하다	교육철학은 교육개혁에 어떻게 접근하는가: 교육개혁의 이념을 묻다
1989	59	현대에서 학교 및 학교교육의 존재의의를 묻다	교육철학은 교육개혁에 어떻게 접근하는가: 임교심 답신의 원리적 고찰과 검토
1990	61	아동 · 성인 · 교육책임: 위기 상황에서 교육적 협정을 구하다	지식의 전환과 교육과제: 현대과학과 인간주체성의 문제
1991	63	교육에서 합리주의와 비합리주의	교육과제로서의 지식의 전환: 학교 지식은 개개인의 삶을 도울 수 있을까
1992	65	교육적 관계의 구조	교육과제로서의 지식의 전환: '안다 해도 할 수 없다'는 것이란 무엇인가
1993	67	'교화' 재고	삶의 의미를 어떻게 파악하고 가르칠 것인가
1994	69	라이프사이클의 위기와 교육이론의 재구축	교육철학을 묻는다: 교육학에서 고전연구의 의미

1995	71	교육적 가치로서의 '경험'	교육철학을 묻는다: 교육학 연구의 다양화 속에서
1996	73	교육학 연구에서 고도화란 무엇인가	교육철학을 묻는다: 우리나라 교육철학의 궤적으로부터
1997	75	교사의 존재론	전후의 교육을 다시 묻는다: 교육철학에서의 접근
1998	77	교육에서 전통과 창조	아동이해는 어디까지 탐구되었는가 [전후교육을 다시 묻는다]
1999	79	전후 교원양성이념의 재검토	학교는, 지금 무엇을 할 수 있는가
2000	81	20세기 말의 교육철학: 포스트모더니즘의 공과	학교론의 가능성: 학교 비판의 방식을 검토한다
2001	83	오늘날 교육과제로서의 학력이란 무엇인가: 교육개혁을 시야에 두고	학교의 공공성과 시장성을 묻는다
2002	85	공생사회에서 아동과 교육	'학력론'의 문제영역
2003	87	'공'의 교육, '사'의 교육: 아리스토텔레스의 『정치학』 제8권, 제1장을 읽는다	'교양'의 언어를 순회하여: 타자 · 경험 · 서사
2004	89	미디어 변용과 교육	죽는다는 것 · 산다는 것: 교육 속에서의 풍경
2005	91	임상적 인간형성론의 구축	가치다양화 사회에서 '규범'의 문제
2006	93	교사의 생성론	교육에서의 마음 · 생명: 인간적 자연/교육가능성/완성가능성론의 현재
2007	95	철학연구와 교육실천: 그 괴리와 해후	교원 양성교육에서 교육철학이 부과받아야 할 역할이란
2008	97	이로부터 교육철학을 생각한다	교육철학 연구를 생각한다: 회고와 전망
2009	99	'교육문제'로서의 문화	교육연구 속에서의 교육철학: 그 위상과 아이덴티티를 묻는다
2010	101	공공철학과 교육철학의 접점을 구한다	노동과 교육
2011	103	언어 · 도덕 · 지식: 지식에 대한 교육의 가능성을 구한다	교육학적 '지식'의 지평을 묻는다: 교육학에서 '종교적인 것'

2012	105	교육에서 정의와 보살핌	교육은 어떻게 물어져야 하는가 [여태까지의 교육철학, 이후의 교육학]
2013	107	규범과 교육	국가와 교육 [여태까지의 교육철학, 이후의 교육학(2)]
2014	109	'가르칠 수 있는 것'과 '배우는 것': 교육적 관계의 재구축	교육실천과 교육철학 [여태까지의 교육철학, 이후의 교육학(3)]
2015	111	'교육학의 고전'은 어떻게 창설되고, 기능해 왔는가: 교육철학의 메타히스토리	사상과 현장을 잇는다: 교육철학의 프론티어(1)
2016	113	교육학적 욕망으로서의 대안: 초월성을 둘러싸고	교육철학의 '현장'으로서의 고등교육: 교육철학의 프론티어(2)

(2) 지식의 전환

1980년대 말부터 90년대의 연구과제는 그 문제설정에 있어서 포스트모더니즘의 영향을 받았음에도 불구하고 논의의 방향성은 일관되게 규범주의적인 성격을 이어갔다.

1980년대 끝머리와 90년대를 여는 상징적인 「지식의 전환과 교육적 과제: 현대과학과 인간 주체성의 문제」(1990, 가토 유키주구加藤幸次 · 키요히데 키리타桐田清秀 · 타카시 모리타森田孝, 사회자: 오가사와라 미치오小笠原道雄 · 스메라키 노리오皇紀夫)를 보자. 이 과제설정에는 '포스트모던'의 영향이 있다고 말할 수 있으며(61: 36), 논의는 '교육개혁의 방향성'과 중첩된다. 사회자인 오가사와라와 스메라키는 "교육은 새로운 지식을 탐구하는 활동을 돕는 열린 인간적 활동이어야만 한다(61: 36)."라고 요약한다. 그리고 이 과제는 이듬해에 「교육적 과제로서의 지식의 전환」(사가라 아츠코相良敦子 · 신이치 카이甲斐進一 · 야마자키 타카야山崎高哉, 사회자: 모리 요타로毛利陽太郎)으로 전개된다. 이 설정은 '지식의 전환'이라는 충격을 '교육적 과제'라는 실천적 과제로 거두어 들이고자 하는 것으로서, 나아가 「학교 지식은 개개인의 삶을 도울 수 있을까」라는 부제에서 명확히 드러나듯 학교의 지식을 개인의 삶에 유익한 것으로 전환할 방도를 탐색하는 것이었다(63: 36). 3년 차의 부제는 「'알면서도 하지 못한다'는 것은 어떤 것인가」(호리우치 마모루堀内守 · 이마이 야스오 · 쿠미오 이쿠타生田久美子, 사회자: 우사미 히로시宇佐美寛)로서 각 발표는 무엇보다 '현대 사상'적이다. 호리우치는 들뢰즈나 오스틴을 인용하여 '지식의 전환을 스스로 시도'하는 퍼포먼스를 선보인다(65: 21). 이마이가 '지식/행위' 도식 자체를 사상사의 측면에서 물은 반면 쿠미오는 신체론을 통해 이를 물었다. 그럼에도 불구하고 사회자인 우사미 히로시의 물음은 발표자의 지적 인식틀을 대폭 축소하는 기존 교육 내의 인식틀로 떨어지고 말았다. "그렇다면 교육은 어떻게 작동해야 합니까(65: 37)?"

이런 3년간의 연구과제는 '지식의 전환'이라는 포스트모던적 문제설정을 수행하는 가운데에 최종적으로는 그것을 '교육실천'으로 귀착시키고자 하는 것이었다. 연구과제는 이어진 3년차에는 「삶의 의미를 어떻게 파악하고 어떻게 가르칠 것인가」라는 규범적 물음으로 이행한다(오쿠다이라 야스테루奥平康照 · 가네키 시노에金木志乃恵 · 마츠이 하루마로, 사회자: 호리오 테루히사 · 나가이 가즈오長井和雄). 규범주의의 강력함을 보여주는 사례로 볼 수 있겠다.

(3) 교육철학을 묻는다

이어서 1994–96년의 「교육철학을 묻는다」는 '지식의 전환'을 거쳐 교육철학의 존재 방식 자체를 반성하기에 이른다. 첫해(1994년)에는 고바야시와 무라타가 「교육학에서 고전연구의 의미」(고바야시 마사키치小林政吉 · 무라타 노보루村田昇 · 모리타 히사토, 사회자: 누마다 히로야키沼田裕之 · 마스부치 유키오)에서 자신의 연구대상에 기반한 내재적 논의를 전개했는가 하면 모리타는 포스트모던파에 기반한 해석론을 전개한다(69:

34). 하지만 모리타의 입장에 대해 '교육학은 규범의 학문'이라는 이견이 제출되었다(69: 41). 2년차(95년)인 「교육학 연구의 다양화 속에서」(이마이 시게타카 · 도리미츠 미오코 · 야마구치 에이이치山口栄一, 사회자: 하라 소스케)는 포스트모던파가 현존함을 보여준 것으로 기억된다. 도리미츠 미오코는 독일교육학의 포스트모더니즘에 대한 반응을 논하였고, 이마이 시게타카는 루만의 체계론을 채용하여 전후교육학의 대표자인 호리오 테루히사의 논의를 비판하였다. 그런데 지정토론자인 와다 슈지和田修二는 실천에 대한 기여나 대안을 보여주어야 한다는 요구를 하였다(71: 41). 포스트모더니즘 비판에 대한 상투적 문구라고 해도 좋다. 이듬해 3년 차(96년)의 연구과제는 부제를 「우리나라 교육철학의 궤적으로부터」로 삼아 '구세대'에게 복수의 기회를 부여하였다(무라이 미노루村井 実 · 호리오 테루히사 · 야노 사토지, 사회자: 마스부치 유키오 · 모리 요타로). '선함'의 미노루, '발달'과 '인권'의 호리오. 마치 전년도의 심포지엄에 대한 반동과도 같다. 사회자는 이 연구 과제를 '세대간 교류'로 위치 짓고(73: 47), 세 명의 차이를 교육학자/교육철학자로서의 '정체성'의 차이로 귀착시킨다(73: 49). 포스트모더니즘에 대한 대응은 어느샌가 '세대론'으로 어긋나 있었던 것이다.

(4) 전후교육을 묻는다

1997년부터는 '포스트모던파'로부터 전후교육학 비판을 받은 이후 '전후교육을 묻는다' 시리즈가 시작되었다. 첫해에는 「전후교육을 묻는다: 포스트모던의 시점으로부터」(다와라기 고타로俵木浩太郎 · 마츠시타 료헤이松下良平 · 구로사와 노부아키黑沢惟昭, 사회자: 야마자키 타카야 · 다시로 다카히로田代尚弘)에서도 '전중파'인 다와라기 · 구로사와와 '전후세대'인 마츠시타와 같이 전년도부터 이어져 온 문제설정의 차이가 세대차이로 설명된다(75: 40). 구로사와는 부등교의 증대를 '포스트모던적 현상',

'모던형 학교'의 '종언'으로 이해한다(75: 36-38). 마츠시타는 "왜 인간화를 목표로 하는 교육이 새로운 비인간화를 초래하는 역설을 낳은 것인가"라는 근대비판적 물음을 제출하면서도 "'실천' 속에서 교육과 학습의 [중략] 이념을 현대사회에서 실현하고자 하는 교육론을 대담하게 구상하는 것"이 필요하다고 말한다(75: 33). 1998년의 「아동에 대한 이해가 여태까지 탐구되어 왔었는가」(미야노 야스하라宮野安治 · 다나카 다카히코田中孝彦 · 기타 아키토喜多明人, 사회자: 하라 소스케, 스메라키 노리오)에는 비회원인 다나카 다카히코(임상교육학)와 기타 아키토(아동권리론)가 초빙된 것을 보면 명확한 바와 같이 이 시기 선언된 아동의 '풍파'를 '더 나아간 아동 이해'에 입각해 극복하고자 하는 성격을 보여준다. 1999년의 연구과제인 「학교에서 지금 무엇이 벌어지고 있는가」(고다마 시게오小玉重夫 · 모로토미 요시히코諸富祥彦 · 타케시 모우리毛利猛, 사회자: 우사미 히로시)에서는 교내폭력, 이지메, 부등교, 학급붕괴 등의 현상에 의해 이미 학교의 존재가치가 자명해진 것이 아닌가를 전제로 문제가 설정되었다고 말한다. 그러나 사회자인 우사미의 물음은 변함없이 규범주의적인 것이었다. "현재 일본의 학교를 어떤 방향으로 변화시켜야만 하는가를 생각한다(79: 39)." 시게오는 "현대 학교가 짊어져야 할 적극적 역할로서 공공성의 구축을 생각하고자 한다."라고 말한다. 모로토미는 학교는 아이들에게 "자기승인 내지 자기결정의 기회(79: 31)" 등을 부여해야만 한다고 말한다. 모리는 '학교에서 지금 무엇이 벌어지고 있는가'라는 물음을 뒤집어 '학교로 인해 지금 무엇이 벌어지고 있는가'라고 물음으로써 그 태도 변화를 요구받고 있다고 본다(79: 38).

이상과 같이 교육철학회는 1990년대를 통해 포스트모더니즘에 대한 비판적 물음을 규범에 입각해 되돌아본 것으로 이해할 수 있다. 포스트모더니즘의 충격을 정면으로 받는 것이 곤란할 만큼 규범주의는 완고한 것이었다.

4. 수행(performative)이 아닌 진술(constative)로

다음으로 교육철학의 포스트모더니즘 수용의 형태를 검토한다. 포스트모더니즘의 퍼포먼스는 교육철학에서 수용되지 않고 그 사상은 테제로 분해되어 진술로서 도입되었다. 그 결과 -일본의 '현대사상' 수용을 생각해 보면 불가사의한 현상이지만- 포스트모더니즘은 결과적으로 아카데미즘으로서 교육학의 정밀도를 높여 놓았다.

(1) 고고한 퍼포먼스

포스트모더니즘을 수용하기 위해서는 교육철학의 전통적인 틀을 일탈하지 않을 정도로 그 충격을 줄일 필요가 있었다. 앞서 본 바와 같이 그 점을 규범주의에 맞춰 밝혔지만 다음으로 아카데미즘의 수법에 관해 동일한 사항을 검토하고자 한다.

교육철학에서 포스트모더니즘은 아카데믹한 문법 위에서 '테제'로 수용되었다. 일본 포스트모던 붐의 중핵을 담당한 '뉴아카데미즘' 논자들은 독특한 문체나 태도로 기존의 학문적 틀을 다시 물었다(仲正, 2006). 하지만 교육철학회에서 그러한 퍼포먼스는 수용되지 않았다. 앞서 나온 호리우치는 '현대사상'을 실천해 보고자 시도했지만 단발에 그치고 말았다(65: 21).

희한한 예외로서 스즈키 아키코가 거론된다. 그녀는 2000년 연구토론에서 '정의내리기'나 '정리'를 일삼는 '모던'한 방법은 포스트모던 사조의 핵심적 부분을 막는 것에 불과하다고 말한다.

> 포스트모던의 공과를 묻는 본 토론에서 모던이나 포스트모던이란 무엇인가를 정의내리는 일에서 시작하는 것은 상투적인 방법

> 에 불과하지 모르겠습니다. 어쨌든 저에게 정의내리기나 교육학으로의 파급을 이마이 '야쓰오' 회원과 같이 '전망'한다거나, 미사오 '하야카와' 회원과 같이 '포스트모던'의 특징을 '모던'의 척도로 정리하는 지식의 권력행사는 피해야한다고 생각합니다. 왜냐하면, 그와 같이 모던이나 포스트모던을 마치 실체로서 존재하는 것처럼 파악하고 소유하고자 하는 지식의 존재방식 자체를 여기서 의심해 보아야 한다고 생각하기 때문입니다(81: 6).

여기서 스즈키는 포스트모더니즘에 대한 진술적 추구가 아닌 퍼포머티브한 수행을 시도한다. 관계론적인 문제설정에 입각해 이성의 한계를 보여주고자 함이다. 가벼운 문체로 아카데미즘의 문법을 흔드는 일. 주어진 물음을 탈구축하여 상대화하는 일. 이것이야말로 포스트모더니즘의 실천 외에 아무것도 아닌 것이다. 그러나 이는 어디까지나 고고한 투쟁이었다. 교육학에서 포스트모던 사상의 수용은 기본적으로 진술적인 수준에 머무는 '모던한' 것이었기 때문이다.

(2) 근대비판의 섭취

포스트모더니즘이 교육학에 수용되기 위해서는 그것을 '모던'한 교육학의 도식에 적합하게끔 축약할 필요가 있었다. 그러나 그 필요성을 어느 정도로 인식하는가는 당사자가 처한 입장에 따라 달랐다.

1990년대 포스트모던 사조를 교육철학에 소개한 다수의 연구자들은 그 이전에 '고전'을 중심으로 이미 업적을 쌓은 위에서 포스트모더니즘을 '취미'로 공표하는 것이 가능하였다.

다른 한편, 젊은 연구자들에게 『교육철학연구』지에 논문을 게재하는 것은 등용문으로서의 성격을 지니고 있기에, 비판도 많고,

평가도 정립되어 있지 않은 포스트모던 사조를 정면으로 논하는 것은 만용으로 비칠지 모른다. 다나카 사토시는 "『교육철학연구』에 푸코나 데리다에 관한 연구논문이 게재되지 않는 이유의 하나"로 "젊은 연구자들의 투고가 많았던 점"을 거론한다(100: 361-362). 그러나 젊은 연구자들에게 포스트모더니즘의 영향이 인지되지 않았던 것이 아닐까하고 말해 본다면 꼭 그렇지 않았다는 것이다. 소극적인 형태로 종래 교육철학연구의 대상과 문법을 지키면서도 근대라는 시대나 교육이라는 행위에 대한 의심을 끼워 넣는 방식을 취했기 때문이다. 그 예로 여기서는 두 개의 논문을 거론하고자 한다.

우선 야마나 준山名 淳의 칸트론(59호, 1989)이다. 모리타 히사토가 말한 바와 같이 "이 논문은 [중략] 근대교육학 자체를 대상화하는 과제를 칸트를 예로 삼아 수행하고자 한" 것으로서(100: 130), 젊은 연구자에 의한 근대비판 시도로 기억될 만 하다. 그래도 야마나가 여기에서 근대비판에 전면적으로 나선 것은 아니다. 오히려 굳이 근대비판을 아카데미즘의 문법, 특히 선행연구의 문맥에 자신의 연구를 얹음으로써 포스트모더니즘과 동형의 근대비판을 은근히 들여오고 있다. 그 과제는 다음과 같이 설명된다. "본 논문에서 이 『계몽이란 무엇인가』의 주요 개념인 '성인성Mündigkeit' 개념을 검토함으로써 칸트의 교육사상을 재검토하고자 한다. 그리고 이 재검토는 최종적으로 교육에 관한 칸트의 논의의 애매함을 대상으로 하는 하나의 해석을 가능하게 해준다고 생각한다(59: 89)." 하지만 검토를 진전시켜 나가는 가운데에 칸트의 교육사상, 그리고 교육이라는 행위의 어두운 측면까지 언급하게 된다. 야마나의 근대비판은 주로 아도르노와 대담자인 벡의 '근대 비판적 견해'와 같이 동시대 독일 연구에 기원을 두고 있다.

> 표면적인 낙관적 견해에만 주목해 온 저 '칸트'의 교육사상도 이와같이 본다면 '성인성'으로 인간을 끌어들임과 동시에 '성인성'의 실현을 방해하는 교육의 양상에 대한 자각을 일으켜, 이른바 기층과 같은 것을 지닌다고 생각한다(59: 96).

마찬가지 경향은 마루야마 야쓰시丸山恭司의 비트겐슈타인론(65호, 1992)에도 보인다. 노리바 신이치野平愼二가 지적한 바와 같이 이 논문은 교육철학에서 '언어론적 전회'의 효시로 높이 평가받아야 한다는 것이다(100: 78-79). 예를 들어, 마루야마 논문의 한 절은 뒤에 논할 플라톤주의 비판과 통한다.

> 대응설적인 언어상을 좇아 언어는 심적인 현상을 지시하고 언어의 작동은 전언어적인 사상을 기술하고 전달하는 것으로 생각하지 않을 수 없을 때에 완전한 오류를 범하고 마는 것이다. 이 오류를 지적하기 위해 '언어게임'이 논의되었으며 본 논의가 주로 주목한 것이다(65: 47).

그럼에도 불구하고 마루야마의 주안점은 언어게임론의 '교육적 의의'에 대한 해명에 있다. 이러한 과제설정의 이유는 교육학에서 비트겐슈타인에 대해 축적된 연구가 적지 않다는 데에서도 기인할 것이다. 비트겐슈타인 및 '언어게임'에 관한 교육학의 선행연구를 훑은 상세한 각주가 달리게 된 것은 이 새로운 대상을 교육철학의 틀에 적합하게 하려는 노력의 발로로 이해되어야 할 것이다(65: 51-52).

1990년대 이후 젊은 연구자들은 포스트모더니즘을 교육철학의 도식에 적합하게끔 맞추고자 의식적으로 노력한 세대이다. 야마나와 마루야마의 논문에는 교육철학의 전통을 크게 벗어나지 않는 정도로 포스트모더니즘의 테마를 축약한 노력이 엿보인다.

(3) 고전의 재생

하지만 2000년경 이런 상황은 변화한다. 노리바 신이치는 교육철학의 포스트모더니즘(여기서는 '구조주의'21) 수용을 단계별로 설명한다.

> 구조주의는 당초 반(反)근대, 반(反)계몽의 사상으로 교육학에서는 부정적으로 수용되었지만 1980년대 후반 이후 교육현실을 분석하는 방법론으로 적극 수용되었다. 『교육철학연구』도 1990년대 말 이후에는 구조주의, 특히 푸코의 사상을 자명한 전제로 삼는 여러 논의가 발표되기에 이르렀다(100: 81).

전환점은 세기의 변화에 눈을 돌린 점이다. 여기서 노리바가 푸코의 영향 하에 있는 것으로 예시를 드는 논문은 프로이트 이후 정신분석이론의 전개를 주제한 게시 아키라(79호, 1999)로서, 그는 푸코류의 사상사에 대한 체현을 지향하면서도 정작 논문에 푸코는 포함시키지 않은 채 포스트모더니즘을 은근히 들여오고 있다고 평가한다. 그에 비해 기타즈메 유코北詰裕子의 코메니우스론(84호, 2001), 무로이 레이코室井麗子의 루소론(79호, 2008)과 같은 사상사 연구는 푸코를 명백한 독해의 틀로 삼음으로써 코메니우스나 루소와 같은 교육철학의 '고전'을 새로운 시대에 맞게 창출한다. 그렇다고 푸코나 데리다가 기초적인 분석의 '봉함지'seal로서 때로 '신고전'으로 불리면서 분석되어야 할 대상으로 확고한 지위를 구축한 것은 아니었다. 예를 들어, 데리다에 관한 젊은 연구자의 논문이 발표된 것은 대략

21 여기서 노리바는 구조주의와 후기구조주의를 구분하지 않는다.

2007년 무렵으로 그것도 '후기구조주의의 철학자'로 그의 텍스트를 분석한 것이 아니라 그의 에크리튀르론이 언어교육의 실천에 기여할 수 있는가를 문제 삼은 것이었다(후쿠다 마나부福田学, 제96호). 푸코의 텍스트 분석을 행한 논문의 등장은 2009년(제99호) 이케다 다케유키를 기다려야만 했다. 그런 의미에서 교육철학의 '그레이트 북스'가 변경되었다고 해도 좋다.[22]

이상과 같이 포스트모더니즘은 테제나 독해 방식으로 종래의 교육철학에 접목 가능한 범위에서 수용되었기에 교육철학의 문법을 이동시킬 만큼의 어떤 충격은 주지 않았다. 이를 포스트모더니즘 수용의 불충분성으로 판단하는 것도 가능할 것이다. 하지만 뒤집어 보면 포스트모더니즘은 교육철학에 규율로서 심화되었다고 말할 수 있다. 테제나 독해방식으로서 포스트모던 사상을 수용하는 것은 곧 교육철학이 다른 분야나 동시대 해외 연구 동향에 보다 민감하게 반응한 증거이기도 하다. 그것을 일본의 교육철학연구가 단순한 수입이나 소개를 넘어 해외 연구와 동시대성을 보유한 증거로 평가하는 것도 가능할 것이다. 포스트모더니즘의 진술론적 수용은 교육철학에 연구의 정밀함과 치밀함을 가져왔다.

5. 포스트모더니즘의 커다란 유산

포스트모더니즘은 오늘날 교육철학의 형성에 어떤 역할을 담당한 것일까? 여태까지 논의에서와 같이 교육철학의 포스트모더니즘 수용은 늘 한정적인 것이었다. 그럼에도 불구하고 그것은 1990년대 이후 교육철학의 문제구성을 크게 바꾸어 놓았다. 여기서는 그 특

22 2010년 이후 교육철학회의 일반연구 발표에서는 서서히 '교육사상'보다 '현대사상'을 대상으로 하는 연구가 두드러지게 된다. 이들이 즉각 교육철학으로서의 의의를 인정받는 것은 아니다. 제5장, 종장을 참고.

징을 묘사하고 포스트모더니즘의 유산이 무엇인가를 밝히고자 한다. 그것은 (1) 플라톤주의 비판, (2) 언어론적 전회, (3) 인간학적 물음, (4) 새로운 정치적 실천성이다. 그리고 근대상의 전환에 관해서는 다음 장에서 논하기로 한다.

(1) 플라톤주의 비판

포스트모더니즘의 최대 유산은 무엇보다 교육의 '본질'이라는 발상을 막을 수단이라는 점에 있다. '올바른' 교육개념을 이해하고 활용하면 교육이 개선된다는 이데아론적 전제가 폐기된 것을 여기서는 '플라톤주의 비판'이라고 부르기로 한다. 그것은 '거대서사의 종언(리오타르)'이나 '탈구축(데리다)'을 포함한다. 가타야마 가츠시케片山勝茂가 지적한 바와 같이 어느샌가 교육철학에서는 '교육의 본질을 잘 파악한 교육개념을 교육학자나 교육실천가들이 충분히 이해하고 활용한다면 그 부분의 교육실천도 잘 이루어질 것이라는 발상', '모든 사람들이 동의하고 공유할 수 있는 교육개념이 있다는 발상'이 존재하였다(100: 54). 그러나 이러한 전제는 포스트모더니즘에 의해 의문시되게 되었다. 가타야마가 참고하는 논문에서 미야데라 아키오는 다음과 같이 말한다.

> 역시 교육은 그 자체가 선하다고 보는 정언적인 언어를 허락하지 않는 한 교육의 선한 존재방식에 관해 반어적인 언어를 허용하고 만다(86: 31).

미야데라는 이와 같이 포스트모던 사상 수용의 결과를 비관적으로 이야기하지만 달리 보자면 '반어적인 언어를 허용하고 만다'는 것이 무슨 문제가 있는 걸까? 플라톤주의 비판에 따른 전환을 복음으로 받아들이는 것도 가능하지 않을까? 포스트모더니즘은 어떤 교육이 잘 되지 않는 이유를 '본질'에 대한 이해 부족으로 귀착시키는 발상 자체를 뒤집는다. 굳이 거칠게 요약하자면, 플라톤주의적인 전제에서는 '본질'의 이해가 없다면 사태의 개선을 기획할 수 없지만 초월적인 본질을 알지 못하는 포스트모더니즘에서는 개별적이고 구체적인 대응에 입각해 문제의 해결이 가능해진다. 아니, 오히려 나날의 작은 행위야말로 '진실'을 잠재하고 있다. 푸코의 지식=권력비판, 들뢰즈와 가타리의 정신분석비판, 데리다의 현전의 형이상학비판 등. 포스트모더니즘 ―이 말이 애매하다면 후기구조주의― 이 '지식의 독점'을 문제 삼는 운동임을 떠올릴 수 있다. 플라톤주의와 전체주의와의 관계가 자주 지적되어 왔음을 감안한다면 (Popper 1945a, b=1980ab, 佐佐木, 1998) 이로부터의 이탈에도 적극적인 의의를 인정해야 하지 않을까?

(2) 언어론적 전회

플라톤주의 비판과 궤를 함께 하는 것이 '언어론적 전회'이다. 소쉬르와 비트겐슈타인을 연원으로 하는 언어론적 전회는 프랑스에서는 구조주의/후기구조주의, 미국에서는 로티의 광범위한 포스트모더니즘과 공유하는 재산이다. 노리바 신이치는 1990년대 이후 『교육철학연구』 게재논문의 특징을 '언어론적 전회'와 '구조주의'로 본다.

> 1990년대 이후 수록된 논문들의 커다란 특징은 '언어론적 전회'의 경향이 명료하게 두드러진다는 점이다. [중략] 또한, 1990년대 이후의 수록논문은 언어론적 전회와 밀접한 관계를 가지면서 주체의 의식을 규정하는 구조의 존재와 기능을 지적한 구조주의

로부터도 큰 영향을 받고 있다(100: 78-79).

언어는 세계를 표상하는 것만 아니라 세계를 구성한다는 언어론적 전회의 사고법은 교육철학에 새로운 연구 동향을 낳았다. 노리바에 따르면 이는 이하 다섯 개 집단으로 분류가능하다. ① 타자성과 윤리, ② 정체성론, ③ 교양론, ④ 신체론, ⑤ 문체론(100: 71-81). 이들 연구가 공통적으로 시사하는 바는 대상에 있어서 우리들을 벗어나 존재하는 것만이 아니라, 우리의 시선으로 인해 우리와 대상의 관계 자체를 비판적으로 물어야만 할 것이 존재한다는 것이다. 마찬가지로 1980년대와 90년대의 『교육철학연구』 간에 존재하는 저 차이를 기타즈메 유코는 '언어의 투명성의 상실'로 표현한다(100: 210). 이것이야말로 정확히 '언어론적 전회'의 귀결에 다름 아니다.

> 1980년대까지는 교육철학연구에서 언어가 주제화될 때에 어떤 자명성에 입각한 '교육'과 어떤 종류의 언어의 투명성이 전제되었던 것으로 보인다. [중략] 이에 비해 1990년대는 교육의 자명성 자체를 비판적으로 검토하는 근대교육 비판이 명시적으로 전개되는 가운데에 언어의 투명성이나 이를 전제로 삼는 수업실천에서의 '대화'에 대한 신뢰가 상실되어 교육과 언어의 관계 자체를 근본부터 다시 묻는 연구가 전개되어 나간다(100: 210).

그러면 언어론적 전회는 '대화'에 의한 상호이해의 희망을 부수어 버리는 것이 아닐까? 아니, 그것은 오히려 상호 이질성을 승인하는 위에서의 대화나 상호이해의 길을 열어젖힘으로써 타자와의 커뮤니케이션의 가능성을 빼앗아 가지 않는다. 다만 대화를 위해서는 우리들 자신의 있는 그대로의 모습을 반성할 것이 요청될 뿐이다.

(3) 인간학의 융성

교육학 전체로 보자면 1990년대는 교육사회학과 임상심리학의 영향력이 강했던 시대였지만 1990년대 교육학에서는 (교육) 인간학이 융성하여 '형성', '생성' 등의 개념에 입각한 새로운 언어가 모색되었다. 미야데라 아키오는 여기서도 포스트모더니즘의 영향을 발견해낸다. 인간학적 탐구가 그 너비를 보여준 것은 '교육'이라는 '거대서사'의 억압을 벗어날 수 있다고 믿었던 점이 이유라는 것이다.

> 포스트모더니즘의 영향도 있겠지만 교육의 개념을 교육주체의 의도로부터 규정하는 구상은 확실히 후퇴하고 있다. 누군가 어떤 의도로 교육하는가를 언어로 말하지 않는 논의 방식, 오히려 그런 교육의 '거대서사'를 전제로 삼지 않음으로써 사람이 사람으로 인해 변해간다는 사실과 그 과정 및 변용을 추적하는 일에서부터 교육을 논하는 것이 교육철학의 흐름으로 시민권을 획득하게 된다. '교육인간학'이 바로 그것이다(100: 59).

나아가 모리타 히사토는 이 (교육) 인간학 융성의 기원을 상세히 검토한다. 인간학적 물음으로 대표되는 바와 같이 "1990대 이후 종래 교육의 개념으로 거론되지 않았던 테마 설정을 다수 볼 수 있게 된" 경향의 기원에 대해 그는 "1980년대 초 새로운 연구 조직이 제기한 바"에서 구한다(100: 112). 그 전환이란 '교육' 개념과 '도야' 개념 간 주종 관계의 역전이다. 즉, 1970년대까지 교육은 도야를 포함했던 데에 비해 1980년대 이후 도야는 교육을 초월하는 것으로 묘사되기에 이른다. 모리타에 따르면 이 전환의 단서는 다나카 츠네미田中毎実의 프롬론(제42호, 1980)이다(100: 131). 그리고 모리타는 '교육'과 '도야' 간의 포함관계의 역전에 입각해 둘의 경향이 나타난다고 말한다. "교육을 '생성'으로 바꾸고 교육학을 (교육) 인간학의 방향으로 유도하는 움직임"과 "교육을 사회화로 파악하는 사회학의 방향으로 이동시키는 경향"이 그것이다(100: 135). 모리타의 주장을 취하여 1990년대의 교육담론이 심리학(미시)과 사회학(거시)으로 나뉘게 된 점을 문제 삼는다면 그 책임의 일단은 교육철학에 있는 것으로 생각된다.

(4) 새로운 정치실천으로

지금까지 논해 온 포스트모더니즘의 유산, 즉 플라톤주의 비판, 언어론적 전회, 인간학의 발흥은 새로운 정치실천의 가능성이라는 하나의 방향성을 가리키는 것으로 생각된다. 이 전환은 '진리'도 '언어'도 '인간'도 문맥 안에 삽입하는 것, 그리고 그 문맥에 자신이 포함된다는 것에 대한 자각이다. 연구자는 이론을 현실 속에서 물을 필요가 있으며 역사적·정치적·사회적인 면에서 자각적이지 않으면 안 된다. 노리바 신이치는 "민주주의나 공공성과 같은 사회철학적 주제와의 대면"을 "1990년대 이후 수록 논문의 한 경향"으로 거론한다(100: 83). 유스케 히라이平井悠介는 교육과 정치의 관계에 관해 연구자가 자신의 문맥에 민감한 살아있는 전환을 다음과 같이 요약한다. 종래의 교육철학은 정치와 교육의 이분법을 전제로 "정치에 의한 부당한 지배로부터 교육을 지킨다."는 논리구조를 특징으로 삼지만 "1990년대 후반 이후" 본격적으로 "이론을 현실화하기 위해 현실정치와의 관련 속에서 이론의 실효성을 묻는 작업을 회피하는 것은 통하지 않는다는 것을 인식하기 시작하여", "정치나 경제에 학교교육의 영역이 규정된다는 것을 전제로 학교교육에서 공공성을 질문하게 되었다(100: 152)." 오카베 미카岡部美香는 포스트모더니즘과 나란히 발흥한 인간학적 물음이 연구자 자신이 처한 문맥을 요청하게 되었다는 것이다(100: 325). 그런 의미에서 (교육) 인간학이 물음을 던지는 자 자신에게 반성적 사고를 재촉하는 것 자체가 미시적인 정치실천에 다름 아닌 것이다.

니시무라 다쿠오는 정치나 실천의 관련성은 포스트모더니즘의 영향을 받아 변화하는 가운데에 있다고 말한다. 그 열쇠는 "교육의 '실천'이라는 것이 처음부터 소박한 실재론이라고 하는 실체로 존재하는 것이 아니라 우리의 언어적 실천 —담론, 서사(내러티브), '진단', '줄거리', '텍스트' 독해, 해석— 에 입각해 구성되는 것이라는 서사론적, 구성주의적, '언어론적 전회 이후'적인 견지"에 해당한다. "교육철학의 언어적 실천은 이미 교육실천의 바깥에서 지정되어 바깥으로부터 '연관되는' 것이 아니라 늘 기존 '교육실천'의 구성에 말려 들어가 융합되는 것이다(100: 358)."

실천이나 정치는 우리와 무관하게 존재하는 거시적이고 외적인 대상이 아니라 오히려 우리의 시선이나 나날의 생활과 동시에 성립하는 미시적인 것이다. 그런 의미에서 우리의 일상 자체이다. 반대로 말해, 우리는 어떻게든 초연한 척 하더라도 정치나 실천으로부터 벗어날 수 없다. 삶 그 자체가 정치이면서 실천이기에 말이다.

결론을 대신하여: 육화된 포스트모더니즘

포스트모더니즘은 교육철학에 한정적으로 수용되었지만 커다란 유산을 남겼다. 그 상세한 사항은 지금까지 논해 온 바를 재론할 것도 없다. 이에 지금은 다른 관점을 요약하고자 한다. 포스트모더니즘이 교육철학에 미친 영향은 반성작용이자 당사자성이다. 논의에 있어서 탐구의 기반이며 이질적인 타자 간의 대화 가능성이다. 그리고 그런 사고법은 이미 많든 적든 현대 교육철학에 육화되어 있다.

그러므로 '포스트모던론의 영향으로 교육목적이나 규범을 이야기하는 일에 얽매이지 않는다'는 통설에 대해서는 이와 같이 답하고자 한다. 포스트모더니즘이 없었다면 교육철학은 아직도 초역사적인 '본질'에 입각해 현실을 단죄하는 권위적이고 비교祕教적인 서클에 머물러 있었을 것이라고 말이다.

이 장에서 논한 포스트모더니즘에 의한 교육철학의 변화를 뒤집어보고자 한다. 즉, 포스트모더니즘 수용 이전의 교육철학은 자기주장의 보편성을 의심하지 않고 자신이야말로 특권적으로 규범을 말하는 것이 가능하다고 믿었으며, 타자의 이질성을 그 자체로 존중하지 않는 자기 문맥의존적인 무자각을 바탕으로 제도의 보호를 받아왔다는 점을 직시하지 않았다. 이는 상당히 오만한 태도가 아닐까? 이와 같은 학문관은 갱신되어야 하지 않을까? 그런 의미에서 포스트모더니즘이 우리들에게서 빼앗은 것은 '유아적인 전능감'이라고도 할 수 있다. 우리는 후견인의 보호 속에 있는 행복한 유아기를 버리고 고통에 찬 현실로 걸음을 내딛지 않을 수 없다. 비록 너무나도 칸트/프로이트적인 도식이긴 하지만 말이다.

그리고 만일 포스트모더니즘이 '커다란 이상'을 말하는 것에 얽매여 있다 해도 우리 자신이 보다 보편적인 구상을 배후에 품지 않고서는 눈앞의 작은 현실을 변혁할 수 없다. 이러한 문맥을 무시한 거대 비전을 돌연 현실화하는 것은 불가능하며 눈앞의 현실과 이상은 구별되어야 한다. 우리에게 매우 친숙해진 이러한 반성적 사고 또한 포스트모더니즘을 경유하고 나서야 정착한 것이 아닐까? 1990년대 이후에 사상사라는 방법이 주목했던 것이나 최근 교육철학회에서 교원양성의 문제가 다시 주목을 받고 있는 것, 또 교육철학자가 FD활동[무대감독 활동]과 적극적으로 관계 맺게 된 것 등은 이런 성찰의 침투와 관련된다.

이제 다시 묻는다. 우리가 원하는 교육을. 이는 영원불변의 이데아가 아니라 현실의 한복판에서 태어난다. 이를 탐구하고 현실화하는 방법 또한 문제이다. 하지만 그로 인해 실현 가능한 미래가 올 것이다.

2
장

근대비판, 미완의 프로젝트
: 교육철학은 근대를 어떻게 논해왔는가

서론: 교육철학에서 근대론의 전개

교육학에서 '근대'란 무엇인가? 중요하지만 너무나 큰 물음이다. 교육학에서 '근대'가 연구 대상으로서 시대 구분으로 존재하는 동시에 연구를 성립케 하는 시각으로도 존재한다면, 엄밀히 말해 근대론을 조금이라도 포함하지 않는 연구는 존재하지 않는다. 메이지 유신 이후의 일본교육이 서양 근대를 모범으로 삼아온 이상 집필자의 시대진단에 기반한 각 논문의 과제에는 근대에 대한 태도가 필연적으로 내포되어 있다. 때문에, 각 시대의 교육학은 '근대란 무엇인가'를 번번이 문제 삼고, 우리는 과거에 교육학이 '근대'를 어떻게 문제화해 왔는가를 반복하여 물을 필요가 있다. 그러나 이와 같은 시야를 확대함으로써 대상과 과제가 확산된다.

이 책은 근대주의적인 관점을 중심으로 전후 일본의 교육철학이 근대를 어떻게 파악해 왔는가를 검토하고자 한다. 근대주의를 중심으로 하는 것, 그것이야말로 우리가 '전후교육학'으로 일괄하여 부르는 이미지의 최대 구성 요소이기 때문이다. 잘 알려진 바와 같이, 전후 일본에서 근대주의는 이념이나 가치로서의 서양근대와 충분히 근대화되지 않은 현실의 일본을 대비시키는 사고법이다. 마루야마 마사오나 오츠카 히사오大塚久雄(시민사회파) 등이 그 대표자들이다. 근대주의가 제2차 세계대전에 대한 반성에서 일본의 초국가주의의 원인을 메이지 유신 이후 근대화의 불철저함에서 찾고, 전후 시민사회의 형성에 기대를 건 것은 부연할 필요가 없을 것이다. 그리고 "유럽 근대를 기준으로 일본사회의 후진성을 비판하는 근대주의적 발상"은 "일본 자본주의의 현 단계가 지닌 '반봉건적' 성격을 강조하는 강좌파[마르크스주의]의 견해와 친근성을 띤다(森田, 2003: 42)." 근대주의자는 이상의 불철저함을 통해 현실을 첨예하게 단죄한다는 의미에서 근대에 대한 엄격한 비판자이기도 하다.

전후교육의 원형은 1950년대 근대주의와 강좌파 마르크스주의의 강한 영향 아래에 형성되었다. 교육사회학자인 오우치 히로카즈大内裕和의 말을 빌리자면 "전후교육학이라는 틀"은 "전시기戰時期교육에 대한 부정·비판과 그에 기반한 '근대' 교육에 대한 높은 평가"를 "전제"로 한다(大内, 2000: 1). 즉, 서양/일본, 근대/전근대, 민주주의(시민사회)/봉건제(신분제), 국민/국가, 전후/전전, 전후개혁/'역코스' 이후 등의 이분법으로 세워져, 전자에게는 이념·가치를 인정하여 이상화하고, 후자를 그 미철저함·퇴락·소외요인으로 본다. 말할 것도 없이, 이 틀은 두 차례의 전쟁 참화에 대한 반성 위에서 성립한다. 그리고 교육기본법(구)을 필두로 전후교육 개혁에 서양 근대의 이념(민주주의·보편성·인권 등)을 발견함과 더불어 '역코스' 이후 국가주도의 교육정책을 그 이념으로부터의 퇴락으로 간주한다.

이에 비해, 현대의 문제를 근대의 귀결로 삼아 비판적으로 검토하는 입장을 여기서는 근대주의와 대비시켜 근대비판이라고 부른다. 근대비판은 부분적으로는 이미 1960년대부터 나타나지만 교육철학적 논의로 전면적으로 전개된 것은 1990년대까지 기다려야 했다.

이 장은 이상의 관점에서 앞 장을 이어받아 일본의 교육철학·

교육사상 연구 전문학회인 교육철학회의 동향을 중점적으로 검토하고, 이 학회의 기관지인 『교육철학연구』를 분석대상으로 삼는다.[23] 앞 장에서는 포스트모더니즘의 수용을 검토하고자 1980년대 이후를 중심으로 잡았지만, 이 장에서는 『교육철학연구』가 창간된 1959년으로 거슬러 올라가 각 년도에서 '근대'를 어떻게 위치하는가를 검토한다. 이하에서 대강의 전개를 보자면 (1) 1960년대까지: 근대주의는 우선 보이지 않고, 마르크스에 의거한 근대비판이 부분적으로 발견된다. (2) 1970년대: '일본인론'의 영향과 정치적 상황에 대한 대응에 있어서 근대주의적인 교육철학이 탄생한다. (3) 1980년대: 교육문제에 대한 대응과 문교정책에 대한 비판으로서 근대주의적인 논조가 강해진다. 다른 한편으로 포스트모던적 근대비판이 등장하기 시작한다. (4) 1990년대: 포스트모던 사상의 영향을 받은 근대비판이 전면 전개되어, 근대주의를 압도한다. (5) 2000년대: 근대비판파는 포스트모던론에 대해 거리를 두는 몇 가지 입장으로 구분된다.[24]

1. 아이러니로서의 근대: 1960년대

1960년대까지 『교육철학연구』에서는 근대를 파악하는 시각이 아무래도 명시적이지 않았으며, 그것이 문제가 될 경우 비판적 관점에서 논하는 경우가 많았다. 근대주의적인 틀은 이미 조성되어 있었지만 교육철학에는 도입되지 않았다.

---

23 지면 관계상, 이 장에서는 특집 논문 등을 중심으로 교육철학회의 동향을 대표적으로 보여준다. 『교육철학연구』에 대한 인용은 논제를 생략하고 본문 중에 저자 명을 기록하여 (호수: 쪽수) 혹은 (호수: 쪽수, 년)을 표시한다. 『교육철학연구』 게재논문은 2007년분까지 J-STAGE에 무료로 공개된다(https://www.jstage.jst.go.jp/).

24 최초 출처 논문의 관계상, 이 장의 분석은 2000년대에서 멈추어 있다. 그 이후의 동향에 관해서는 제1장, 제3장, 종장을 참고하기 바란다.

(1) 근대주의의 부재

1959년 창간호부터 1960년 말까지 『교육철학연구』를 일독한 현대의 독자는 어떤 위화감을 느낄 것이다. '현대적 의의'나 '선행연구에 대한 검토'에 상응하는 요소가 확인되지 않기 때문이다. 철학적 고찰과 교육문제와의 접속이 소박하다는 느낌이 있고, 교육학 독자의 화법과 같은 것이 발견되지 않으며, 해외문헌에 대한 검토라기보다 소개에 그치고 마는 것이 아닌가 등. 즉, '교육철학'이라는 독자의 독해 틀이 충분히 성립되지 않았던 시기이다. 교육철학회의 설립으로부터 십 년간, 1960년대의 교육철학은 학문으로서의 윤곽 형성 과정에 있었다고 말해야 할 것이다.

이런 상황은 교육철학에 한정된 것은 아니었다. 고다마 시게오는 "1960년대 이전에는 전후교육학 또한 성립하지 못했던 것이 아닐까"라고 묻는다(小玉, 2000: 28). 1950년대의 교육학이나 교육운동은 도저히 '전후교육학'으로 일관되게 묶을 수 있는 것이 아니었다. 오쿠마 에이지小熊英二가 말한 바와 같이, 애초 "'전후 민주주의'라고 하면 '근대주의'이자 '시민주의'요, '헌법 수호'와 같은 이미지"는 1960년대 이후 만들어진 것이라고 할 수 있다(小熊, 2002: 804).

1960년대, 교육학에서 근대주의적인 문제구성은 교육철학회의 외부에서 조성되었다. 그 예로 『이와나미 강좌: 현대교육학 제4권: 근대의 교육사상』(1961)이 거론된다. 야가와 도쿠미츠矢川徳光, 우메네 사토루梅根 悟, 가이코 가츠오海後勝雄, 오가와 타로小川太郎, 가츠다 슈이치勝田守一, 이가라시 아키라五十嵐顕, 오타 다카시大田 堯, 나가오 주산지長尾十三二, 호리오 테루히사 등 후에 '전후교육학'[25]이라고 불

25 [역자주] 오타 다카시(『戰後日本教育史』, 1978, 岩波書店)에 따르면 '전후교육'이라는 말은 넓게는 청일전쟁 · 러일전쟁 · 제1차 세계대전 이후를 가리키기도 하지만, 대체로 제2차

린 틀을 형성하고 만든 논자 다수가 이름을 올린 이 책의 과제는 "유럽을 중심으로 한 근대의 교육사상"을 "현대의 유산"으로 검토하는 것이었다(梅根 · 大田, 1961: ⅰ).

그렇다면, 왜 60년대 말까지 『교육철학연구』에 근대주의적 경향이 보이지 않았던 걸까? 그 이유는 교육철학회의 설립경위에 각인되어 있다고 해야 할 것이다. 첫째, 오가사와라 미치오가 요약한 바에 따르면, 일교조와 밀접한 관계가 있었던 일본교육학회에 비해 교육철학회는 정치로부터 거리를 두는 장으로 설립되었다(79: 172, 2008). 『교육철학연구』 창간호의 서두를 장식하는 이나토미 에이지로稲富栄次郎의 「창간의 변」에는 교육철학회의 방향으로 "특수한 편견에 구애되지 않고 시류에 영합하지 않으며, 가능한 한 중립적 입장에서 객관적으로 진리를 추구한다는 입장을 견지하고자 한다."라고 말한다(1: 1, 1959). 둘째, 첫 번째와도 겹치지만 인적 교류의 문제이다. 마찬가지로 오가사와라의 지적에 의하면, 도쿄대학의 가이코 도키오미海後宗臣에게 교육철학회 설립준비를 위한 회합에 참가해 줄 것을 권했지만 그는 결국 이 준비회에 참가하지 않았다(79: 164).

세계대전 이후의 교육을 가리키는 용어로서, 천황제교육으로 상징되는 '전전교육'을 반성한다는 의미가 짙다. 특히, 전후 제정된 교육기본법(1947)에 나온 '인권으로서의 교육' 개념을 기반으로 과거 일본의 잘못을 반성한다는 의미가 부여되어 있다. 내용은 다음과 같다. "47년 3월 31일, 법률 제25호로 공포 당일 시행된 교육기본법은 전문에서 '민주적이고 문화적인 국가' 건설과 '세계 평화와 인류의 복지'에의 공헌이라는 헌법의 이상의 실현은 '근본적으로 교육의 힘에 따른다'는 점을 말하고, '개인의 존엄을 중시하고 진리와 평화를 희구하는 인간의 육성', '보편적이면서도 개성이 풍부한 문화의 창조를 꾀하는 교육'을 철저히 보급할 것 등을 밝혔다. 교육의 목적으로는 '인격의 완성을 꾀하고 평화적인 국가 및 사회의 형성자로서 진리와 정의를 사랑하고 개인의 가치를 존중하고 근로와 책임을 중시하며 자주적 정신에 충만하며 심신 모두가 건강한 국민의 육성'을 내걸었고(1조), 그러한 교육의 목적은 '모든 기회에 모든 장소에서 실현되어야 하'며, 그를 위해 '학문의 자유'를 존중해야 한다는 교육 방침이 명기되었다(2조)(大田堯, 1978: 110-111)." 그러나 이 책에서 쓰고 있는 전후교육'학'이라는 용어는 학문적으로 정착된 용어라기보다는 논쟁에 열린 경쟁적 개념으로 수용해야 할 것이다.

역사에 '만일'이란 금물이지만 만일 초기의 성원 구성이 다른 모양새였다면 교육철학회의 발자취도 달라졌을 것임에 틀림없다. 어쨌든, 이 점에 관해서는 한층 더 연구가 필요하다.

(2) 근대에 대한 비판적 시각

1960년대까지의 『교육철학연구』에서 '근대'라는 시각은 아무래도 명확하지 않았다. 예를 들어, 창간호(1959)에서 시바노 쇼타로芝野庄太郎는 오웬이 "산업혁명이 자아낸 어두운 면(1: 21)"을 문제 삼은 것을, 마에바라 히사시前原寿는 헤겔이 "독일의 후진성(1: 37)"을 과제로 삼았던 것을 보여주었으나 이들을 '근대'의 문제로 파악하지는 않았다. 가네코 미스오金子光男(1986)는 B. 러셀의 '교육적 발언'이 "그대로 일본의 교육적 현실과 직결된다."라고 평가하지만 연구의 현대적 의의는 '근대'론에 연결되지 않았다(18: 29). 일본을 대상으로 한 연구에서도 서양 근대를 모범으로 일본의 '후진성'을 단죄한다는 근대주의적 문체 또한 보이지 않는다. 고토 사부로後藤三郎의 나카에 도주中江藤樹(1608~1648)론도(창간호, 1959), 이시가와 켄石川謙의 일련의 논의도(제4호, 1961, 제13호, 1966) 소박한 역사적 관심에 불과하다고 해야 할 것이다.

이 시기 '근대'가 의식된 것은 주로 비판적 의미에 있어서이다. 1960년대의 근대평가를 단적으로 보여주는 것은 아사쿠라 테츠오朝倉哲夫의 다음 표현일 것이다. "근대에 있어서 비교적 잠재적이었던 아이러니한 상황은 현대(특히, 제2차 세계대전 이후를 그렇게 불러야 한다면)에 있어서 더욱 현저해 지고 있다고 생각한다(13: 35, 1966)."

1960년대 근대비판의 원천은 한편으로 사르트르, 하이데거, 볼노우 등 실존주의나 현상학 같은 동시대 사상이 있고, 다른 한편으로는 헤겔이나 마르크스 등의 선구적인 근대비판이 존재한다. 스기타니 마사후미杉谷雅文는 제2호(1960)에서 제2차 세계대전의 참화 후 '고전교육이나 인문교육의 교육학' 내지 '칸트의 보편타당한 윤리학'과 같이 인간의 이성에 많은 것을 기대할 수 없다는 염세적인 근대관을 표명한 바 있다(2: 3). 제5호(1961)의 특집 「교육과 과학」에서 나가야 히데오永冶日出雄는 마르크스/엥겔스에 맞는 '과학과 인간의 모순'을 논한다. 그리고 제12호(1965)의 특집 「교육의 기저로서의 인간관」에서 하라 소스케는 헤겔/마르크스를 참고하면서 그가 '근대문제'로 부른 관점을 제기한다. "근대적 인간의 행동양식의 원리"는 "주체인 인간을 수단화하고 자본에 의한 지배를 부득이하게 받아들이는 상황을 제창한다." '근대의 교육론'은 "근대문제의 본질까지 이르러 근대 자체를 변혁할 의지를 낳지 못하였다(12: 30-31)." 이 근대비판 관점은 후에 논쟁을 일으키게 된다.

2. 근대주의의 등장: 1970년대

교육철학의 근대주의적 성격은 1970년대에 각인되었다고 해도 좋다. 근대주의적 틀은 직접적인 것이 아닌 '일본인론'을 경유하여 도입되고 그 후 동시대에 상응하여 보다 명확해진다.

(1) 일본인론에 의한 근대주의의 수입

1970년대의 첫 번째 특징은 서양과 비교하여 '일본'이 강하게 의식되었다는 점이다. 이하에서는 2회의 '일본(인)' 특집을 검토하지만 그것 이외에도 마루야마 마사오의 『일본의 사상』(1961), 이사야 벤다산의 『일본인과 유태인』(1970) 등이 명시적/암묵적으로 참가하고 있다. 이들 일본문화론 · 일본인론이 근대주의의 변주임은 잘 알려진 바이다.

제27호(1973)의 연구토론인 「현대세계에서 일본인과 교육」의 특징은 민족성·문화성에 대한 자각을 서양근대의 이념(보편성, 세계평화)과 결부짓고자 하는 발상이다. 다카하시 겐이치高橋憲一는 당시 국제화를 요청했던 것이 —경제적·정치적 교류만이 아닌— '세계시민주의'의 이념으로서 그 근저에는 '휴머니즘'이 있었다고 말한다(27: 2). 다케다 기요코武田清子는 '일본인의 에토스적 본질(27: 16)'이나 "자신의 개별적이고 특수한 문화(가치관, 이데올로기)의 폐쇄성, 독선을 벗어나" 아시아 모든 나라를 필두로 "다른 모든 이질적 문화에 속하는 사람들과" "보편적 진리를 공유하여 묻는 탐구자가 될 것"을 추구한다(27: 22).

제31호(1975)의 연구토론인 「일본에서 교육사상의 전통: 메이지 유신 이후를 중심으로」에서는 서양근대/일본, 외래/토착이라는 축에 의거한 고찰을 권장한다. 오우라 다케시大浦猛는 시노하라 스케이치篠原助市의 '이른바 일본적 토착성'이 '어떻게 작용하는가'를 검토한다(31: 6-7). 나가이 가즈오長井和雄는 아시다 에노스케芦田恵之助의 작은 칠판 교수법에 관해 그 '토착성'과 '보편성의 결여'를 지적한다(31: 18-19). 일본의 특수성을 자각하는 경향은 제33호(1976)의 연구토론인 「언어와 교육」에도 발견된다(특히, 가츠베 미타케勝部真長).

(2) 현실에 대한 관여로서의 근대주의

1970년대의 두 번째 특징은 후반에 근대주의가 명확해지면서 현실에 대한 교육철학의 대응이 요구되었다는 점이다. 이 변화는 이 시기에 '전후교육학', '전후교육사'의 대표작이 차례로 간행된 점(大内, 2000: 2)과 호응관계가 있다고 할 수 있다.

이치무라 다카히사市村尚久는 '아동중심주의' 교육사상은 "그 사상이 정말 '아동중심'의 그것인지 아닌지라는 관점에서 검증하는 것이 불가피하다."라고 말한다(36: 1, 1977). 이 논의에서는 '진짜 근대'에서 '현실 근대'로의 불충분함을 비판한다는 근대주의의 특징이 드러난다. 또, 오토쿠니 미노루乙訓稔는 '페스탈로치가 생애에 걸쳐 실천한 도야'를 현대에 통할 '국민교육의 이념'으로 평가한다(37: 58, 1978).

제35호(1977) 특집 「정치와 교육」에서는 교육철학 연구가 현실로 나오는 계기를 발견할 수 있다. 가네코 미스오는 동시대를 '광기적 상황'으로 진단하고 이를 극복하기 위해 "교육에 관한 이론적 탐구만으로 끝나는" 것만으로는 불충분하며 이를 "일본의 교육현실의 극복에 어떤 식으로든 투영"하고(35: 9), "권력과 대결하여 자유와 지성을 옹호하는 싸움을 밀고 나가지 않으면 안 된다."라고 말한다(35: 15).

이에 비해, 하라 소스케는 '정치와 교육'이라는 문제구성이 "나쁜 정치로부터 선한 교육을 지킨다."는 "반성력이 떨어지는 논의가 될 경향이 있다."라고 유의하는 가운데(35: 25), "교육의 자율화에 입각해 인간도 사회도 조화롭게 진보한다는 낙관주의를 믿기에는 너무나도 근대적 원리의 파탄을 본 것이 아닐까"라고 말한다(35: 31). 소스케는 1979년 일본교육학회의 『교육학연구』(제46권, 제4호)에서도 근대에 대한 평가를 둘러싸고 호리오 테루히사와 대결한다.[26] 이마이 야스오는 이 '호리오 · 하라논쟁'을 "서양 근대 모델로는 이제 충분하지 않다."는 것을 보여주는 '중요한 징후'로 위지 지을 수 있지만(今井, 2001: 44), 우리는 그 선구를 『교육철학연구』에서 발견할 수 있다.

또, 제37호(1978)의 연구토론 「교육학의 과학성을 묻는다: 방법론의 학리논쟁에 관해」에서는 오가사와라 미치오가 하버마스를 중심으로 프랑크푸르트 학파의 비판이론을 검토한 것도 추가로 쓸 수 있다.

---

26 이 '호리오 · 하라논쟁'에 관해서는 제3장에서 검토한다.

3. 근대주의의 전성기: 1980년대

1980년대의 특집은 시사적 문제(교육실천 및 교육정책)에 대한 대응과 학문의 정체성에 대한 탐구로 나뉘었다. 이 양자, 곧 '새로운 교육문제'(학교폭력 등)와 국가 주도의 문교정책(임시교육심의회 등) 양자에 대응할 만능 처방전으로서 근대주의적인 '교육 본래의 이념'이 강조되었다. 그러나 이상으로서의 근대적 이념을 제시하는 것이기에 교육현실에 대한 대응은 현실적 방책을 낳지 못했고 이념을 제시하는 것에 불과하였다. 교육철학과 교육현실의 거리는 컸던 것이다. 이것이 오늘날까지 이어져 온 교육현실에 대한 교육철학의 무력감의 원인이 된 것이 아닐까?

(1) '새로운 교육문제': 근대화의 달성인가, 미수인가?

'시류에 맞춘다'는 방침으로 창간된 『교육철학연구』이지만(1: 1), 제39호(1979)의 연구토론인 「현대교육과 청소년의 문제행위」로부터, 현실에 대한 대응이 특집의 한 기둥이 되었다. 1980년대에 들어서자 "특히, 문제가 된 것은 교육철학의 교육현실 내지 교육실천에 대한 관여"가 제창되었다(무라타 노보루村田昇, 47: 22, 1983). 특집을 요약하자면, 제41호(1980)의 「20세기와 아동」, 제45호(1982)의 「교육과 폭력」, 제47호(1983)의 「교육실천에 있어서 철학적 탐구의 의의」, 제51호(1985)의 「풍족함이 낳은 문제」 등이 있다.[27]

과연, 일본은 근대화를 수행한 것인가, 아닌가? 혹은 '새로운 교육문제'는 일본이 근대화된 결과의 표현인가, 그 미완(왜곡)에서 기인하는가? 1980년대 전반에는 이 물음에 대한 일치된 대답이 없었다. "오늘날, 민주주의 교육은 [중략] 단순한 방편·수단으로 빠져

27 1980년에 개시된 심포지엄(연구토론/연구과제)의 일람은 제1장을 참고.

들어 그 결과 인권·평등이라는 개념은 정신적 기반을 잃어버린 것이 아닐까"라는 것처럼 일본이 '진정한 근대'를 달성하지 못했다는 시대진단이 있는 한편(東日出男, 41: 4, 1980), "'오늘의 풍요로움'과 사회의 '소비생활화'란 동일 현상의 두 측면"으로 교육문제의 원인을 근대화의 달성(고도경제성장과 도시화)에서 구하기도 하였다(高橋勝, 51: 6, 1985). 제45호(1982)의 연구토론인 「교육과 폭력」에서는 한편으로 교내폭력 등의 원인을 "일본에서 근대적 학교교육에 존재하는 요인", 즉 일본 독자의 '능력서열주의'에서 구하는 견해가 있었다. 근대화의 불충분함을 비판하는 입장이다. 다른 한편으로, "학교폭력이 고도자본주의 국가에서 발달하는 것은 왜인가"라는 의견이 제기되고, 이는 근대화의 귀결로 교육문제가 생겨났다는 것으로 정리된다(村田昇, 45: 30). 국가주의를 과제로 삼는 제45호(1982)의 연구토론인 「교육에 있어서 내셔널한 것과 인터내셔널한 것」, 제47호(1983)의 연구토론인 「전후교육에서 인간상」에서는 근대주의적 관점이 보이지만 아직 학교현장과 교육정책 양자를 관통할 만큼의 강도는 아니었다.

다른 한편, 제49호(1984)의 연구토론인 「서양의 교육사상에서 '인간성'의 문제」에서는 '근대'라는 구분이 존재하지 않으며, 이에 따라 포스트모던 사상과 통하는 근대비판도 발견된다. 누마타 히로유키沼田裕之는 '근세' 무렵 '합리주의'가 "서양 문화 전체 속에서는", "하나의 경향이었지 전부가 아니었다"라고 말한다(49: 16).

(2) 교육현실에 대한 대응: '정치의 계절'로서의 80년대

정치학자인 하라 다케시原武史는 자전적 작품인 『다키야마滝山 꼬뮌』에서, 1972년 연합적군 사건[28]을 기점으로 '정치의 계절'이 종

28 [역자주] 오타 다카시에 따르면 "연합적군의 '아사마 산장사건淺間山莊事件(72년 2월)'과

언되었다는 통설에 이의를 제기하면서, 교육현장에서는 70년대를 통해 사회개혁의 이상이 뿌리 깊은 신념이었음을 분명히 하였다(原, 2007). 그러나 교육학에서는 냉전과 55년 체제[29]를 배경으로 한 개혁의 이상이 민간교육운동이나 조합의 방패 구실을 하여 80년대를 통해 연명했던 것이 아닐까? 『교육철학연구』의 논조로부터 교육철학에서는 80년대야말로 '정치의 계절'이었음을 해명할 수 있다. 차례대로 더듬어 보자.

1980년대는 전체적으로 교육철학이라는 학문의 독자성에 대한 모색, 다른 한편으로 교육철학의 교육현실에 대한 유용성을 탐구하는 작업이 동시에 전개되었다. 특집을 요약하자면, 제47호(1983)의 「문제제기」 및 「교육실천에서의 의의」, 제49호(1984)의 「교육철학을 어떻게 생각할 것인가」, 제51호(1985)의 「철학적 접근과 역사적

텔아비브공항 일본인 게릴라 습격사건(72년 5월)의 멤버들이 대학 재학생이라는 점이 국가에 의한 대학관리 강화가 필요한 이유의 하나로 활용되었다(大田堯, 1978: 343)." 여기서 아사마산장사건이란 1972년 2월 19일, 일본 나가노현의 아사마 산장에서 일본 적군파의 일부 세력인 연합적군 조직원 다섯 사람이 산장 관리인의 배우자를 인질로 10일간 경찰과 대치하여 저항한 사건이다. 또, 텔아비브공항 일본인 게릴라 습격사건이란 1972년 5월 30일 일본인 적군파 무장 게릴라 세 명이 팔레스타인 해방을 주장하며 이스라엘의 텔아비브 공항을 습격하여 승객 26명이 사망하고 73명이 중경상을 입은 테러사건이다.

29 [역자주] 55년 체제는 일본에서 1955년 이후 여당인 자유민주당과 야당인 일본사회당의 양대 정당 구조가 형성된 체제를 말한다. 일반적으로 1993년에 자민당 내각이 붕괴되고, 이후 사회당이 쇠퇴하면서 끝났다고 평가받는다. 정치학자 마스미 준노스케가 1964년에 발표한 논문 「1955년의 정치체제」(『사상』 1964년 4월호)에서 처음으로 사용했다. 태평양 전쟁이 끝나고 무산정당이 합법화 되면서 일본사회당이나 일본공산당 등이 성립하는 한편, 보수정당도 난립하게 되었다. 일본사회당은 1951년에 대일강화조약과 미일안전보장조약, 일명 안보에 대한 태도가 다른 좌파와 우파가 나뉘게 되면서 확장에 매진하게 되었다. 그러나 일본사회당의 분열은 보수정권의 역코스나 개헌 논의에 대항하기 위해 호헌과 반反안보라는 깃발 아래 1955년에 다시 합치게 되면서, 세력 확장에 힘을 기울였던 좌파와 우파를 합친 세력은 일본의 최대 정당으로 부상하였다. 개헌 · 보수 · 안보수호를 내건 자유민주당과, 호헌 · 혁신 · 안보철폐를 내세운 일본사회당의 양대 정당이 출범하면서 일명 55년 체제가 탄생했다. 1955년에 성립한 체제이므로 이후에 55년 체제라고 불리게 되었다 (https://ko.wikipedia.org에서 2020.7.29. 발췌)

접근」, 第53호(1986)의 「사상연구의 방식」, 第55호(1987)의 「수업 연구에서 무엇을 할 수 있을 것인가」 등이 있다.

그러나 이런 동향과 나란히 80년대 후반에는 교육철학의 정치색이 강하여 교육문제의 원인을 국가의 교육정책(의 실패)에서 구하고, 근대 이념의 철저함이 소리 높여 주장되었다. 마치, 교육철학의 정체성 기반이 정치적 대응으로 회수되는 것처럼 말이다. 그 백미는 임시교육심의회의 설치(1984) 및 그에 대한 답신(1985-87)에 나온 대답인 「교육철학은 교육개혁에 어떻게 접근하는가」일 것이다. 이 연구과제는 부제인 「교육에서 '자유'의 문제」(제53호, 1986), 「교사에게 구할 수 있는 것과 구해야 할 것」(제55호, 1987), 「교육개혁의 이념을 묻는다」(제57호, 1988), 「임교심 답신의 원리적 고찰과 검토」(제59호, 1989)로 바뀌면서 4년에 걸쳐 지속된다.

첫 해(1986)에 우에다 가오루上田 薰는 "교육개혁에서 교육철학의 사명"으로서 "정치의 교육 지배를 저지할 것", "인간 상실의 기계화를 제어할 것", "추상 이론의 독선을 배제할 것", "가장 철저한 위기 인식에 설 것"이라는 네 가지를 거론한다(53: 27-30). 그러나 이를 위한 구체적인 방안이나 그 달성을 평가할 기준은 보이지 않는다. 마츠타 다카시松田高志는 '현대 세계의 위기'에 관해 '근대교육학의 선조라 말할 코메니우스, 루소, 페스탈로치' 등이 지향한 '교육'을 통해 '세계평화의 수립'이나 '인류사회의 근본 개조'라는 "근본 문제와 맞붙지 않는 한 진정한 해결은 없을 것"이라고 말한다(53: 35). 무라이 미노루는 '국가주의로부터의 탈출'과 "그를 대신할 인간주의의 확립'을 처방전으로 내놓는다(53: 42).

시사적 문제에 가장 세차게 대응한 제57호(1988)에서는 연구과제뿐 아니라 연구토론인 「교육이 지향하는 인간상의 조건: 현실 감각충족의 실마리를 구한다」 또한 교육정책에 대한 응답으로서 학문적 기반론이 소멸한다. 우에다 가오루는 문제의 해결을 '정치의 부당한 교육지배'에서 '탈각'시킬 것, 즉 '교육의 주체성을 확립할 것'에서 구한다(57: 19-20). 그러나 이들 논의는 임교심의 제어뿐 아니라 답신 후의 제59호(1989)에서 "결국 임교심 답신은 여태까지 다수 보아왔던 혹은 붕괴한 '개혁'에 새로운 한 사례를 덧붙이는 것에 지나지 않는(히사키 유키오久木幸男, 59: 39)", "어디까지나 정부(국가) 주도의 교육개혁이라는 '틀' 속에서 '자유화'론(오카모토 미치오岡本道雄, 59: 28)"으로 위치 지어진다.

이 일련의 동향을 교육현실에 대한 교육철학의 유효성을 상실해 가는 과정으로 독해하는 것은 억지에 불과한 것일까? 교육철학이 '위기적 교육현실'에 대해 '존재해야 할 교육의 이념'을 말하면 하는 만큼 도리어 현실과 이상의 거리를 늘리고, 결과적으로 교육철학의 교육현실에 대한 무력감을 증가시키는 결과를 낳았다. 적어도 현재의 우리가 보자면 1980년대의 규범적 교육철학의 동향은 그렇게 변했다.

(3) 포스트모던적 근대 비판의 등장

다른 한편으로, 1970년대부터 80년대의 새로운 지적 동향은 교육학에서도 일리치나 아리에스, 푸코나 부르디외와 같은 새로운 시대의 '고전'을 낳았다. 그러나 '80년대＝포스트모던'으로 일괄되는 시대성을 『교육철학연구』가 반영한 것은 아니었다.

제59호(1989)의 연구토론인 「현대에서 학교 및 학교교육의 존재의의를 묻는다」에서는 근대주의와 근대비판의 대결이라는, 90년대에 일반화된 특징이 보인다. 이치무라 다카히사는 "개성 존중은 근대교육의 대전제임에도 불구하고, 아직 대부분의 학교에서 진정한 개성교육이 행해지지 않고 있다."라고 하면서 근대교육 이념의 불철저함을 지적한다(59: 2). 이에 비해, 하라 소스케는 "오늘날 학교교육의 원인"을 "근대의 교육학"에서 구해야만 한다는 60년대 이후 일관된 근대비판을 전개한다(59: 11-12).

1980년대 말의 상황이 그때까지와 다른 점은 소스케의 근대비판을 포스트모던적 이성(서양) 중심주의 비판이 뒤에서 압력을 가하고 있다는 점이다. 야스다 추로安田忠郎는 "현대에서 학교의 교육관계는 '교사(주체) → 학생(객체)' 관계라는 '주·객'의 고정된 일방통행적 관계 자체"로부터 연원하는 "데카르트적 언어이성주의=인간중심주의와 단호하게 결별"해야만 한다고 말한다(59: 15-19). 마찬가지 비판은 과격한 탈학교론자인 이노우에 아키라井上坦에게서도 보인다. 이노우에는 임교심 제2차 답신에서 "아이들 마음의 황폐화를 초래한 원인과 책임"은 "성인사회 전체에 있다"는 글을 내고 성인이 아동을 인도해야 한다는 교육의 전제를 폐기하고 "배움이 아닌 권리의 공적 확인"과 "강제취학(의무취학) 제도의 전폐"를 추구하였다(59: 9).

이들 이성중심주의 비판은 급하게 결론을 내린 나머지 반교육학적인 탈교육론으로 귀착되는 점에서 오늘날의 관점에서는 조잡한 인상을 지울 수 없다. 그러나 포스트모던 사조를 좇은 근대비판은 1990년대에 들어서 학술적 정밀도를 높여 나간다.

4. 근대비판의 전개: 1990년대

1990년대의 『교육철학연구』에서는 근대비판이 전면적으로 전개되어, 그것이 근대주의적인 전후교육학을 넘어서게 된다. 이 시기에 포스트모던 상황이 실제로 도래했다는 (그리고 이는 반드시 희망했던 것이 아니었다는) 것에 대한 실감이 강해진다. 이 이해가 근대비판을 배경에서 압박한다. 다른 한편으로, 그 반동으로서 전후교육학을 발전적으로 계승하고자 하는 입장도 등장한다.

(1) 근대비판과 새로운 교육학의 동향

1990년대는 교육학의 커다란 전환점으로 위치 지어질 수 있다. 전후교육학의 전제였던 문부성 대 일교조라는 대립축은 냉전 및 55년 체제의 종결, 좌파 세력의 퇴조, 일교조의 분열 및 조직률의 저하 등에 의해 사라지고, 반대로 '유도리 교육', '학교5일제', '종합적 학습 시간' 등의 근대교육적 이념을 이제서야 국가가 실시한다는 뒤틀림을 낳았다. 또한, 글로벌화의 진행에 따라 '국민교육'이라는 전후교육학 체제도 실재성을 잃는다.

90년대에는 이들과 나란히 종래의 교육학을 비판적으로 넘어서고자 하는 움직임이 등장한다. 우선, 1991년에 설립된 근대교육사상사연구회가 있다. 명칭 및 기관지에 '근대'라는 이름을 씌운 것과 같이, '근대교육학'의 '총점검'을 지향하는 '사상운동'으로서 발족한 이 학회는,[30] 1997년 교육사상사학회로 발전하여 지금은 새로운 교육사상연구의 발신지로 이어져오고 있다. 이제, 이 학회 회원 다수는 교육철학회의 회원이기도 하다. 또, 모리타 히사토 · 후지타 히데노리 · 구로사키 이사오 · 요시오 가타기리片桐芳雄 · 사토 마나부 등 기백이 왕성한 연구자들(사토 마나부 외에는 1944년생)에 의해 1992년에 창간된 『교육학연보』(世織書房)는 교육철학 · 교육사학 · 교육사회학 · 교육행정학 등 여러 분야에서 새로운 조류를 보여주어 전후교육학의 틀에 변경을 가했다.

(2) 포스트모던적 근대비판의 전개

1990년대의 『교육철학연구』는 근대비판을 전면적으로 전개하

30 『근대교육포럼』 창간호(1992년), 166쪽.

였다. 1980년대를 풍미했던 1세대 포스트모더니즘의 영향이 교육철학에서도 간신히 드러났다고 할 수 있을 것이다. 제61호(1990)의 연구토론인 「아동·성인·교육책임: 위기적 상황에서 교육적 협약」에서는 교육의 전제가 되는 성인/아동의 이분법이 문제시되었지만, 80년대와 같이 소박한 반反교육학으로 이어지는 것은 아니었다. 오히려, 성인/아동의 구분을 둘러싼 문제는 일본의 근대화라는 문제와 중첩적으로 고찰된다. 사노 야토지는 청중으로서 "패널들이 공통적으로 묻는 것은 '근대교육'"임을 지적하면서 "'근대'가 불철저한 것인가, 그렇지 않으면 '근대'는 불철저해도 괜찮은 것인가"라고 재차 물음을 던진다(6: 19). 근대에 대한 비판적 시각차는 제63호(1991)의 연구토론인 「교육에서 합리주의와 비합리주의: 근대의 교육과 교육학을 다시 묻기 위해」로 전개되어 근대합리주의에 대한 검토가 이루어진다.

그리고 1994년부터 1996년에 걸쳐 행한 연구과제인 「교육철학을 묻는다」는 신구세대 간 '근대'관의 대립이 여실함을 보여주었다. 이하 부제를 보면서 대표적 논점을 검토한다. 제69호(1994)의 「교육에서 고전 연구의 의미」에서의 모리타 히사토의 문제제기는 텍스트 독해론으로서 그 자체는 근대론이 아니다. 그러나 "교육학이 규범의 학문임을 그만두고, 그 개념 구성부터 선험적인 가치지향을 추방한" 것, 그리고 "당사자의 이론적 입장이 자각된 것"을 추구할 때에 문제 삼는 것이, 바로 고전에서 '진리'를 구하는 근대주의적 전후교육 텍스트 독해 방식임은 의심의 여지가 없다는 것이다(69: 39).

이어서 제71호(1995)의 「교육학 연구의 다양화 속에서」는 연구토론 중 처음으로 '포스트모던'이라는 말을 등장시켜,[31] 전후교육학

31 특집 이외에서는 도시히코 츠치도(제69호, 1994년)가 처음이다. 교육철학의 포스트모더니즘 수용에 관해서는 제5장도 참고.

비판이 이루어지고 있다는 점에 주목할 수 있다. 이마이 시게타카는 루만의 체계론을 채용하여 전후교육학의 대표자들인 호리오 테루히사의 논의를 검토한다. 즉, 보수/혁신이라는 이항 도식에 입각하여 "국민 쪽에 이상을, 국가 쪽에 이상적 현실의 저지를 위치 짓는" 호리오의 논의로는 현실을 파악할 수 없는 것이 아닐까(71: 24-27)? 도리미츠 미오코는 독일의 사례에서 포스트모던 사조에 대한 교육학의 과잉 반응을 다루면서 "종래 교육학의 용법에 구속되지 않는 넓은 의미의 '의미 있는 미래'의 제시와 포스트모던 론의 '한정 없는' 수용을 결부시킬" 필요성을 호소하면서, 일본에도 "새로운 교육 모델의 모색"이 시작되어야 한다고 말한다(71: 29-33).

그리고 제73호(1996)의 「일본 교육철학의 궤적으로부터」에서는 "세대 간 토론에 기반한 세대 간 교류"가 기획되었다. 여기에서 호리오 테루히사는 이 시기 높아진 자신에 대한 비판을 '엉뚱함'이라는 한 마디로 물리치면서 최근 교육학의 '패러다임 전환'에 관해 이에 선행하는 더 큰 전환이 있다고 말한다. 그러나 그 내용은 천황주권에서 국민주권으로(전후개혁), 혹은 정치에서 아동으로(전후교육학)라는 잘 알려진 도식의 반복에 불과했다(73: 32-38). 야노 사토지는 "일본의 교육상황이 근대교육 체제를 가진 나라들과 동형의 문제에 직면하여 해외에 선행하는 이론모델을 발견할 수 없는 시대에 이르고 말았다."면서 다소 먼 지점을 가리킨다(73: 46).

「교육철학을 묻는다」에 이어 연구과제인 「전후 교육을 다시 묻다」(1997-1998)에서도 근대주의와 근대비판의 논쟁을 발견할 수 있다. 제75호(1997)의 「교육철학에서의 접근」(부제)에서 다와라기 고타로는 전전에서 전후에 걸쳐 "공교육의 주된 측면은 '백성을 다스리는牧民 교육'관에 서있다."라고 말하면서(75: 27), 국가주의교육에 대한 비판을 반복한다. 이에 대해, 마츠시타 료헤이는 "인간화를 지향하는 교육이 새로운 비인간화를 초래한다는 역설"의 원인을 "전후 교육사상이 신봉해 온 '아동존중'의 사상" 자체에서 구한다(75: 28-29).

냉전 이후의 정치동향, 고도정보화, 시장화와 소비사회화의 침투 등 새로운 상황 ―이를 포스트모던 상황이라고 불러도 좋을 것이다― 은 서서히 근대주의보다는 근대비판에서 리얼리티를 느끼는 층을 늘려나가고 있었다.

(3) 교육의 '탈구축'

나아가 근대비판은 교육철학과 교육실천 간의 관계 방식도 변용시켰다. 제61호(1990)의 연구과제인 「지식의 전환과 교육과정: 현대과학과 인간의 주체성 문제」에서는 80년대와 같은 현실에 대한 직접적 응답이 아닌 "교육에 대한 사고방식의 전제가 되는 틀 혹은 지평 자체의 변화를 고찰하고 여기에서 교육과제를 검토하는 일"이 과제가 된다(小笠原道雄 · 皇紀夫, 61: 35). 이 연구과제는 '교육과제로서 지식의 전환'이라는 명칭을 변경하여 제65호(1992) 「알고도 할 수 없다는 것은 무엇인가」, 제67호(1993) 「삶의 의미를 어떻게 파악하고, 어떻게 가르칠 것인가」라는 부제로 발전하였다.

그러나 이들 논의는 교육 연구에 '지식의 전환'이 요구되고 있다는 점을 자각한다 해도 결국 기존의 교육방법을 대체하는 것으로 귀결된다는 한계를 보인다. 예를 들어, 가토 유키주구는 '패러다임 전환'을 교육방법 상의 문제로 처리하고자 한다(61: 21). 사가라 아스코相良敦子는 '근대비판'과 '구조주의의 등장에 따른' '주체중심주의의 사상'을 '물어야 한다'고 하면서도 그것을 교육쇄신의 계기로 받아들여 "사람과 사람 혹은 사람과 환경과의 동적 관계와 구조화의 과정을 중시하는 교육의 조직"을 추구한다(63: 24).

하지만 서서히 근대비판이 철저해짐에 따라 연구의 정밀도 또한 높아진다. 제67호(1993)의 연구토론인 「'교화'재고: 사상사, 학리론, 수업론의 시점에서」는 전전=교화=전근대적/전후=교육=근대적이라는 전후교육학의 도식이 문제시된다. 누마다 히로야키는 사상사적 식견을 바탕으로 "'가르쳐 주기' 대 '자주적 판단', '가르쳐 준 지식' 대 '경험적 지식'과 같은 이분법적 문제 위에서 이것 자체의 타당성을 물을 필요가 있다."라고 말한다(67: 5). 스즈키 아키코는 "문화전달을 위해 일관되게 지식을 취급하고 보급하는 한에서 '교화'를 피할 수는 없다."는 엘레강스의 주장을 끌어들여(67: 8), "근대과학적 발상으로 잊혀진 것을 재발견 하는 일"이 필요하다고 말한다(67: 10). 이에 비해, 호리오 테루히사는 청중석에서 '전후의 교육학'이 "전전의 천황제 하에서의 교화를 본래적 의미에서 어떻게 교육해 갈 것인가"를 '과제'로 삼아왔다고 반론한다(67: 18).

제69호(1994)의 연구토론인 「라이프사이클의 위기와 교육이론의 재구축: '늙음과 죽음', '출산과 성', '시간론'으로부터」에서는 근대비판이 더 철저해진다. 모리타 노부코는 '위기'라는 인식 자체가 "'정당한' 혹은 '자연스런' 상태"와 거기로의 회귀를 전제로 한다고 지적하면서(69: 6), 오히려 "근대에서 '자연' 개념"은 "모순이나 갈등의 결절점이 되어 거기에 최종적인 조화를 이루어야 할 것을 요청하는 원리"가 될 만한 것을 간파하고(69: 9), "근대적 사유의 해체 내지 탈구축"을 지향한다(69: 20). 이마이 야스오는 헤겔－피아제－에릭슨을 관통하는 누적적 발달 모델='교양주의적 발달의 시간의식'을 파괴할 개념으로서 프로이트－하이데거적인 "수직적 현전의 시간의식"을 제시하면서 "실천적인 각오를 말하는" 것은 "교육철학의 '자살행위'"라고 말한다(69: 12-20).

이상의 근대비판은 정확히 이 시간에서 구한 새로운 교육철학의 존재방식, 80년대와 90년대의 『교육철학연구』를 비교한 독자가 호감을 느낄 정도로 그 학문적 정밀도를 비약적으로 높여 놓았다.

(4) 근대비판에 대한 불만: 실천에의 기여

그러나 다른 한편으로 근대비판이 교육실천과의 괴리로 귀결되는 것에 대한 불만도 표출되었다. 후루타 게이타古屋惠太가 지적한 바와 같이, 실제로는 이런 비판 자체가 종래의 '이론－실천' 문제를 속박하는 증거로도 이야기될 수 있지만(100, 2009), 어쨌든 영향력이 저하된 전후교육학의 틀을 갱신하고 신자유주의 등의 동시대적 상황에 대한 저항을 시도하는 논자도 등장하였다. 사토 마나부는 '교육의 공공적 사명'이 해체되면서, 존재와의 문제의식으로부터 교사의 세계를 '내면에서 서술'하게 됨에 따라 '교사의 실존적 위기'를 구제하고자 한다. 이 방법은 과연 '교사의 실천을 바깥에서 인식하고 통제하는' 전후교육의 틀과는 다르다고 이야기되어, '현장의 목소리'를 표상한다는 점에서는[32] 정직하고 성실한 후계로 이야기된다(연구토론은 「교사의 존재론」, 75: 3-4, 1997). 고다마 시게오는 "교육담론의 포스트 55년 체제"에서 "공공성의 구축을 위한 구체적인 시점"으로서 "시민형성과 정체성 형성의 분절화, 자기결정양성 프로그램의 확립, 공공성에 기반한 교육관계의 대안"이라는 세 가지 점을 거론한다(연구과제 「학교는 지금 무엇을 할 수 있는가」, 79: 24, 1999). 이런 근대비판을 경유한 후 근대의 재구축에 대한 시도는 현재도 진행 중이다.

5. 근대비판을 넘어: 2000년대

1990년대에는 전후교육학과의 투쟁에 있어서, 반석이었던 근대비판파에게는 실제 여러複數 관점이 내포되어 있었다. 2000년대에 이르러 같고 다른 점이 명확해 지게 되자 근대비판파는 몇 개의 입

32 제5장도 참고.

장으로 나뉘었다. 현재의 교육철학은 포스트모던에 대한 정산에서 시작하여 방향성을 모색 중이라고 해도 좋다. 아직 그 위에 있는 터라, 동시대의 상황을 부감하는 것은 어렵지만 몇 개의 논점을 제시해 보고자 한다.

(1) 포스트모던 이후

2000년대가 열렸다. 연구토론인 「20세기 말의 교육철학: 포스트모더니즘의 공과」(제81호, 2000)부터 시작된 것은 특기할만 하다. 1990년대 교육철학에서는 근대나 근대주의에 어떤 태도를 취할 것인가가 문제시되었다. 이에 비해, 2000년대에는 포스트모던론이나 근대비판에 어떻게 거리를 둘 것인가가 각 논자의 과제가 된다. 마스부치 유키오와 모리타 히사토가 말한 바와 같이, "포스트모더니즘의 문제제기를 수용하든, 거부하든 이 주의·주장 자체를 상대화하는 것을 회피할 수는 없다."라고 말한다(81: 21). 스즈키 아키코는 "모던이나 포스트모던을 마치 실체인 것처럼 보고 소유하고자 하는 지식의 방식 자체"를 의심하고 그 이분법을 성립시켜 주는 '견해'를 문제화한다(81: 6-7). 이마이 야스오는 "비판·폭로에 어떤 의미가 있는가를 서술하는 작업이 이어져 온 국면은 '포스트모던'의 일상화에 따른 종결"이기에 "교육학은 이제 일상화된 비판·폭로에 종사하게 되었다. 그렇다 해도 교육의 실제 정세에 자리를 잡으려고" 한다고 말하면서 "발전 없는 양자택일"에 들어서게 되었다고 말한다(81: 4). 그러면 2000년대의 교육철학은 무엇을 문제시했던 걸까?

(2) 공공성·정의의 재구축

우선, 전후교육학이 짊어졌던 정책제언의 역할을 받아들이는 입장으로 일정한 포지션을 점유했던 것은 공공성, 공동체, 시민성, 재분배 등의 논점에서 정책적 과제에 적극적으로 개입하는 입장, 이른바 '근대 비판을 취한 근대주의' 덕분일 것이다. 미야데라 아키오는 '교육기본법 체제'의 종언을 수용하고 "포스트모던을 경과한 오늘날, 의연하게 구 기본법에서 교육의 논리를 이어받는 것은" "새로운 원리탐구의 지연을 호도하는 이유에 불과하다."라고 말하면서, "정의의 원리에 입각한 반성적 고찰"의 재구축을 추구한다(97: 5-6, 2008). 사토 마나부는 "시장의 영역은 신자유주의의 수사학에 지배를 받아 공공 교육 공간을 사사화하고 해체하는 작용을 담당하고 있다."고 지적하면서, "학교를 공적 공간으로 재구축하는 원리와 방책은 무엇인가"를 묻는다(83: 29, 2001). 고다마 시게오 등의 특정 연구과제인 「현대 자유민주주의에서 시민성교육」(제97호, 2008)의 성과도 여기에 새롭게 기여했다고 할 수 있을 것이다.

(3) 포스트모던 상황을 낳는 아이들

그것을 '포스트모던 시대(早川操)'라고 부르든가 '늦게 찾아온 근대 상황(原聰介)'이라고 부른다 해도(제81호, 2000), 현대의 아동들이 우리가 여태까지 경험해 보지 못한 환경에서 태어나 살아가고 있음은 의심할 바 없다. 이런 새로운 상황에 대한 응답도 교육철학의 중요한 임무일 것이다. 다나카 사토시는 연구토론인 「미디어 변용과 교육」(2004)에서 "질문해야 할 것은 오히려 전자미디어가 낳은 효과를 치명적이지 않은 수준으로 거듭제곱화 하는 상황"이라고 말한다(89: 5). 마츠시타 료헤이는 연구과제인 「가치 다양화 사회에서 '규범'의 문제」(2005)에서 규범과 도덕을 구별하면서 "오늘날 필요한 것은 '규범'의 교육에 대항하여 현대사회에 어울리는 '도덕' 교육을 재구축하는 일이다."라고 말한다(91: 40).

(4) 임상: '이론-실천 문제'의 재고(혹은 재연)

포스트모던 사조의 유산 위에서 대학 제도에 가장 뿌리 깊은 것은 주객이원론을 의문시하는 '임상지식(中村雄二郎)'일 것이다. 90년대 후반부터 높아진 연구의 실증주의화와 국립대학 법인화(2004)를 전후로 대학개편·평가의 도입이 이루어진 가운데에 '임상'화를 선택한 조직도 적지 않았다.

제91호(2005)의 연구토론인 「임상적 인간형성론의 구축」에는 근대적-전후교육학적 "'이론-실천' 문제라는 프레임", 곧 "계몽이나 사회진보라는 '거대서사'를 자명한 전제로 삼는 포괄적인 이론이 교육실천을 리드하고 개개의 실천에 일정한 의의나 문제점을 부여한다."는 도식이 문제시된다(西平直·高橋勝, 91: 17). 다나카 츠네미는 '이론 본래의 발생현장에 있는 임상장면'에 몸을 둠으로써, 이론(연구자)/실천(교사)이라는 이분법과 그 귀결인 전문가 지배를 다시 묻는다(91: 2-3).

그러나 학문론 다수의 '임상'화는 종래의 '이론-실천' 도식을 유지한 채로 '실천'화로 이야기된다(古屋恵太, 제100호). 다나카의 기대와 달리 '임상' 개념은 '이론/실천' 프레임을 작동케 하는 지점이지만 그 고정이 기여하는 면이 없는 것은 아니다. 필자는 대학조직이나 교육철학 과목의 '임상'화의 귀결은 이후 점점 교육철학을 '실천화'의 험로로 내몰 것으로 생각한다.

(5) 근대비판과 그 초극

1980년대 포스트모던 사조에는 이 책에서 말한 근대비판뿐 아니라 이른바 뉴사이언스나 뉴에이지 사상도 혼재했다(一柳, 2009). 양자가 서양적 이성이라는 점에서 공통되지만 전자가 이성의 측에서 그 한계를 지적하는 데에 비해 후자는 비서양적 사고나 종교체험 등, '이성'에 자신의 입장을 겹쳐 놓음으로써 그것을 뛰어넘고자 한다. 비평적 표현을 따르자면, 전자의 대표가 아사다 아키라, 후자의 대표가 나카자와 신이치일 것이다. 와다 슈지의 회고는 이런 포스트모던 사조가 지닌 두 얼굴을 단적으로 보여준다. "1984년 미국 유학을 떠나 '뉴사이언스'를 마주쳤을" 때에 "내가 예상한 포스트모던 사유는 서양 모델에 구애되지 않는 점이 하나의 중요한 요건이었던 것 같다(97: 37-38, 2008)."

제84호(2001)의 특집 「교육철학과 초월성」에서는 이 두 가지 경향의 발전을 볼 수 있다. 마루야마 야스시는 '초월성'을 근대비판적 시각에서 다루었다. "교육에서 타자가 나타나는 것은 교육 내용을 둘러싼 질적 차이 때문이며 이를 말로 바꾼 것이 초월성이다(84: 49)." 이에 비해, 니시하라 다다시의 이츠즈 도시히코井筒俊彦론은 서양 모델로부터의 해방이라는 와다의 기대에 가장 부합하는 것이었다. 니시하라야말로 "포스트모던 철학은 '해체'이다."라고 말하면서, "동양의 사상은 늘 그 지평을 추구해 왔다."라고 말한다(84: 19).

앞서 말한 니시하라의 인간형성론에 대한 시도를 상호 중첩된 두 개의 문맥에 위치 짓는 것이 가능하다. 일본 혹은 교토학파 인간학과 동양·일본에 대한 재평가이다. 우선, 전쟁 전부터 이어져 온 교토학파의 계보이다. 야노 사토지는 "서구의 인간학이 개인주의적이고 보편주의적인(즉, 서구중심주의적) 색채가 농후한 데에 비해, 교토학파의 인간학의 중심 주제가 공동체·국가·문화·역사와 같은 것"임을 높이 평가한다(97: 158, 2008). 다른 한편, 일본이나 동양에 대한 재평가이다. 야마모토 마시미山本正身는 『교육철학연구』의 "근세 [일본] 교육사상에 대한 연구관심의 희박함"을 비판한 바 있다(99: 164, 2009).

그야말로, 근대주의나 마르크스주의에 의거한 전후교육학은 확실히 전전 일본이나 동양을 그렇게 적극적으로 평가하지 않았다. 사상의 재평가가 연구자의 의도를 넘어선 소박한 찬양이 될 위험성을 고려한다면, 이런 연구에는 대상으로부터 비판적인 거리를 취하는 자세가 요구되지 않을까? 야노 사토지가 "일본의 교육(인간)학"은 "'학문'으로밖에 이야기될 수 없다(97: 162, 2008)."라고 말한 것과 같이 말이다.

결론을 대신하여: 근대비판, 미완의 프로젝트

무엇보다, 비판적인 자세가 요구되는 것은 일본·동양을 대상으로 하는 연구만이 아니다. 마지막으로 이 장의 요약을 대신하여 교육철학의 발판을 비판적으로 검토하기 위해 두 가지를 시도하고자 한다. 첫째, 교육(철)학의 역사를 대상으로 하는 연구이다. 모리타 히사토는 특정 연구과제인 「전후교육철학의 출발」[33]에서 "전전기 교육학을 마루야마로 대표되는 근대주의(내지 강좌파 마르크스주의)의 입장에서 파악해 보자면 어떤 시점이 가능할 것인가"라고 묻는다(97: 151, 2008). 오가사와라 미치오는 초대회장인 이나토미 에이지로稲富栄次郎를 중심으로 교육철학회 창설 당시의 상황을 검토 하지만 거기에는 당시의 정치상황이 불가피하게 들어가 있다(제79호). 또한, 야노 사토지는 전전부터 이어져 온 교토학파의 계보를(제97호), 에토 요시노리衛藤吉則는 니시 신이치로西晋一郎를, 데라우카 세이고寺岡聖豪는 야마시타 도쿠지山下徳治를 각각 검토한다(더불어 제99호, 2009). 이런

33 이 작업은 『일본교육학의 계보: 요시다 구마지吉田熊次·시노하라 스케이치篠原助市·오사다 아라타長田 新·모리 아키라森 昭』(오가사와라 미치오 외, 2014)로 결실을 맺었다.

역사적·사상적 검토는 전후교육학의 시야가 지닌 반대면 이기에, '포스트모더니즘'이 "피해 온 전후 일본의 사상계에 압도적으로 영향을 끼쳐 온 근대주의와 정통파 마르크스주의와의 사상적 대결(增淵幸男·森田尚人, 81: 21, 2000)"로 우리를 이끌 것으로 생각한다.

둘째, 근대에 대한 비판적 시각을 대학 교육 활동을 포함한 지적 행위로 수용하면서 이를 대상으로 삼는 연구이다. 각각의 주장의 차이를 넘어 마츠라 요시미츠·이마이 야스오의 교양론(과 더불어 제87호, 2003), 하야시 야스나리·야마나 준·후루야 게이타古屋專太·게시 아키라 등의 교원양성에서 교육철학의 위치에 대한 재검토(제100호, 2009, 제101호, 2010, 103호, 2011) 등을[34] 여기에 더할 수 있다. 앞서 후루야 게이타는 "아리에스, 일리치, 푸코를 고전으로 삼는 현대의 교육철학의 교육활동"을 적극적으로 평가한다. "근대교육사상 비판은 '전후교육학'의 틀에서는 교사가 되려는 학생이나 현직 교원에게 이해 불가능한 교육현실에 대한 분석 및 여기에 참가할 '지적방법'을 주는 역할을 했다."는 것이다(96: 175, 2009).

교육기본법 개정(2006) 시기 일부에서 보인 포스트모던이나 근대비판을 '일시적 과잉'으로 보고 전후교육학으로 소박하게 회귀하고자 하는 욕망은, 그것이 퇴행적 매혹으로 가득하기에 지적 성실함을 결여한 것이라고 하지 않을 수 없다. 만일, 전후교육학의 비판적 정신을 계승하고 국가의 문교정책 변경을 요구한다든가, 연구의 전제조건이 다름을 인식하지 못한다면 새로운 출발을 희망할 수는 없을 것이다.

추구해야 할 것은 자기를 절대화하고자 과거를 끌어오는 나이브한 부정이 아니라, 미래를 구상하기 위해 자신의 입각점과 한계

---

34 이 성과는 『교원양성을 철학하다: 교육철학에서 무엇을 할 수 있는가』(林泰成 외, 2014)로서 출판되었다.

를 끝까지 지켜보는 냉철한 비판이다. 그 정신이 근대의 유산이라 하더라도. 혹은 그 때문에라도.

3
장

근대교육학 비판이란 무엇이었나 : 교육사상사의 과제와 방법에 기대어

서론: 망각의 유혹에 저항하여

'근대교육학 비판'이 1990년대 교육학계를 석권하여 일대 붐을 일으킨 말이었다는 것을 들으면 얼마나 많은 사람들이 충분히 이해할 수 있을까? 실제 이 말을 보면 교육학이 교육학을 비판한다는 도식에 매혹을 느낄지도 모르겠다.

근대교육학 비판(근대비판, 근대교육 비판)이란 근대교육사상사연구회(1991-1997)가 제기하여 이 학회의 발전 형태인 교육사상사학회(1997-)로 계승된 개념이다. 근대교육사상사연구회 회칙 [1]에는 "본 학회는 오늘날 교육적 사유의 역사적 구조를 해명하고자 근대교육사상을 비판적으로 고찰하는 것을 목적으로 설립"되었다(『근대교육포럼』 창간호, 167쪽). 또, 이 학회의 설립에 앞서 작성된 「설립취지서」에는 학회의 취지가 "오늘날 교육적 사고의 역사적 구조를 밝히고자 하는 의도에서 그 원인을 밝혀 근대교육학을 총점검하고자 하는 것"으로서 "이 일을 근대교육학 비판이라는 사상운동으로 표현해야하지 않을까"라고 말하고 있다(같은 글, 165-66쪽).

무엇보다, 근대교육학을 비판적으로 묻는 풍조는 근대교육사상사연구회~교육사상사학회의 전문특허는 아니다. 근대교육학 비판은 90년대에 전개된 교육학 쇄신 운동의 일부였다고 해야 할 것이다. 실제로, 마찬가지의 움직임은 몇 가지 확인된다. 모리타 히사토, 후지타 히데노리, 구로사키 이사오, 요시오 가타기리, 사토 마나부가 편저자인 1992년 간행된 『교육학연보』(世織書房)는 종래의 교육학과는 다른 새로운 교육학 연구 분야와 방법론을 열었다. 교육사회학에서는 모리 시게오(1993)나 히로타 데루유키(1995) 등이 그때까지의 규범적인 근대관을 다시 묻는다. 1990년부터 2000년 무렵까지는 근대비판과 교육학의 쇄신이 꽃을 피운 시대라고 할 수 있을 것이다.

하지만 2000년 제10권을 끝으로 휴간한 『교육학연보』가 상징하는 바와 같이, 근대교육학 비판은 2000년 무렵부터 서서히 세를 잃어갔다. 1997년 근대교육사상사연구회가 교육사상사학회로 발전함에 따라 '근대교육학 비판'이라는 말은 적어도 규약을 잃었다. 그리고 근대비판의 입장을 취했던 다수의 논자가 2000년 무렵 '전향' 하였다. 90년대 근대교육학 비판의 최선봉으로 지목된 다나카 사토시는 2000년 후반 '교육에 대한 비판에서 교육에 대한 재구축으로' 방향을 전환하였다고 후에 말한다(田中, 2009: 254). 마찬가지로, 히로타 데루유키는 2000년대에 들어서자 교육기본법 개정문제 등 현실적인 문제에 대한 대응으로 선회하였다. "정신을 차려 보면, 내걸었던 경로에 대한 비판도 하면서 어떻게든 무언가를 하지 않을 수 없었던 상황이 되어 있었다."라고 말하였다(広田, 2009a: 147). 그리고 오늘날 근대교육학 비판이란 무엇이었는가를 이해하기 위해 필요한 맥락을 상당히 놓치고 말았다. 지금, 근대비판은 풍전등화와 같다.

이런 상황에서 이 장에서야말로 근대교육학 비판이란 무엇이었나를 다시 묻고자 한다. 중점적으로 검토할 것은 근대교육사상사연구회~교육사상학회를 주도해 온 하라 소스케[35]의 논문인 「교육사

상사의 과제와 방법: 근대문제에 어떻게 접근할 것인가」(原, 2001)이다. 이 논문은 교육사상사학회 제10회 대회(2000)에 발표되어 이듬해 『근대교육포럼』 제10호에 게재되었다. 소스케는 미야데라 아키오, 모리타 히사토와 나란히 근대교육사상사연구회의 3인 중 한 사람으로서 초대 대표도 역임한 학회의 상징적 존재이다.

이 장의 본래 원고는 소스케의 「교육사상사의 과제와 방법」에 대한 코멘트로서, 2001년에 집필 당시보다 약 10전인 (필자 자신이 리얼타임으로 그 과정 중에 있었던 건 아니지만) 근대교육사상사연구회 창설(1991)기를 회고하고 있다. 더욱이, 이로부터 15년이 경과한 오늘날, 다시 이 장의 내용을 세간에 묻는 느낌은 시간이 경과함에 따라 근대교육학 비판에 큰 기대를 걸었던 1990년대의 맥락이 정확히 취해질 수 없을지도 모르겠다. 물론, '근대교육학 비판'이라는 말이 자명한 것으로 이용되는 상황에 대한 위화감은 이미 2000년 전후 젊은 연구자들 사이에서도 존재하였다(上野 외, 2001). 그러나 이미 이런 위화감마저 존재하지 않는다고 생각해야 할 것이다. 지금 근대교육학 비판이란 무엇이었나를 기억하는 계층은 일정한 연령 이상으로 한정되고 그들 다수는 그것을 한때의 유행병처럼 여겼다고 해도 좋다. 그리고 이 유행을 리얼타임으로 경험하지 못한 필자는 그런 사조가 있었다는 것조차 알지 못했었다. 이 망각을 상징적으로 보여주는 것이 교육철학회 제58회 대회(2015)의 연구토론에서 오카베 미카의 발표이다.[36] 오카베는 여기에서 근대주의의 대표자인 마루야마 마사오(1961)의 「일본의 사상」 비판을 긍정적으로 평가하고, 이를 근

35 소스케의 이름에 대한 표기는 '聰介'와 '聡介'가 혼동되고 있지만, 이 책의 본문에서는 '聰介'로 통일하고 문헌은 게재된 이름으로 표기한다.

36 교육철학회 제58회 대회 연구토론인 「교육학적 욕망으로서의 대안」, 보고자: 오카베 미카 · 다나카 사토시 · 가츠미 도비노鳶野克己. 사회: 후미오 오노小野文生 · 니시무라 다쿠오. 2015년 10월 10일, 나라奈良여자대학에서.

대교육 비판의 제1인자인 하라 소스케(1965)의 자기 반성적 사고에 접속시켜 논한다(岡部, 2016). 이 논의는 (전후교육학의 기초이론인) 근대주의에 대한 비판에서 등장했다는 역사적 사실을 통해 –의식적인지 무의식적인지는 불명확하지만– 근대교육 비판이 전부가 아님을 주장하는 것이다.

이와 같은 상황이야말로 여기서 다시 묻고자 하는 바이다. 근대교육사상사연구회로부터 교육사상사학회로 계승된 '근대교육학 비판'이란 무엇이었나? 거기에는 어쩌면 하나의 시대에 대한 기억 이상의 의의가 있을지도 모른다.

1. 왜 '근대'의 '사상사'인가?

이하에서는 하라 소스케의 「교육사상사의 과제와 방법: 근대문제에 어떻게 접근할 것인가」(原, 2001)[37]를 검토하며 논의를 진행해 보자. 이 논문에서의 인용은 번잡함을 피하기 위해 쪽수만을 표시한다.

(1) 교육사상사의 고유성이 나타났는가?

하라논문의 목적은 교육사상사가 "방법적으로 고유한 전문성을 가진 연구영역"임을 보여주는 것이다(20). 그렇다면, 그 의도는 달성된 것일까? 사견이지만, 교육사상사의 고유성이 명시되었다고 보기는 어렵다. 특히, 인접 영역인 교육철학·교육사 연구와의 구별은 애매하다.

소스케는 교육철학을 "현재의 교육과 교육학을 위기에 이르도록 한 요인을 대상화하여 그것을 비판적이고 구조적으로 해명하고

37 2016년 7월 현재, 같은 논문은 CiNii Articles에 공개되고 있다. 이후 J-STAGE 등 다른 사이트로 이동할 가능성도 있지만, 흥미있는 분은 검색을 권한다.

자 하는 연구영역(20)"이라고 정의한다. 하지만 이 정의는 —'비판적이고 구조적인' 표현임은 후에 논하겠다— '역사적 연구'라는 조건을 만족시키지 못하며 그대로 교육사상사에 대한 정의로도 쓸 수 있다. 더욱이, 그는 교육사상사 연구는 "역사적 연구 [중략] 라는 의미에서 또 하나의 인접 영역인 교육사에 가까운 것이 아닐까"라고 말한다(20). 하지만 그 교육사 또한 몇 가지 점에서는 "교육철학의 한 방법이라고도 말할 수 있기 때문에 골칫거리이다(20)."

이 입장에서는 교육사상사만이 아닌 교육사 또한 교육철학에 포섭되고 마는 것으로 생각된다. 애초, 소스케는 일찍이 교육철학과 교육사상사를 동일시하였다.

> 저는 현재 자신의 주된 교육학적 작업을 '교육사상사'로 보고 있습니다. 그리고 사실 저로서는 교육철학이라는 것은 교육사상가가 아닐까라고 생각하고 있습니다. 저에게 교육철학적 작업이 있다면, 그것은 오늘날의 교육개념에 대한 역사적 비판을 수행하는 것 내지 그 작업을 교육사상사로 불러내는 것이기 때문입니다(原, 1948: 31-32).

(2) '근대문제': 교육사상사를 성립시키는 '원인'

그런데 모리타 노부코가 교육의 원리적 고찰을 교육철학, 역사적 검토를 교육사로 구분한다면(森田, 2000b: 354), 교육사상사는 해당되는 사상·철학과 역사적 과정 간의 역동성을 묻는 것이라고 할 것이다. 그러나 소스케는 '학리적 연구'와 '역사적 연구'를 구분하고 그 물음을 망설이면서도 양자를 관계 맺을 연구 방법을 명시하지는 못한다. 방법론은 "사상을 분석대상의 조건으로 파악하는(25)" 것으로 나타나는 정도이다.

나아가, 거기에는 사상사라는 말에 일반적으로 연상되는 고유명사 —텍스트와 콘텍스트를 연관지어 고찰하는 Q. 스키너나 단위관념의 의미 내용의 변천을 역사적으로 더듬은 A. O. 러브조이 등 — 도 일체 등장하지 않는다. 때로, 일본어가 '가로 문자를 세로로 쓴 것에 불과하다'는 놀림을 받듯이, 연구의 세계에서 새로운 방법을 도입할 때에는 해외의 연구를 참고하는 것이 일반적이다. 동시기 다른 영역에서는 정확히 해외 연구의 시사점을 수용하여 새로운 방법을 시도하고 있는 중이었다. 도리미츠 미오코(1996)가 요약한 바와 같이, 교육사 연구에서는 아리에스 박사에 의해 촉발된 사회사 방법이나 회화繪畫에 대한 독해 등을 시도하는 중이었다. 히로타 데루유키(1995)가 리뷰한 바에 따르면, 교육사회학에서는 근대비판이나 담론 연구를 도입하는 중이었다(서장 참고).

그러나 소스케에게 교육사상사 연구는 교육학으로서의 내적 필연성을 요청하는 것이었다. 물론, 해외의 연구 성과를 수록하는 것도 좋지만 "사회사 혹은 전체사에 비해 교육사상사는 그 하위에 위치한다."는 "주종 위치 관계를 자각할 필요가 크다(22)."[38] 교육사상사는 어디까지나 "눈앞의 교육사상 상황에 대한 역사적 책임을 좇아 설정된" 것이다(22).

교육사상사에 대한 요청이 곧, 오늘날 교육에 대한 관심이라는 사실은, 소스케의 반복된 질문이 '방법'이 아닌 '방법론적 의미'에 있다는 점에 단적으로 나타난다. 소스케는 '교육사상사의 방법론적 의미'를 그것이 추구하는 의미와 그것을 활용하는 의의로 구분한다. '교육사상사 연구를 방법적으로 요청하는' 것은 "눈앞의 교육사

38 문맥에 맞춰 말해 보자면, 소스케가 여기서 부정적으로 보여주고 있는 것은, 모든 것을 망라하는 전체사에 공헌할 교육사상사의 입장이지만, 데스오 야스가와安川哲夫에 대한 언급(4쪽)에서는 소스케가 사회사의 충격을 방법론적 도전으로 받아들이지 않는 것이 아닐까라는 의심이 떠오른다.

상 상황(22)"이다. 교육현실을 성립시켜 주는 것은 우리가 그 '모순적 전개의 결과'에 다다른 지점의 '교육문제'와 같다. 때문에, '교육사상사 연구가 추구하는 방법'은 '우리에게 있어서 사상적 과제'인 "교육문제(26)"가 된다.

하지만 이는 '눈앞의 교육'과 '근대문제'의 등가성을 중심으로 한 순환논법이다. 소스케에게 교육사상사 연구를 성립시켜 주는 것은 '오늘날 관심을 받는 문제'가 추상화되어 정리된 틀로서의 '근대문제'에 다름아니기 때문이다(24). 사실, 하라또한 대학원생이었던 1965년부터 이 도식을 유지해 왔었다.

> 부정대상으로서의 사회가 주어졌지만, 말할 것도 없이 그것은 사회의 일부가 아닌 내가 살고 있는 '이 사회'이며 나에게는 변혁의 의지를 일으키는 것은 '이 사회', '이 인간'이 눈앞에 설정되어 있기 때문이다. 이는 '이 사회', '이 인간'을 오늘 이 시간이라는 일회적 본질로 파악하는 것이 아니다. 소론에서 그것은 '근대사회' 및 '근대인'으로 치환되는 논의이다. 이는 '이 사회', '이 인간'의 문제적 성격을 파헤치는 것, 즉 근대사회, 근대인의 문제로 귀착되는 것이기 때문이다(原, 1965: 30).

소스케에게 교육사상사의 고유성은 그 방법이 아닌 바로 근대교육학 비판이라는 시각으로 존재한다. 제목이 보여주는 바와 같이, '과제와 방법'은 동시에 성립한다고 할 수 있다.

(3) 왜 '근대'의 '사상사'인가?

그렇다면, 왜 '근대'를 문제로 삼는 '교육사'라는 방법을 탐구하는가? 필자는 소스케의 발표에 대해 당시 젊은 연구자들에게 이미

‘근대’를 비판적 고찰 대상으로 삼을 필연성이 있지 않았을까라고 말한바 있다. 소스케는 이에 답하면서 (당시의) ‘가장 젊은 세대’에게 “근대는 먼 세계였던 것이 아닐까”라고 묻는다(25). 확실히, 소스케의 논리에 맞추어 보면 필자를 비롯한 세대만이 아니라 현재의 학생에게도 “배워서 아는 교육학”은 “근대의 것(25)”이라고 할 수 있을 것이다.

하지만 어긋남의 원인은 텍스트 수준이 아니라 콘텍스트의 이해도에 있었다. 모리타 노부코의 다음 발언은 정확히 학창시절의 공기를 반영하고 있다. 그리고 여기에는 근대의 문제가 교육학의 문제에 직결되고 있다.

> 일찍이 ‘근대’는 교육의 세계를 속박하고 억압하는 힘으로 명백히 존재해 왔다고 느낍니다. 그리고 이 힘은 특히 교육의 반성지인 교육학의 세계를 압도적으로 지배해 왔다고 생각합니다. 예컨대, 이 지배는 교육철학과 교육사의 분업을 통해 관철되었던 것 같습니다. 교육에 ‘있어야 할 모습’을 철학이 제시하면 그 ‘있어야 할 모습’이 실현되어가는 복잡한 역사적 과정을 실증적인 역사연구가 밝히는 것과 같이 말이죠(森田, 2000a: ⅰ).

여기서는 ‘근대교육학 비판’이라는 ‘사상운동’을 목표로 삼은 교육사상이, 전후교육학의 근대 수용 상황에 대한 비판으로도 드러난다는 점을 단적으로 볼 수 있다. 특히, 문제가 되는 것은 학문으로서의 교육철학과 교육사의 방식이다. 한쪽은 ‘올바른 교육’을 제시하는 교육철학. 다른 한쪽은 왜 ‘올바른 교육’이 여태까지 실현되지 않았는가를 역사적으로 분석하고 이후 나아가야 할 길을 그리는 교육사. 이 양자는 이른바 공범관계로서 함께 근대를 이념화하고 찬양해 왔다. 이어 제시하게 될 바와 같이, 근대교육 비판이란 전후교육학 비판이었던 것이다.

2. '전후교육학의 근대' 비판

이하에서는 '근대교육학 비판'으로 말할 때 '근대'의 내용을 전후교육학과의 관련 속에서 그리고자 한다. 소스케의 논문을 포함한 『근대교육포럼』 창간호를 상세히 검토해 보면, 근대교육학 비판의 논조가 명확해 질 것이다.

(1) 근대이해의 두 양상

교육사상사와 근대교육학 비판의 출발점을 확인하고자 『근대교육포럼』 창간호를 돌아보면 흥미로운 점을 알 수 있다. 그것은 창간호에서 교육사상사라는 새로운 방법에 입각해 교육철학과 교육사라는 두 영역에 대한 방법론적 도전이 이루어지고 있다는 점이다. 즉, 근대교육학 비판이란 전후교육학 비판이었던 것이다.[39]

교육철학과의 연관부터 논해 보자. 창간호 서두를 장식하는 「포럼 I」의 논제는 하라 소스케의 「근대에서 교육가능성 개념의 전개를 묻는다: 로크, 꽁디약에서 헤르바르트에 이르는 계보를 통해」이다. 이 논문은 제2호에서 미야데라 아키오의 응답 논문이 집필됨으로써, 그 후 '교육목적론'으로 방향이 전환되어 이어졌다.[40] 이후 논의부터는 하라 소스케가 생각을 바꿔 찬동하지 않았지만, 여기서는 다른 점을 확인하고자 한다. 우선 첫째, 소스케의 논문이 근대교육

39 물론, 무엇을 '전후교육학'으로 부를 것인가에 관해서는 합의가 있다고 말하기 어렵다. 하타다카시羽田貴史(1996)는 근대교육학 비판의 입장을 전후교육학 속에 위치 짓는다. 전후교육학에 관해서는 종장에서 다시 정리하기로 한다.

40 여기서는 '교육목적 논의'의 내용으로 들어가지는 않는다. 다른 원고를 참고하길 바란다(下司 외, 2000).

사상사연구회~교육사상사학회에서 연구의 방향성을 만들어낸 점이다. 소스케의 논문은 정확히 회칙이 내건 "오늘날 교육적 사유의 역사적 구조를 해명하고자 근대교육사상을 비판적으로 고찰한다." 라는 것은 무엇인가를 모범적으로 보여준다. 하지만 둘째, 보다 더 중요한 것은 하라논문의 골자는 근대교육사상사연구회 창설 이전에 전후교육학의 대표로 이야기되는 호리오 테루히사와의 논의 위에서 드러난 것이라는 점이다. 호리오 자신은 스스로를 '교육철학 연구자'라고 정의하지는 않지만(堀尾, 1996: 29), 전후 일본의 교육사상 연구에 큰 영향을 끼친 것은 주지의 사실이다. 말하자면, 소스케의 문제제기는 교육철학·교육사상 연구의 방식에 대한 이의 제기였던 것이다.

호리오와 소스케의 응답이 있었던 일본교육학회 심포지엄은 국제아동의 해인 1979년에 개최되었다. '아동의 권리'가 울려퍼지는 이유에 관해 호리오와 소스케의 이해는 대조적이었다. 호리오는 "아동의 권리가 이야기되는 배경에는 정확히 아동의 권리가 다양한 형태로 빼앗기고, 침탈되는 상황이 있기 때문"이라고 말한다(堀尾, 1979: 11). 이에 비해, 소스케에 따르면 "아동 억압의 고유한 원리가 근대사회의 체제에 내재해 있어서 그것이 오늘날 다시 현저해 진 것뿐이다(原, 1979: 17).

이 상반된 인식은 현상파악의 차이임과 동시에 근대이해의 차이이기도 하다. 호리오에게 루소 이후의 역사적인 계보를 보면 아동의 권리가 전사회적인 승인을 얻고자 주장된 것은 정확히 현대이다(堀尾, 1979: 12). 이에 비해, 소스케에 따르면 "우리는 이런 사고[아동의 권리에 대한 교육학적 상식]가 개체가 가진 가능성에 대한 신뢰의 경향을 띠어, 인간의 근대적인 생존의 원리와 대응되는 의미에서 **근대교육사상의 하나의 종착점**이라고 평가하지 않을 수 없다(原, 1979: 21)."

여기서 드러난 것은 근대를 '미완의 프로젝트(하버마스)'로 보고 그 이념을 유지하면서 철저하게 만들고자 한 호리오의 입장과, 난문으로서의 근대의 논리가 눈앞에 드러난다고 본 소스케의 입장 차이라고 할 것이다. 이마이 야스오는 후에 이 '호리오·하라논쟁'을 "서양 근대가 이미 모델이 될 수 없다는" 것을 보여준 '중요한 징후'로 위치 짓는다(今井, 2001: 44).

(2) 전후교육학에서 근대

다음으로, 교육사와의 관련이다. 근대교육학 비판을 전후교육학과의 관계에서 이해하고자 할 때에 『근대교육포럼』 창간호에서는 교육철학·교육사상 연구뿐 아니라 교육사 연구에 대한 문제제기가 동시에 이루어지고 있다는 점이 흥미롭다. 「포럼3: 교육사 연구의 방법론적 재검토: '근대'의 파악과 위치 짓기를 중심으로」에서 데츠오 야스가와는 Q. 스키너에 촉발되어, 교육사 연구의 지도적 존재였던 나가오 주산지의 방법론을 비판적으로 검토한다.[41] 데스오에 따르면 나가오는 역사 연구의 시각으로서의 '현대'를 과도하게 강조하고, '교육에 고유한 논리'의 확립을 요청한다. 그리고 근대를 '계승해야 할 근대'와 '극복해야 할 근대'의 둘로 나누고 이해하는 나가오의 방법론적 특징은 민주적 권리가 최대한으로 보증되는 이념으로서의 서구 근대 시민사회(계승해야 할 근대)와 봉건제도의 색채가 남은 현실의 일본(극복해야 할 근대)과의 구분을 기조로 삼는 '시민사회파'의 강한 영향 아래에 있었다(安川, 1992).

잘 알려진 바와 같이, 마루야마 마사오, 오츠카 히사오, 가와시마 다케요시川島武宜 등의 시민사회파(근대주의자)가 현실의 일본 사회를 비판하기 위한 참조 축으로 삼은 근대 시민사회는 어디까지나

41 데스오 야스가와(1992)는 개정판(1995: 1-13)에 수록되어 있다.

이념·가치로서의 그것일 뿐이다.[42] 근대에 대한 이원론적 파악이라는 이 틀 자체는 일본에서 가능성으로 존재해야 할 근대화와 대일본제국이 짊어진 현실적인 근대 일본의 전근대성·반봉건성을 구분하는 '강좌파 마르크스주의'에 입각해 예비되었다. 마루야마 마사오나 가와시마 다케요시는 '근대화'의 모든 기준으로부터 가치를 이탈시킨 미국의 홀(J. W. Hall) 등의 방법론적 태도에 저항하여, 근대의 '가치체계'나 '윤리'를 고려해야 한다고 주장하였다(金原, 1974: 69-83). 오츠카 히사오는 근대를 "다른 시대·사회에 비해 훨씬 뛰어난 '가치'를 실현한 시대"로 파악하면서 "마루야마·가와시마에게도 근대는 정확히 가치로서의 근대였다(小谷, 1985: 76-77)."라고 말한다. 근대를 이념·가치로 파악하는 시민사회파의 틀은 직접 마루야마 문하에 포함된 호리오 테루히사만이 아니라 교육사의 우메네 사토루 등 다른 교육학자들에게도 공유되는 것이었다. 가와시마도 지적한 바와 같이, "우메네에게도, 호리오에게도 근대교육은 그 실현을 볼 수 없는 하나의 이념형이었다(安川, 1992: 88)."

전후교육학의 근대이해는 시민사회파의 틀을 계승하고 있다. 이런 근대에 대한 자세는 『이와나미 강좌: 현대교육학 제4권 근대의 교육사상』의 「맺음말」(梅根悟·大田堯)에 단적으로 나타난다.

> '근대의 교육사상'이라는 제목에서 『현대교육학』의 한 권을 점유하고 있는 이유를 우선 말해두지 않으면 안 된다. 이 책에서 시도하고자 하는 것은 현대의 유산으로서의 유럽을 중심으로 한 근대 교육사상, 그것이 아니라면 현대의 교육을 성립시켜준 조

42 오츠카 히사오, 다카시마 젠야高島善哉, 가와시마 다케요시, 마루야마 마사오 등을 "강좌파 마르크스주의 중 '시민사회파' 사람들"로서 '서구근대 모델'로 개괄하는 데스오 야스가와(1992: 88)에 대하여 하타 다카시는 "잡다하지 않은가"라고 말하였다(羽田, 1992: 114).

> 건인 유럽 근대에 고유한 교육을 둘러싼 사상적 유산을 검토해 보는 것이다. 그 자체의 모순을 연관 지으면서 어디까지나 현대에서 계승하지 않으면 안 될 것, 그것을 토대로 현대의 과제를 명확히 해줄 것, 또 그 과제를 발전적으로 해소하고자 하는 전망을 할당함으로써 유럽 근대 교육사상의 유산을 파악하고 재산정리를 시도하려는 생각인 것이다(梅根 · 大田, 1961: i).

이 책의 성격을 단적으로 보여준 두 개의 논문도 간단히 보도록 하자. 하나는 호리오 테루히사의「공교육 사상」이다. 이 논문은 후에 전후교육학의 패러다임을 결정짓는『현대교육의 사상과 구조』(1971)에도 수록되어 있다. 이 책에 관해서는 제6장에서 검토하겠지만 여기서는 호리오가 공교육을 어디까지나 이념으로 이해했다는 것에 주목한다(이하의 문장은『현대교육의 사상과 구조』에는 수록되어 있지 않다).

> 대체로, 공교육이란 존재하는 혹은 이미 존재해 온 것에 부여된 명사이지만 그렇다 해도 그것 자체로 가치있는 교육인가, 어쩌면 "그것은 이미 사고로만 존재하고 지금 그 가치는 실현되지 않은 이념으로서 현실은 왜곡된 것이다. 이념을 배반하는 것"이라고 말할 수 있다(掘尾, 1961: 214).

다른 하나는 오타 다카시와 가츠다 슈이치의「근대의 교육가치를 받아들일 것인가」이다. 가츠와의 토론을 통해 오타가 집필한 이 논문은 근대의 교육적 가치가 인권에 포함되어 있다는 것이다.

> 근대의 교육가치를 묻는 질문에 대해 어떻게 요약하여 답할 수 있을 것인가? 그것은 교육이, 모든 사람들이 누리고 몇 사람에

의해 침탈되지 않는 인권의 일부로 자각하게 되었다는 것, 인권의 본질적인 일부로서 교육에 포함되는 가치로서 표현된 것이라고 생각한다(大田 · 勝田, 1961: 298).

전후교육학에 있어서 근대는 역사적 사실 이상으로 가치 있는 개념이었다.

(3) 전후교육학 비판으로서의 근대교육학 비판

『신교육학대사전』에 수록된 츠시마 다츠오対馬達雄의 「근대교육」에는 전후교육학의 전형적인 이해가 나타난다(対馬, 1990). 이하의 서술 자체가 전후교육학의 근대관을 보여주지만 나아가 '근대교육'을 전후교육학에서 서양 근대의 계승과 극복을 의미하는 고유한 용어로 위치 짓는 점은 특히 중요하다.

근대교육

봉건적 절대 왕정 하의 교육에 대립하여 그 극복 위에 발전한 교육의 형태. 근대교육의 영역은 다양하지만 ① 인권이념에 기반한 교육사상의 전개, ② 의무교육의 채용을 중심으로 한 국민적 교육제도의 성립과 보급, ③ ①, ②에 관련된 개조운동, 이들 세 가지가 주요한 국면이다. 시기적으로는 특히 시민혁명, 산업혁명 이후의 자본주의 사회의 성립부터 파시즘 체제까지의 교육을 말한다. 일본의 경우 학제의 반포(1872)부터 제2차 세계대전 종료시까지의 교육을 이른다. 근대교육은 일본의 교육학 연구에서는 1950년대 후반 이후, 특히 유럽에 중점을 두고 그 교육가치의 계승과 한계를 극복하는 관점에서 파악한 고유한 용어이다(対馬, 1990: 527).

전후교육학에서 이념적 근대관은 1950년대의 이른바 '반동적 문교정책(역코스[43])'에 대한 대응 속에 형성되었다. 전후교육에서 근대가 이념 · 가치로 파악된 것에는 교육학이 "국가의 교육지배에 대항하여 될 수 있는 한 그것을 배제한다는 전략의 하나로서 기획된" 것과 깊이 관련된다(安川, 1992: 77). 교육사 연구자인 가네코 시게루金子茂는 우메네 사토루의 『서양교육사』 구판(1952년)과 신판(1963년)[44] 간의 서술을 대비시켜 "이념 혹은 도쿄로서의 근대"에서 "사실 혹은 비판대상으로서의 근대"로 "서양교육사 연구의 전환을 매우 상징적으로 보여준" 위에서 "거기에 국가의 교육정책 상의 전환이 강하게 작용하고 있는 점은 굳이 지적할 필요가 없을 것"이라고 말한다(金子, 1961: 136).

소스케는 이와 같은 전후교육학의 근대이해와는 달리 현대 교육학이 안은 곤란함을 근대 이론의 발현으로 고찰하고자 한다. 사

43 [역자주] 1945년 제2차 세계대전에 패망한 일본은 미군정사절단의 감독과 지시를 받는 처지에 놓였다. 미국이 요구한 것은 천황제교육에서 민주주의 교육 체제로의 전환이었다. 그러나 1950년대에 들어 이에 대한 반동적 움직임이 발생한다. 미일안보동맹으로 군사적 안정을 얻은 일본 정부는 민주주의 교육으로 발언력이 강해진 일교조를 비롯한 진보교육 세력을 억누르고자 한다. 정치, 경제계를 비롯해 교육계에도 불어닥친 이 흐름을 '역코스'라고 부른다. 오타 다카시에 따르면, 교육 분야에서 '역코스'의 핵심 내용은 다음과 같다. "53년에 교과서 검정권이 문부대신에 있다는 것이 명기되고(학교교육법 21조 1항의 개정), 도도부현 교육위원회 및 지사의 교과서 검정권이 삭제되고(교육위원회법 50조 단서 2호, 사립학교법 7조의 개정), 교과서 검정이 문부성의 항구적 권한의 하나로 명기된 것(문부성설치법 5조 12의 2호 추가)이다. 또한, 같은 해 권한이 집중된 문부성 초등중등교육국에 '상사의 명을 받아' 초등중등교육의 '연락, 지도'에 임하는 시학관이 설치된 것도 49년 개혁 당시의 원칙에 반하여 문부성의 교육내용 통제를 강화한 것으로 볼 수 있다. 이들은 '문부성 자체가 이미 권력행사를 주된 기능으로 하는 행정기관이 아니다(전게)'라거나 '우리나라의 국정에 적합하지 않은 지방분권주의는 지방할거주의가 될 우려가 충분'하며, '현 단계에서는 오히려 폐해를 이루 헤아릴 수 없'기 때문이라는 식으로 설명되었다. 그러나 교육정책의 '역코스'화 흐름 속에서 문부성의 감독권 강화, 특히 초등중등교육국에의 권한 집중은 문부성의 의무교육에 대한 '책임'의 강조와 통제 강화를 초래하고 지방분권 자체의 의의를 부정하는 효과를 낳았다(大田堯, 1978: 255)."

44 가네코 시게루는 1964년이라고 했지만, 1963년을 오인한 것으로 생각된다.

상사라는 방법과 근대비판이라는 시각은 전후교육학의 방법론과 근대관에 대한 직접적인 응답으로서, 역사적인 필연성을 동반하면서 생겨난 것이다. 소스케에게 교육사상사는 방법론적으로는 명시되지 않지만 오로지 근대(교육학) 비판이라는 시각에서만 기초지어진다는 것, 또 소스케가 근대를 '비판'적 입장에서 가치론적으로 논하고 있다는 점은, 이를 전후교육학의 근대관에 대한 직접적 응답이라고 생각하면 납득이 갈 것이다. 소스케의 근대비판 입장은 근대를 찬양하는 전후교육학의 자세와 일치한다. 그가 근대문제와 현실의 교육을 등가로 보기 때문에 근대교육학을 비판하는 의의가 자명해지지만, 이는 전후교육학에서 주류였던 이념적 근대 파악에 대한 비판으로서 이미 추구되고 있었던 것이다. 그러나 이것이 자명한 전제로서 언어화되지 않은 탓에 그 기억을 공유하지 않는 세대의 시각에서 보자면 근대교육학 비판의 근거가 되는 기반이 이해되지 않는 것이다.

다시 확인해 보자. 『근대교육포럼』 창간호는 하라 소스케의 '교육가능성론'에 입각해 도화선에 불을 당기지만 이는 호리오 테루히사와의 논쟁에 대한 재답변이었다. 마찬가지로, 창간호의 「포럼3」에서는 데스오 야스가와가 나가오 주산지의 방법론을 비판적으로 검토하였다. 즉, 여기서 주목받는 근대상에 대한 비판적 검토란 교육철학 연구자와 교육사 연구자라는 두 학문에 대한 비판적 초월 외에 다른 것이 아니다. 발족부터 10년 가량 근대교육사상연구회~교육사상사학회는 근대비판(전후교육학 비판)을 핵심으로 교육철학/교육사가 결절점을 이룬 장이었다(川瀨, 2009: 171). 이 배치를 <모델 1>로 도식화해 보자.

모델 1 **교육철학/교육사의 가교로서의 근대**

교육사상사연구회~교육사상사학회(1991~2000년 무렵까지)

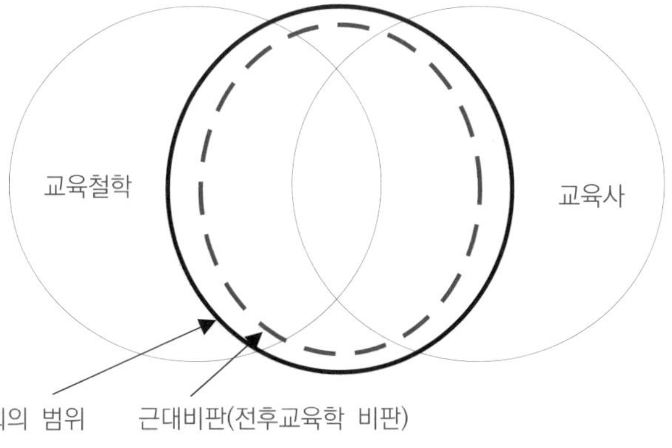

3. 교육사상사에서 교육인간학으로?: 근대교육학 비판의 전개

여기에서는 잠시 소스케의 논의를 벗어나, 그의 논문 이후 2000년대의 교육사상사학회에서 근대교육학 비판의 위상을 검토한다. 근대교육사상사연구회의 창설(1991)부터 일정한 기간을 거쳐 학회의 성과는 어느 정도 퍼져나갔다. 그러나 근대교육학 비판이라는 콘셉트는 이후 그 자체가 검토의 대상이 된다. 나아가, 활동거점이 간사이関西로 이동함에 따라 교육인간학적 관심이 전면에 부상하고 동시에 교육사적 측면은 배후로 퇴보한다.

(1) 신기함의 상실

교육사상사학회는 2008년 제18회 대회에서 심포지엄「검증: 사상운동으로서의 교육사상사학회: 우리는 무엇을 할 수 있는가/할 수 없는가」(보고: 하라 소스케 · 이마이 야스오 · 히로타 데루유키 · 노리유키 야마우치山内

紀幸, 사회: 마츠라 요시미츠松浦良充)를 개최한다. 기획 의도는 "우리의 학회 활동이 보다 넓은 교육(학) 연구 동향 속에서, 그리고 현대 사회에서 교육 자체에 대하여 어떤 의의를 가지는가/그렇지 않은가에 관해 검증하고자 함이다(松浦, 2009: 137)."라는 것이었다.

이 심포지엄에서 하라 소스케는 창설기의 성원을 대표하여 "교육사상사는 사상사로 우회하는 방법"이라는 점이 학회 성원에게 공유되지 않고 있다는 의구심을 품는다. 그에 따르면 우려할 것은 첫째, 학회의 '살롱'화이며, 둘째, 교육철학회와의 근접성이다. '아무거나' 다루는 논의를 피하기 위해 "교육현실 콤플렉스에서 해방되어 '장기전으로' 생각할 필요성이 있다는 것이다(原, 2009: 95-97)." 이 논의는 여태까지 검토해 온 '교육사상사의 과제와 방법'을 대부분 충실히 인수하고 있다. 소스케의 초조함에는 어떤 배경이 있는 것일까? 근대교육사상사연구회의 발기인으로 같은 이름을 올렸더라도 소스케보다 약 20세 어린 이마이 야스오는 "근대교육학 비판·근대교육사상 비판이 현대 교육문제와 역사적 사상 연구를 링크해 주는 결절점"이었다고 말한다(今井, 2009: 104).

> 근대비판은 '근대교육원칙(掘尾輝久)'에서 정당화의 기반을 발견한 전후교육학을 비판하고, 전후교육의 체계를 변혁하기 위한 기초 작업으로 위치 지어진다. 아리에스나 푸코에 의한 서구 근대상의 재검토나 이를 뒤에서 미는 것이었다(今井, 2009: 104).

이상을 요약하면, 초기 학회에서는 (호리오와 대부분 동세대인) 소스케의 문제의식을 후계 세대가 포스트모던 사상의 수용에 입각해 방법론적으로 뒷받침한 것이라고 할 수 있다. 소스케의 불만은 학회의 방향성이 이런 초기 설정으로부터 벗어나고 있다는 점을 우선 생각해 볼 수 있다.

근대교육사상연구회~교육사상사학회는 1990년대 전반 '전후교육학'에서 '냉전후 교육학'으로 패러다임 전환의 일익을 담당하였다(Imai, 2007). 그러나 학회가 여태까지 규모를 확대해 온 이유는 소스케-이마이 라인의 관심사가 공유되고 있었던 때문만은 아니었다. 교육사회학자인 히로타 데루유키가 정리한 바에 따르면, 근대교육사상사연구회~교육사상사학회의 '근대교육비판=전후교육학 비판'이 '성공'한 배경에는 '냉전의 종언'이라는 '시대의 순풍'이 있었다(広田, 2009b: 113). 그런데 이미 '교육사상사연구회가 새로운 교육 언어가 가능해진' 시기에 예전의 기세는 사라지고 없었다.

이런 상황을 한탄하는 목소리는 끊이지 않았다. 예를 들어, 당시 젊은 연구자를 대표하여 등장한 노리유키 야마우치는 "이 학회의 생명선"은 "새로운 언어 창조"에 있다고 말하면서 "교육에 대한 새로운 언어의 생산성이 가장 높은 본 학회에 때마침 '교육사상사'라는 이름이 붙는 시대"의 도래를 예감한다(山内, 2009: 128). 이 발언은 말할 것도 없이, 소스케가 염려하는 '살롱'화로서 '사상사에 대한 결별' 선언(松浦, 2009: 141에서 야마나 준의 발언)에 지나지 않는다. 그러나 이를 한 젊은 회원의 잘못된 의견으로 딱 잘라 일축할 수는 없다. 확실히 어느 시기까지는 '신기함'이야말로 학회의 매력 중 하나였기 때문이다. 야노 사토지는 "학회가 자신의 연구의 신기한 분야를 창출해 낼 앞머리를 그려낼 수 없다면 그 존재가치는 없어질 것(矢野, 2009: 152)"이라고 말한다.

하지만 근대비판은 이미 공식화되어 그 말투는 정상화되었다. 다나카 츠네미가 다른 기회에 말한 바와 같이, "십여 년간 국가 관련 학회에서 비판이나 탈구축과 같은 입장은 이미 완전히 상투화되어 어지간히 진부한 것이 되었다(田中, 2007: 27). 히로타가 정리한 바와 같이, 학회는 성공의 과정에서 '통상과학화'되고 '분열·확산'이 진행되어 근원적 비판에 앞서 무엇을 가지고 있는가라는 어려운 물음을 불러들였다."라고 말한다(広田, 2009b: 114).

(2) 교육인간학의 근대교육학 비판: 다른 하나의 시각

2006년 10월부터 2009년 9월, 교육사상사학회는 활동거점을 간사이로 이동시켰다. 회장에 취임한 야노 사토지는 "회장을 교육사상사 연구의 전문가가 아닌 내가 맡게 되어, 학회 개최 장소도 교토로 이동하게 된" 것을 "보유해 본 경험이 없는 영역을 횡단하여 지속하고자 하는 '연구회'의 의지의 결과"라고 쓴다(교육사상연구회 『뉴스레터』, 제40호, 1쪽).

이 교육사상사학회의 "간사이 프로젝트(矢野, 2009: 152)"를 견인한 것은 회장인 야노 사토지 자신이다. 특히, 회장취임 논문인 「죽은 자에게 빚진 것과 증여로서의 교육: 교육의 원점론에서 본 전후교육학의 과제와 한계점」(矢野, 2007) 및 회장 취임 포럼 「'증여와 교환의 교육인간학'이라는 문제권問題圏」(矢野, 2008)은 학회의 방향성을 특징지은 것이었다. 이 두 논문은 모두 '사건으로서의 증여(순수증여)' 이후 '증여의 서사'가 공동체의 구동력이 된다는 점을 지적한 「교육의 기원을 둘러싼 비망록覚え書き」(矢野, 1998)의 속편으로서 첫째, 전후교육학의 총괄을 수행하고, 둘째, 새로운 틀을 제출하는 것으로 구성되어 있다. 이 시기 교육사상사학회가 전체적으로 '인간학'화 혹은 '인간학적 물음'을 허용하게 된 것은 야노의 (혹은 본인의 의식을 넘어선) 리더십에 따른 바가 크다.

야노에 따르면 '전후교육학'은 "제2차 세계대전의 전쟁체험에서 생겨나 '전쟁 희생자'에 대한 부채로 구동된 것이다(矢野, 2007: 6)." 때문에, '국민교육'은 "민족주의적 교육론으로 회귀하는" 것이 된다(矢

野, 2008: 99). 이에 비해, '증여'는 "공약될 수 없는 이질성을 전제로 하는 공동체 외부의 타자와의 윤리에 관한 사건이기" 때문에 증여를 기반으로 하는 교육(학)은 "타자에 대한 차별과 배제를 넘어설 가능성, 내셔널리즘을 초월할 가능성"이 있다(矢野, 2008: 99). 이는 다카하시 마사루의 언급에 충분히 공유되고 있다(高橋, 2008: 107-108).

연구학회 초기 제2의 배치를 <모델2>로 도식화해 보자. 창간호를 장식하는 세 개의 '포럼'은 이미 말한 하라 소스케(교육철학)와 데스오 야스가와(교육사)를 더해, 다카하시 마사루(교육인간학)가 짊어지게 되었다. 학회는 그 출발부터 교육철학/교육인간학/교육사라는 세 개의 학문을 배태하면서 '근대교육학 비판/전후교육학 비판'이 그 결절점이 되었다. 그러나 이 전제는 서서히 상실되어 간다.

모델 2 교육철학/교육인간학/교육사의 결절점으로서의 근대

교육사상사연구회~교육사상사학회(1991~2000년 무렵까지)

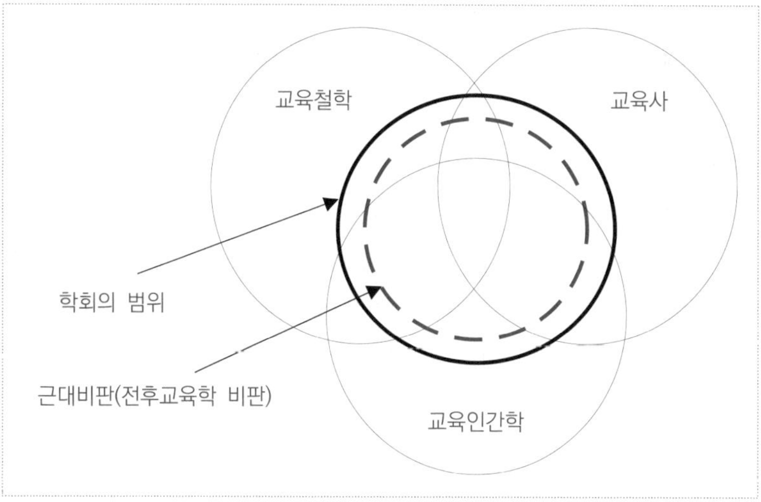

(3) 역사의 상실

오카다 게이지岡田敬司는 교육철학 연구자의 입장에서 교육철학회와 교육사상사학회의 관련성에 관해 다음과 같이 묻는다. "교육철학회 구성원과 교육사상사학회 구성원은 나 같이 일부 사람을 제외하면 대부분 겹치고 있는데(?) 왜 그런 걸까(岡田, 2009: 137)?" 1958년 창설된 교육철학회는 긴 전통과 교육사상사학회 이상의 회원수를 보유하고 있기 때문에 "대부분 겹친다."라고 하는 것은 오카다 자신의 '억측'에 불과하다. 그럼에도 불구하고, 왜 양자는 중복된다고 생각하는 걸까?

소스케는 2009년 "교육사상사학회의 교육철학으로의 접근(原, 2009: 96)"을 강하게 염려한다. 이 접근은 인적 교류부터 지적될 수 있다. 정원 20명의 교육철학회 이사 내의 교육사상사학회 관련자 수는 1992년부터 1998년까지 3－6명으로 유지되었던 데에 반해, 2001년도에 약 절반이 되고, 2004년도부터는 절반을 크게 넘어, 2007년에는 4분의 3 이상이 됨으로써 2000년대에 들어서 비약적으로 증대한다.

다른 한편, 교육철학회로의 접근에 반비례하여 교육사학회와의 거리는 멀어지게 된다. 가와세 구니오미川瀬邦臣가 정리한 바를 통해 보면, '설립 당초' 학회는 "교육철학연구자와 교육사 연구자로 구성되어 설립으로부터 거의 10년간 양자가 포럼, 심포지엄에 적극적으로 참가하여 활기찬 연구활동을 넓혀왔다." 그럼에도 불구하고, "세기가 변한 탓인지, 서서히 교육사 연구자의 주체적 참가가 줄어들기 시작하여 오늘날에 이르러 교육사 연구자의 참가는 수를 헤아릴 정도가 되었다(川瀬, 2009: 171)." 실제, 역대 이사회/편집위원회의 구성을 살펴보면, 서서히 교육사 연구자가 감소해 가고 있음을 알 수 있다. 예를 들어, 이사회에서 교육사 전문 연구자를 일정 수 포함하고 있다고 말할 수 있는 것은 제Ⅲ기 체제(2000-2003)까지이고, 이후 제Ⅳ기 체제(2003-2006)는 대부분 교육철학 전문가가 점유하고 있다.

교육사와의 괴리 및 교육철학으로의 접근 그리고 교육인간학의 전면화는 대구를 이루는 현상으로서 그 중심에는 근대비판≒전후교육학 비판이라는 핵심의 상실이 존재한다. 그림으로 보자면 이 시기에는 ＜모델1＞(교육철학/교육사의 결절점)은 ＜모델1´＞(교육철학과의 중복과 교육사와의 괴리)로, ＜모델2＞(교육철학/교육인간학/교육사의 결절점)은 ＜모델2´＞(역사의 상실과 인간학의 전경화)로 변용된다. 그리고 근대비판－전후교육학 비판이라는 문제관심은 서서히 공유의 정도가 낮아져 가고 있다. 이 장의 서두에서 다룬 오카베의 논문은 근대교육학 비판의 문맥이 망각되는 것을 전형적으로 보여주는 사례이다.

모델 1´ 교육사상사학회(2006-2009년 무렵) 교육철학과의 중복과 교육사와의 괴리

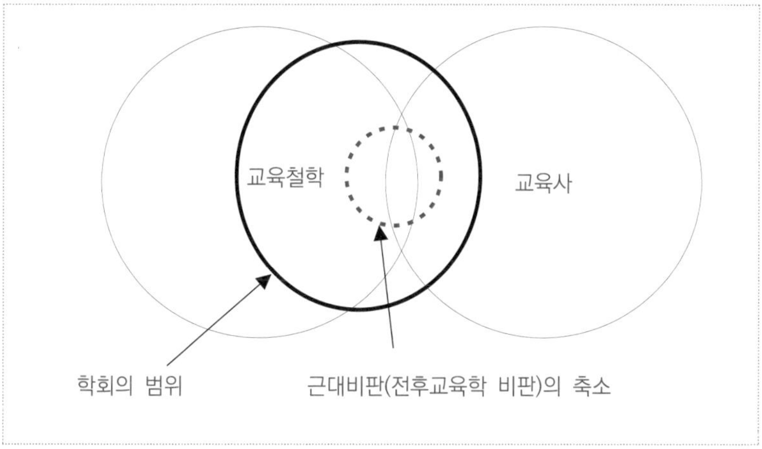

모델 2' 교육사상사학회(2006-2009년 무렵) 역사의 상실과 인간학의 전면화

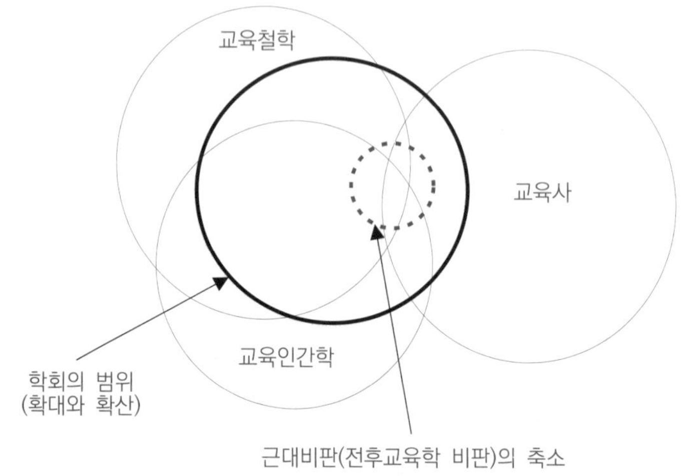

4. 근대교육학 비판의 실제성

마지막으로, 다시 소스케의 논문으로 돌아가 근대교육학 비판이 지닌 의의를 검토해 보자.

(1) 비판대상이 된 근대교육학을 성립시켜 준 것

소스케의 도쿄학예대학 퇴임 기념 논문 『근대교육사상을 읽는다』(原 외 편저, 1999)에는 미야데라 아키오·모리타 히사토·이마이 야스오와 같은 교육사상사학회의 중심 성원들이, 소스케의 작업이 교육학에서 당초 주류가 아니었다는 것, 그럼에도 불구하고 포스트모더니즘의 사조와 호응하여 서서히 젊은 세대를 매료시켜 이제 폭넓게 수용되고 있음을 지적한다(宮寺 외, 1999: 333). 과연 소스케는 일관되게 현대의 문제 상황을 근대로 거슬러 올라가 교육과 시장, 개성,

자기와 같은 '근대문제'의 구체적 사례를 검토해 온 것이다(原, 1965, 1979, 1984, 1990, 2000a, 2000b). 소스케는 포스트모더니즘과 마찬가지로 근대비판을 혼자 힘으로 일구어 왔다고 해도 좋다. 이것은 높이 평가되어야 할 것이다.

그러나 소스케와 같이 현재 교육문제의 기원이 근대로 거슬러 가더라도 의문이 없는 것은 아니다. 소스케의 근대비판은 여전히 역사 실증주의적 입장 혹은 실체론적 역사관에서 자유롭지 않기 때문이 아닐까? 조금 분리해서 보도록 하자. 첫째, 소스케가 현대에 발견해 낸 근대(교육)의 사상·논리는 과연 과거부터 직접 계승되어 온 것이라고 할 수 있을까? 사회구조의 변동에 대한 충분한 언급 내지 특정한 개념이 역사를 경유하여 눈앞의 교육현실을 규정한다고 말할 수 있을까? 이런 문제를 검증하려면 해당 문제·개념이 현재에 이르는 역사적 변용과정을 상세히 논증하지 않을 수 없다(애초, 이는 교육사상사라기보다 교육사의 작업일 것이다).

둘째, 소스케가 묻는 '근대의 논리'도 현대의 시점에서 조작적으로 재구성된 것이 아닐까? 소스케에게 비판적 검토의 대상이 된 '근대'란 단순한 시기구분이 아닌 '근대교육학' 또한 일정한 내용을 가진 체계가 아니라는 것이다. 현대와의 관련성, 특히 '현실 교육'에 대한 교육학자의 문제의식에서 기능적으로 혹은 구성주의적으로 규정되었다는 것이다.

> 애초 '근대교육학'이 (예를 들어, '근대경제학'과 같이) 일정하고 고유한 내용을 가지는 체계로서 성숙하고 존재했던 것은 아니다. [중략] 근대교육학이 무엇인가에 관해서는 몇 가지 특징에 접근하는 절차를 밟게 된다(原, 1996: 10).

비판대상은 시점과 무관한 외재적인 것이 아니다. 그렇다면, '근대문제'를 근대에 내재적인 체제, 근대교육에 고유한 논리로 파악할 수 있다는 것은 얼마간 실체론적인 것에 불과하지 않을까? 오히려, 무엇이 근대에 존재하고, 무엇이 근대문제인가를 규정하기 위해서는 우리의 교육학적 사유 자체, 자신의 시점 자체도 문제화해 나갈 필요가 있다고 생각한다.

(2) 교육현실의 배경에 존재하는 시점에 대한 물음으로

소스케의 근대비판과 포스트모더니즘에 의거해 이를 비교하고자 한다. 포스트모더니즘은 학문 방식을 포함하여 우리 자신의 입장에 대한 물음을 깊이 각인하고 있다. 그런 의미에서 포스트모더니즘은 대상으로서의 근대를 자신에게서 이탈하여 비판하는 것이 아니라, 오히려 자신이 거기에 포함된 존재로서 근대를 비판한다. 이것이야말로 충격이었다. 완고한 역사실증주의자나 본질주의자를 제외한다면 우리가 인식하는 '교육현실' 자체가 시대의 산물로서 '교육(학)적 시각차'에 입각해 형성되었다는 점은 다수의 연구자들에게 이미 공유되고 있는 것이라 해도 좋다.

소스케는 교육사상사 연구가 "연구자로서 자신의 기반을 흔드는 것이 존재할 것"이라고 말하면서 이마이 야스오에 응답한다. "자기를 묻는 것, 자기를 역사적 장치 속에서 재차 묻는 것, 그것이야말로 근대교육사상사 연구회의 동기였다(24)." 그러나 소스케가 근대를 문제시하는 배후에는 정확히 근대에 성립한 교육학이라는 학문에 대한 신뢰가 있다. "근대교육학을 문제로 삼는 것은 한 마디로 말해 현실 교육에 대한 교육학의 책임을 스스로 물어야 하기 때문이다(原, 1996: 10)."

하지만 '교육학의 책임'이란 무엇일까? 현실의 교육문제를 구성

하는 교육학(이 또한 근대의 산물이다)을 중심으로 하는 교육적 시각차 외에 다른 것이 아니지 않을까? 그리고 시각차는 루소나 듀이 등 '교육학자'답게, 아동을 '교육받아야 할 존재'로 간주하는 시선 자체일 것이다. 그렇다면, 근대를 문제로 삼지 않을 수 없는 것은 소스케가 말한 것과 같이 교육사상이 오늘날을 규정하기 때문이라기보다 교육학이라는 제도를 통해 우리가 그 과정 속에 살아가기 때문이다. 그러므로 근대교육학 비판의 사정권에는 우리 자신도 포함된다고 해야 하지 않을까?

(3) 이중의 현실

마지막으로, 눈앞의 교육을 구성하는 '근대문제'가 과연 과거부터 직접 계승되어 온 것인가라는 문제로 돌아가 보자. 확실히, 소스케는 "몰가치적으로 사상의 역사를 기록하는 것은 현실에 없다(27)." 고 말하면서 역사란 우리에 의해 구성된 것 외에 다름 아니라는 서사론적 역사관과 공명한다.

교육사회학자인 히로타 데루유키는 "여러 분야에서 폭발적으로 늘고 있는 교육의 언어"를 재검토하는 연구를 그 방법부터 둘로 나누어 "근대교육의 사상적 연원으로 거슬러 올라가 교육(학) 담론의 재검토를 시도하는 움직임과, 사회구성주의나 인류학적 방법론의 관점에서 현대 교육의 여러 현상을 파악하고자 하는 움직임 간에 큰 격차가 존재한다."라고 말한다. 교육사상사와 같이 "과거로 거슬러 올라가 근대교육이 전제로 삼았던 여러 개념이나 이론을 다시 묻는 시도"는 "가장 근본적이고 급진적인" 것이지만 연구의 중심을 역사에 둠으로써 "지금 여기에 존재하는 특정한 사상을 어떻게 설명할 것인가"에 답하는 데에는 불충분함이 늘 따라다닌다(広田, 2001: 5).

확실히, 교육사상사 연구는 현재의 기원을 과거에서 구한다. 하지만 히로타의 주장에 굳이 이의를 달자면 '지금 여기'를 설명하기 위해 역사를 경유하는 것이 바로 사상사가 아닐까? 현재를 우선시하면서 역사적 사실을 왜곡·경시하지 않으면 안 된다는 것은 말할 필요도 없다. 종래의 연구가 도출해 낸 근대상을 역사에 적합한 형태로 의문시하는 작업은 그 자체로 의미가 있다. 일견, 건실한 방법으로 생각할 수 있는 이런 실증에는 일본 근대문화 모델이나 전후 교육학이 지향했던 가치론적 근대상을 의문시한다는 점에서 실효성이 있기 때문이다.

하지만 동시에 교육사상사가 오늘날의 문제관심과 관계없이 '근대 그 자체'를 파악할 수 있다고는 생각하기 어렵다. 앞서 본 데츠오 야스가와는 나가오 주산지의 방법론을 비판하면서 "근대를 현대의 '전사前史'가 아닌 그 자체로 파악할 것"을 주장하였다(安川, 1992: 83). 하지만 하타 다카시는 데스오도 "현대적 문제관심 자체가 지닌 의미에 관해서는 부정하지 않는다."라고 말하면서 "결국, 데스오와 나가오의 차이는 정도의 문제에 불과하며, 태도나 각오의 수준을 문제시해야 하는 것이 아닐까"라고 말한다(羽田, 1992: 112, 118). 학문으로서의 전문화 정도를 놓고 보더라도 교육사상사는 "실천으로서 교육학의 본성을 면할 수 없으며(21)", 그 서술에는 자신의 시점이라고 하는 "경향성(27)"이 항상 따라다닌다.[45]

이상 요약하자면 교육사상사 연구는 한편으로 역사에 대해, 다른 한편으로 오늘의 교육상황에 대한 것이라는 이중의 비판 앞에 노출되어 있다. 근대교육학 비판이란 눈앞의 교육현실에 직접적으로 응하여 간단히 정리될 수 있는 것이 아니다. 근대비판은 서양 근대를 비판적으로 묻는 새로운 양상과 더불어 도출되는 가운데, 그것을 성립하게 해준 자신의 시선 자체를 비판적 검토의 대상으로

45 '경향성'에 관해서는 다음 장에서 '원근법주의'의 문제로 다시 논하게 될 것이다.

삼는다는 이중의 작업을 요청한다. 물론, 그 전제로서 역사적 기술과 현대적 시각 각각에, 그리고 서술에 있어서 양자의 역동적인 연관 속에서 현상을 의문시하는 실효성이 요청된다. 물론, 그것이 성공하는가 아닌가는 개개의 연구마다 판단되어야 할 것이다.

결론을 대신하여: 성찰과 대화의 근대교육학 비판

근대교육학 비판은 포스트모더니즘과 공명하는 성격을 지니고 있다. 근대교육사상사연구회~교육사상사학회의 핵심에 놓인 근대교육학 비판을 체현한 소스케는 이 경지에 수입 학문이 아닌 독자적인 고찰을 수행하였다. 소스케의 입장은 포스트모더니즘을 수용하면서 성장해 온 후속 세대에게는 자신들의 입장을 지지해 주는 것이었다. 그리고 이 근대비판 사조는 전후교육학의 방식을 다시 물으면서 성장해 왔다.

교육사상사, 그리고 근대교육학 비판이라는 "무기(28)"는 그 솜씨가 우리 자신의 시각으로 되돌아오는 양날의 검처럼 굉장한 현실성이 있다. 비판되어야 할 근대란 우리와 무관하게 역사 밖에 존재하는 것이 아니라 우리 자신의 내면에 깊이 들어온, 오히려 그 자체가 우리를 성립시켜 준 핵심이라고 할 수 있다. 때문에, 서두에 내건 "근대교육학 비판이란 무엇이었나"라는 물음에는 다음과 같이 답하고자 한다. 그것은 자신이 서 있는 위치를 비판하는 것이라는 의미에서 자기비판이다. 다만, 여기서의 자기비판이란 정치의 계절에 흔히 볼 수 있는 이데올로기적인 것도, 심리주의화된 세대가 찾은 '자기탐구'도 아니다. 조금 우회하여 논해 보자.

근대교육사상사연구회가 '근대교육학 비판'이라는 명확한 방향성을 지닌 것임은 반복하여 논하였다. 하지만 이 연구회에 그와 나란한 다른 하나의 독자성이 있었음을 기억할 필요가 있다. 그것은 바로 대화를 중심으로 구성된 독특한 학회의 스타일이 당초부터 있었다는 점이다. 발표는 '포럼'으로 불리는데 하나의 보고당 한 시간 이상의 토론 시간을 갖는다. 더구나, 기관지인 『근대교육포럼』은 발표의 요약본인 보고 논문에 복수의 '코멘트 논문'이 부가되어 간행된다. 이런 독특한 형식은 모리타 히사토가 제안한 것이지만 어찌됐든 철저하게 대화와 토론으로 열린 이 스타일은 거기에 모인 사람들의 사고나 활동 내용을 깊게 규정해 왔다(下司 · 今井, 2003). 당초 세 명의 찬성에서 시작한 연구회는 오늘날 300명의 회원을 보유한 학회로서 교육학계에 그 존재감을 보여주고 있다. 2010년에는 창설 20주년을 기념하여 학회의 발자취를 되돌아보는 『교육사상사 주해』도 간행하였다. 그리고 연구회의 창설기 이후 자유로운 대화의 정신은 오늘날에도 이어지고 있다.

근대교육학 비판이란 정치적 이데올로기나 철학적 진리, 역사적 사실을 방패삼아 독백으로 닫힌 것이 아니라 자신을 이루고 있는 것을 일괄하여 대화의 장에 임한다. 근대비판이란 자기 성찰 외에 다른 것이 아닌 것이다. 그것은 자기가 타자에 의해 만들어질 수 있음을 전제로 하면서도 무의식적 영역에 존재하는 자신을 되돌아보고, 그 조망을 타자와의 대화에 입각해 궤도수정 하면서 끝없이 펼쳐지는 작업이다. 때문에, 근대교육 비판은 영원한 미완의 프로젝트라고 할 수 있다.

4 장

언어론적 전회 이후의 교육사상사 : 혹은 포스트모더니즘의 어떤 점이 불가不可한가?

서론: 포스트모던을 경유한 후 교육 비판은 가능한가?

포스트모더니즘을 수용한 교육사상사 연구는 무엇을 할 수 있고, 할 수 없을까? 이를 검토하는 것이 이 장의 과제이다. 교육사사회학자인 히로타 데루유키는 교육사상사학회 제18회 심포지엄[46]에서 교육사상사학회가 열어 온 근대교육학 비판(근대교육 비판, 근대비판)에 대해 다음과 같이 비평한다.

> '교육의 근대성'에 대한 비판은 [중략] 아이들의 학교이탈과 신자유주의적 교육개혁에 대해 유효한 비판을 제시하지 못한 것이 아닌가, 오히려 종래의 학교나 교육상을 정당화하기 위한 발판을 스스로 파서 무너뜨린 측면이 있지 않은가 한다(広田, 2009b, 116).

물론 신자유주의라고 하는 거대한 흐름에 대해 교육사상사학회

46 교육사상사학회 제18회 대회 심포지엄「검증: 사상운동으로서의 교육사상사학회: 우리는 무엇을 할 수 있는가/할 수 없는가」, 패널리스트: 히로타 데루유키 · 하라 소스케 · 이마이 야스오 · 노리유키 야마우치, 사회: 마츠라 요시미츠松浦良充.

라는 작은 조직이 실제로 어느 정도 대항력을 가질 수 있는가에 관해서는 별도의 검증이 필요하다(오히려, 일본교육학회와 같은 커다란 장을 문제로 삼았어야 한다고 생각한다). 이는 교육사상사학회가 교육학계에서도 유난히 포스트모더니즘에 진지하게 응답하고 이를 승화하고자 한 점을 고려할 때에 히로타가 다른 곳에서 학회의 중심 성원인 이마이 야스오를 거론했던 점을 간과할 수 없다. 이는 포스트모던 사상을 수용한 교육학이 "교육의 목적에 관해 말하는 것에 겁을 내고", 오히려 "금지시키는 것"이라고 비판한 점이다(広田, 2009a: 110-115).

이 장에서 검토할 교육사상사학회의 제20회 심포지엄인 「교육비판의 교육사적 근거: 장기적 전망에서 생각한다」[47]는 이런 근대교육학 비판과 그에 대한 응답으로 기획되었다. 이마이 야스오의 기획 취지를 일부 인용해 보겠다.

> 근대비판은 교육의 현황을 그 역사적인 심층구조에서 비판하고 교육사상사적 연구의 실제를 선명하게 보여주고자 하는 것이다. 그러나 이는 기존의 교육에 대한 신뢰를 흔들고, 이로 인해 간접적으로는 신자유주의적인 교육개혁에 가담하는 결과를 낳는 것일 수도 있다. [중략]

심포지엄은 이 물음을 교육사상사학회의 문제가 아니라 다름 아닌 교육사상사의 문제로 파악하고자 하는 시도였다.[48]

보고는 연구대상의 연대순으로 소마 신이치의 「코메니우스 교육사상의 재검토 가능성」, 스즈키 아키코의 「헤르바르트 연구의 기

47 발표: 소마 신이치相馬伸一 · 스즈키 아키코 · 다나카 사토시, 사회: 이마이 야스오. 2010년 9월 19일, 니혼日本대학 문리학부에서.

48 교육사상사학회 제20회 대회 프로그램에서. http://www.hets.jp/p20.pdf(2016년 6월 21일 열람)

반에 대한 물음」, 다나카 사토시의 「교육비판의 근거: 듀이의 협동성과 종교성」이다. 이 장에서는 『근대교육포럼』 제20호(2011)에 게재된 세 논문을 검토하면서 언어론적 전회 이후의 교육사상사 연구는 무엇을 할 수 있고, 또 할 수 없는가를 검토한다(이하, 세 논문에서 인용한 것은 본문 중에 숫자만을 표기한다).[49]

다음과 같이 물어보자. 교육사상사 연구는 포스트모더니즘을 수용하고 나서 어떻게 변한 걸까? 언어론적 전회 이후 교육사상 연구에 만일 문제가 생긴 것이라면 이는 무엇 때문일까? 그러한 교육사상사 연구는 어떤 모습으로 현실에 관여하게 될까?

이하에서는 (1) 우선 세 논문을 사례로 거기에 잠재된 방법론적 과제를 검토한다. (2) 다음으로 비판의 근거를 보여줄 때의 네 가지 '암묵적인 규칙'을 지적한다. '진리', '교육적 가치'를 근거로 삼지 않는 것. 언어론적 전회를 경유한 텍스트 독해론. 맥락으로서의 '작가'(사상가)는 죽지 않는다는 것. 대상을 '대교육사상(가)'에 한정할 것. (3) 마지막으로 이후 교육사상사에 관련하여 몇 가지 제안을 보탤 것. 연구와 정치·교육실천과의 적극적인 관계, 사상의 교육실천에 대한 영향을 물을 것, 현실을 비판하는 사상사적 방법이라는 세 가지가 그것들이다.

1. 교육사상은 비판의 근거를 획득한 것인가?

우선 소마, 스즈키, 다나카의 세 논문에서 현대 교육사상사 연구가 내포한 방법론적 과제를 검토한다. 그것은 관점주의(소마), 상대주의의 난점(스즈키), 사상 재해석의 의의(다나카)이다.

---

49 2015년 7월 현재, 이들 논문은 CiNii Articles에 공개되고 있다. 이후 J-STAGE로 이행할 가능성도 있지만 흥미로운 분은 검색해 보길 권한다.

(1) 관점주의의 어려움

코메니우스(Johannes Amos Comenius, 체코명은 Jan Àmos Komenský, 1592~1670)는 후스파의 흐름을 이어받아 체코 동포 교단의 목사, 교회학교 교사로서 종래의 교육학[50]을 다음과 같이 평가한다. 즉, 교육학사 상 최초의 체계적인 저작인 『대교수학』(1657)을 쓰고 전 인민의 취학이라는 보통교육제도를 구상했을 뿐 아니라 거기에 가르쳐야 할 새로운 교육내용·교육방법을 구상했다는 것이다. 수업방법은 교사주도의 일제식 교수였지만 당시 이는 선구적인 것이었다(長尾, 1991: 325-326).

"근대교육의 프로토타입인 코메니우스를 통해 근대교육 비판을 기획한다(103)."라는 소마의 논문의 목적은 매우 명확하다. "코메니우스의 사상 속에는 근대와의 거리를 시사하는 논점을 적지 않게 볼 수 있다(102)." 파토카Jan Patočka를 참고하면서 —이른바 '현대사상'을 인식틀로 삼아— '근대교육의 원조'인 텍스트를 독해함으로써 그 반(反)근대적 측면을 지적하는 방법은 근대교육사상사연구회~교육사상사학회가 축적해 온 근대비판의 애창곡이다. 이와 마찬가지 시도가 여태까지 루소, 페스탈로치, 헤르바르트 등을 대상으로 초기부터 전개되어 왔다.

오늘날 문제 상황을 인식틀의 전환으로 비판하는 소마의 논의는 매우 실제적이다. 코메니우스로 대표되는, 세계가 빛(진리)으로 가득하고 이를 받아들이면 더 좋은 '열린 영혼'이 되는 시대로부터 스스로 세계에 인공적인 빛을 비추어야만 한다는 데카르트 이후의 '폐색閉塞성의 시대'로. 나아가 폐색성을 강화하는 현대로의 전환.

50 교육사상사학회의 비교적 새로운 연구 동향에 대치시키고자 여기서는 나가오 주산지의 정평있는 텍스트인 『서양교육사(제2판)』에 대한 해석을 최초로 제시한다.

특히, 이 시대진단은 '나 중심주의(스와 데츠지諏訪哲二)'나 '하류지향(우치다 타츠루內田樹)'과 같은 현대 청년론에도 사상사적 배경을 제공할 수 있을 것이다.

그러나 이 역사적인 묘사는 코메니우스와 우리 사이에 깊은 늪이 있다는 사실에도 눈을 뜨게 한다. 즉, 현대가 '폐색성의 시대'의 연장 선상에 있다면 소마 자신의 텍스트 독해 또한 그 내부에 있다고 생각하지 않을 수 없다. 데카르트 이후의 '폐색성의 시대'를 살아가는 우리는 니체가 말한 '관점주의'로부터 달아날 수 없는 것이 아닐까?

> 총체적으로 '인식'이라는 말이 의미를 가지는 한 세계는 인식 가능한 것이 된다. 그러나 세계가 다른 방식으로 해석될 수 있다는 것은 자신의 배후에 어떤 의미도 없다는 것, 이로 인해 도리어 무수한 의미를 띠게 된다는 것을 말한다(「관점주의(Perspektivismus)」, Nietzsche, 1926: 13/1980b, 23).

'관점주의'의 속박이라는 관점에서 소마의 논문을 읽고 해석해 보면 좋겠다. 소마는 첫째, 정초주의적 입장을 취할 수 없다. 때문에, '자연'이나 '주체'와 같은 전제를 확고한 기반으로 삼아 이로부터 현대 교육을 분리해 낼 수 없다. 현대의 교육 담론을 지배하는 실증주의에 위협을 느끼면서도 그 이외의 방법으로는 이에 저항할 수 없다. 데카르트 이후의 우리는 코메니우스와 달리 세계로부터 직접 빛을 받을 수 없기 때문이다. 둘째, 소마는 텍스트 자체의 '빛'을 수동적으로 수용할 수 없고 파토카의 빛을 가지고 능동적으로 코메니우스를 비추지 않을 수 없다. 자, 근대교육학을 참고의 틀로 삼으면 그 원조인 코메니우스 상과 파토카로 인해 변화된 근대교육을 초월한 코메니우스 상이 각각 떠오르는 '관점주의'가 들어서게 된다. 바꿔 말해, 소마에게 '코메니우스 자체'는 잃어버린 대상이 되어버리는 것이다.

(2) 상대화의 자승자박

이 '관점주의'는 표현은 다르지만 스즈키가 논한 텍스트 해석론에도 공통된다. 문헌 독해는 텍스트를 자신의 선호에 따라 채색하는 작업이 아닐까? 혹은 이는 텍스트를 자신의 틀에 강하게 집어넣는 폭력적 행위가 아닐까? 스즈키가 문제 삼는 것은 헤르바르트를 '특정한 헤르바르트'로 독해하고 있는 우리들의 시선 자체이다.

헤르바르트(Johann Friedrich Herbart, 1776~1841)는 괴팅겐대학과 쾨니히스베르크대학에서 철학·심리학·교육학을 강의하였다. 종래의 교육학에서는 체계적인 교육학을 구상한 점, 교수 단계설을 제안한 점이 높이 평가되었다. 헤르바르트 류의 교육학은 19세기 말에 이르러 거의 전세계 교육계에 영향을 끼친 것으로 평가받는다(長尾, 1991: 349).

하지만 스즈키에 따르면 "2000년 무렵에 이르러 일련의 헤르바르트 연구 역사는 시각에 따라 각 연구자가 나름의 논의를 전개하였기 때문에 자신의 문맥에 적합한 형태로 헤르바르트를 편집·각색해 온 흔적을 볼 수 있다(118)." 헤르바르트 생전 그의 학생들, 선생의 죽음 이후 헤르바르트 학파를 필두로 전후 헤르바르트 르네상스에서 냉전 후 재독해에 이르기까지 많은 연구자가 독자적인 관점에서 그를 해석하고, 위치 짓고, 변주하고, 비판해 왔다. 늘 그렇듯 그야말로 필자는 이상과 같이 요약한 텍스트 해석론에 완전히 동의하고, 방대한 선행연구를 섭렵·정리하여 화려하게 나누어 보여준 스즈키의 논의에 감탄한다.

그러면 그 이후 제시된 스즈키 자신의 헤르바르트 독해는 어땠을까? 스즈키는 "역사적 존재인 인간의 생성에 관해 교육사상·교육사는 우선 자신에게 부과된 과제를 충분히 확인하는 논의를 결여하고 있다(124)."라는 입장에서 헤르바르트를 축으로 생성의 사상사를 추구하고자 한다. 그때에 주목한 것은 헤르바르트를 발판 삼아 칸트를 독해하고자 한 신칸트학파의 코헨이다. 코헨은 라이프니츠-칸트-헤르바르트의 연관을 보여주지만 동시에 교토학파와 헤르바르트를 연결하는 열쇠이기도 하다. 특히, 니시다 기타로는 헤르바르트의 생성의 철학을 비판적으로 수용하고 자신의 철학의 자양분으로 삼았다. 독일 관념론 철학을 비판하는 헤르바르트, 그리고 헤르바르트를 비판하는 니시다. 독해의 연쇄.

여기서 몇 가지 의문이 떠오른다. 우선 첫째, 스즈키가 보여준 독해의 특징은 무엇인가? '생성'이라는 관점에 의거한 스즈키의 헤르바르트 독해도 선행연구와 마찬가지로 "자신의 문맥에 적합한 형태로 헤르바르트를 편집·각색(118)"하지 않았다고 할 수 있을까? 스즈키가 배제한 과거의 헤르바르트 독해와 그녀 자신의 독해 간의 차이는 어디에 있을까?

앞서 논의와 연결하여 두 번째, 해석의 타당성을 어떻게 파악해야 할까? 스즈키는 텍스트 독해를 "자신의 인식틀을 재확인하고자 텍스트를 소비"하는 것과 "자기의 텍스트, 자기의 시각, 틀"에 "변경"을 가하는 것으로 나누고 후자에 가치를 부여한다(119). 그러나 전자, 즉 오늘날 '과잉해석'으로 생각할만한 독해가 그 해석자에게 틀의 변경을 요구하는 것은 아니라고 누가 단언할 수 있다는 말인가? 예를 들어, 헤르바르트 학파에게 교육학의 체계화, 노올에게 교육학의 자율성은 스즈키의 '생성'이 '기반을 묻는 것'과 마찬가지로 심각한 물음이 아니라고 누가 어떤 자격으로 단언할 수 있다는 말인가?

셋째, 스즈키가 제안하는 생성의 사상사도 그녀가 비판하는 '통사'가 가진 위험성을 잉태한 것이 아닐까? 스즈키는 "일반사 내지 보편사를 편집하여 내놓는 것이 역사가의 임무라는 사실에 어떤 의문도 없었던" "근대의 사변적 역사철학" 및 그 자세에 대해 (근대에 대한 가치부여를 뒤집어) 수용하고 계승한 교육사상사학회의 근대비판 모두를 비판한다(120). 그러나 생성의 사상사가 현재를 위해 과거를 수탈해선 안 되는 것이 아닐까? 물론 필자도 역사에서 법칙성을 발견했다고 말하는 역사가에 대한 포퍼류의 비판에 수긍한다(Popper, 1957/1961). 그래도 '통사'는 정말 불가능한 걸까? 혹은 푸코류의 단절의 사상사로서도?

(3) 전도의 의의

미국의 철학자 듀이(John Dewey, 1859~1952)는 시카고대학과 컬럼비아대학에서 철학, 교육학을 강의하였다. 특히, 시카고대학에서는 대학부속실험학교를 지도하였고(1896~1904), 그 후 교육과 교육연구 방식에 큰 영향을 끼쳤다. 진보주의 교육으로 불리는 미국의 신교육운동뿐 아니라 세계적인 신교육운동의 리더와 같은 존재였다. 민주주의 사회를 위한 교육을 구상하여 학교를 사회 경험과 사회 인식의 장으로 삼았다(長尾, 1991: 335). 듀이의 사상은 일본에서 다이쇼 자유주의교육, 전후 신교육에서 반복된 '신학력관(1989)', '종합적 학습시간'에 이르기까지 큰 영향을 끼쳤다(杉浦 편, 1998).

다나카는 논문에서 우리에게 익숙하고 친숙한 듀이상과는 다른 비판의 근거를 밝힌다. 어떤 사상이 기존 사회에 대한 비판적 재구축을 시도할 때의 근거는 '윤리'이다(136). '윤리'의 배후에는 '종교적인 것'이 있고(136), 나아가 그 배후에는 '충동'이 있다(142). 듀이는 당초 '영혼'(종교적인 것)을 최종심급으로 보았지만, 후에 종교적인 개념에 입각해 윤리를 정초하는 일을 단념했다는 것이다. 여기서 교육현실을 비판할 때의 근거는 '윤리', '영혼'으로서의 '충동'으로 후퇴한다.

이 방법론적 전략의 적절성은 뒤에 검토하게 될 바와 같이 우리에게 의외의 것이지만 여기서 제시되는 것은 바로 '종교적 듀이' 상이다.[51] 가까운 사례로 히로타 데루유키의 입문서에 등장하는 듀이와 비교해 보자. 개인/사회의 이원론에 대한 지양, 그리고 민주주의 사회의 실현을 바라는 '히로타의 듀이'는 우리에게 익숙하고 친숙한 민주주의의 신봉자이다(広田, 2009a: 124 이하). 그에 비해 협동성을 정초하는 영혼이라는 종교적인 것을 구하는 '다나카의 듀이'는 종교적 정열가로서 많은 현대 일본인에게 이질적인 타자로 느껴질 것이다. 다나카에 따르면 '봉사', '사회적', '도덕적'과 같은 듀이의 모든 개념에는 "'영혼'이 공급하는 이웃사랑이 물들어 있다." "예를 들면, 이웃사랑이라는 말을 느끼지 못하는 한, 듀이의 문장은 '어쩐지 잘 이해되지 않는 문장'이 되어버리고 말 것이다(140)."

그러나 이 전제에 선다면 일본의 교육학, 특히 전후교육학은 일관되게 듀이의 말을 '어쩐지 잘 이해되지 않는 문장'으로 독해해 온 셈이 된다. 듀이는 전후 민주화의 상징적 존재로서 (다시) 수입되었기에(杉浦 편, 1998), 확실히 전후교육학이 이런 듀이 수용을 '오독'으로 비난할지도 모르겠다. 그렇다면 이점이야말로 다음의 의문을 낳는다.

우선 첫째, 종래의 '민주주의적 듀이 상'에 '종교적인 듀이 상'을

51 다나카는 『사회성 개념의 구축』에서 재건주의자인 가리아의 주장을 '종교적 듀이' 상에 대한 뒷받침으로 삼는다(田中, 2009b: 253). 듀이와 '사회복음주의와의 공통성'은 최근 해외의 연구동향과 일치한다고 지적한다(古屋, 2010: 227).

대치시키는 의의는 무엇일까? 어디까지나 비전문가적 수준에 불과하지만 듀이는 '협동성'을 '영혼' 이외의 것으로 정초하고자 철학·심리학·생물학 등을 이용한 것이 아닐까? 이 은폐 공작(?)을 파헤쳐 다시 '영혼', '종교적인 것'이라는 문맥에서 독해하는 의의는 무엇일까?

둘째, 이 듀이 상의 전환, '종교적인 듀이'의 제시는 어떤 전략을 동반한 것이 아닐까?[52] 그것이 '교육비판의 사상사적 근거'라는 물음에 대해 듀이에 알맞은 대답임을 인식하는 가운데 협동성의 기반으로서 '종교적인 것'을 소박하게 찬미하는 (다나카의 의도는 그것이 아니라 해도 그렇게 수용되지 않을 수 없는) 논의를 제출하는 것에 필자는 신중하지 않을 수 없다.[53] 무엇보다 호의적으로 수용된다면 듀이의 '종교적인 것'은 우리가 '잃어버린 아우라'로 생각되어도 좋을 것이다. 가토 모리미치加藤守通가 말한 바와 같이 "교육학이란 본래 교육을 넘어서는 다양한 사상에 대한 폭넓은 이해를 지지로 성립하지"만 기독교는 그 중요한 핵심이었다. 그리고 근대교육학은 성립과정에서 그 '아우라'를 상실해 왔다(加藤, 2004: 5). 그런 의미에서 다나카는 우리가 빠뜨린 듀이의 '잃어버린 아우라'에 눈을 돌리도록 해준 것일지도 모르겠다.

2. 언어론적 전회 이후의 교육사상사: 말해지지 않은 규칙

교육비판에 사상사적 근거는 있는가? 이 물음에 답할 때에 전제

52 부연하자면, 어떤 텍스트 해석이 타당성을 가지고 있는 것과 그것이 발휘한다고 예상되는 효과(혹은 울림이 말하는 '활용')는 구별된다고 논해야 할 것이다.

53 미국 총인구의 3분의 1을 점유한다고 알려진 복음파는 진화론을 부정하는 그리스도교 원리주의자로서 부시 정권을 지지하는 모체였다고 이야기된다. 복음파의 교육에 관해서는 다큐멘터리 영화 『지저스 캠프』(Heidi Ewing & Rachel Grady 감독, 2006년 미국)에 상세히 나와 있다. 일본에서도 종교단체를 배경으로 하는 정치 단체가 일정한 발언력을 가지고 있는 것은 말할 것도 없다.

되고 있는 말해지지 않은 '암묵적 규칙'이 있다. 구체적으로는 (1) '진리' 내지 '교육적 가치'를 근거로 삼지 않는다는 것. (2) 언어론적 전회 이후의 텍스트 독해의 입장을 취하지만, (3) 그럼에도 불구하고 맥락으로서의 '작가'는 죽지 않았다는 것. (4) 대상이 '대교육사상가의 텍스트'에 한정된다는 것이다.

(1) 진리를 제외한 비판이 가능한가?

심포지엄 기획자인 이마이 야스오는 "동시대의 교육을 대상화하고 비판하는 근거를 교육사상은 어디에서, 어떻게 발견한 것인가"라고 묻는다. 이 물음은 물론 우리 자신이 현대교육을 대조하고 비판하는 근거를 어디에서 발견하는가라는 문제를 품고 있다. 그리고 비판의 근거를 제출하라는 과제에 대하여 보고자들을 고민하게 하는 것은 현대 교육사상사 연구에서 '금지하는 방식'이 많이 있기 때문이다. 이런 암묵적인 규칙은 교육사상사학회가 전후교육학으로 대표되는 연구 방법과 자신들의 연구 방법을 구별하는 가운데에 서서히 형성된 것으로 볼 수 있다.

첫째, 최대의 '암묵적 규칙'은 교육을 비판하는 데에 있어서 '진리' 혹은 '교육적 가치'를 근거로 삼을 수 없다는 점일 것이다. 근대교육사상사연구회~교육사상사학회를 주도해 온 하라 소스케는 전후 주도적인 교육사상연구의 입장을 "교육학적 자산을 배우는 활동, 과거의 교육사상으로부터의 진리 혹은 진리적인 것을 손에 넣고자하는 작업"으로 부르고 우리 자신이 겨냥해야 할 교육사상사는 그것과 구별되어야 한다고 하였다(原聰, 2009: 98). 교육사상사학회에 계승되어 온 '근대비판'은 전후교육학에서 근대의 긍정적 가치(수용하고 이어가야 할 '근대의 유산')와 일치했다(제3장 참고). 전후교육학의 기초를 만든 가츠다 슈이치가 '교육적 가치' 개념에 입각해 교육의 현실과 교육의 역사와 사상을 함께 진단하는 기준을 얻을 수 있었던 것은 다시 언급할 필요가 없을 것이다(森田伸, 1992).[54]

이제 문제는 이러한 '진리', '교육적 가치' 내지 '수용하고 이어가야 할 근대의 유산' 등의 개념(혹은 '인권'도 '발달'도 좋지만)을 제외하고 교육현실을 비판하는 것이 어떻게 가능한가라는 질문을 낳는다.

소마는 사상이 오로지 부정적인 형태로만 교육현실을 비판할 수 있다고 말한다. 정초추의를 취하지 않는 현대의 우리는 자연이나 주체를 긍정의 언어로 쓸 수 없다. 그러나 그런 "눈에 보이지 않는 것의 확실성"은 "조심스럽게, 부정의 의문형으로", "네거티브하게 물을 수 있다(113)." 그것은 긍정적인 것은 아니지만 이로 인한 교육사상사와의 연관성은 자명하다.

스즈키는 이런 물음에 직접 답하지 않는다.[55] 오히려 비판의 근거를 찾는 교육사상사의 방법을 둘러싼 물음은 "연구자에게는 그 연구의 기반을 찾는 물음", "반성적, 반사적 물음"으로서 자신에게로 되돌아오는 물음이다(128).[56]

다나카의 비판전략에서 열쇠가 되는 것은 바디우의 진리 가능론이다. 마찬가지로 '종교적 듀이'가 다루어진 『사회성 개념의 구축』(田中, 2009b: 239-315)에 바디우가 등장하지 않아도 이 변경은 '현대사상'에 입각한 고전해석이라는 '교육사상사학회 식의 배열'일지도 모르지만, 이는 공적이라고 말할 수 있을 것이다. '종교적 듀이'에 대한 변주가 바디우 이론에 의해 던져지는 구조가 되기 때문이다. 다나카는 "2000년 전후"에 "교육의 비판으로부터 교육의 재구축으로

54 '교육적 가치'라는 말의 최초 출처와 용법의 변천에는 별도의 실증적인 연구가 있어야 할 것이다.
55 스즈키 아키코는 심포지엄 당일의 논의에서는 "비판의 근거는 나 이외에 없다."라고 발언하였다.
56 애초 교육현실도 하나의 텍스트로서 구성된다는 논의부터 살펴보면 교육현실과 그에 대치하는 자기의 인식틀과의 지평의 융합 자체가 비판의 근거가 된다고 생각할 수 있지 않을까?

연구의 입장을 바꾸었다."라고 고백하면서(田中, 2009a: 254), '전향' 후의 자세는 "예전의 규범적 교육학을 펼친 조상에게로 되돌아갔다(森田尚, 2003: 236)."라고 평가받는다. 그러나 바디우 이론의 도입은 이런 비판을 회피하게 해준다. 다나카에게 '본질적으로 결여된 윤리적인 것', 즉 '진리'는 부재로 파악되는 주체나 장을 성립시켜주는 '결여'이다. 영원히 다다를 수 없는 늘 현상개혁의 엔진을 구동하는 공허한 운전인 것이다. "라캉의 표현을 빌리자면 진리의 과정이란 이런 '제도화된' 지식을 관통하는 '공극空隙 – 구멍'인 것이다(Badiou, 2003/2004: 43)."

또, 다나카는 앞서 이론적 전환을 통해 "자신이 지금, 여기에서 이렇게 존재한다는 것에 기대어 어딘가를 부여받고 있다는 것, 스스로 다분히 메타이론적인 것이야말로 진정 언어화되고자 하는 것이라고 생각하게 되었다."라고 말한다(田中, 2002: ii). 그것이 바디우를 경유하여 허초점虛焦點으로서 여기에 이론화된 것이라고 말한다. 라캉 풍으로 말하자면 '근원적으로 상실한 것'이 메타 이론인 것이다. '근원적으로 상실한 것'은 그 자체로는 말해질 수 없다.[57] 때문에, '종교적인 것'에 의한 윤리의 정초, 그리고 교육현실에 대한 비판은 존재의 공극으로부터/공극을 향해 나오는 것이다. 그리고 이 입장은 불가지론에 접근하여 언어론적 전회 이후의 텍스트론으로 더없이 가까워진다.

(2) 언어론적 전회 이후의 텍스트론

두 번째 '암묵적 규칙'은 논자들이 언어론적 전회 이후의 텍스트론을 전제로 한다. 비판의 근거가 '진리 없음'이 될 수밖에 없었다는 점을 배경으로 교육사상사학회의 논의가 언어론적 전회 이후

57 다만, 만일 전후교육학, 예컨대 호리오 테루히사도 '결여체'로서 인권 등을 말한다고 생각해 보면, 메타는 늘 베타로서 잠재할 위험과 나란하다고 할 수 있을 것이다.

의 텍스트론을 다루고 있다는 점을 지적할 수 있다. 노에 게이이치野家啓一가 정리한 바와 같이, '언어론적 전회'(the linguistic turn)는 크게 두 가지 동향으로 구분할 수 있다. 첫 번째는 G. 프레게와 B. 러셀의 기호논리학에 의거해 20세기 초에 철학 분야에서 일어난 것으로서 언어를, 실재를 지시하는 투명한 매체로 파악하고 실재론적 언어관을 유지하였다. 그에 비해, 소쉬르 언어학에서 연원하여 후기구조주의로 개화한 두 번째 언어론적 전회에서는 언어가 세계를 묘사하는 것이 아니라 세계를 구성한다. 이 동향은 해석학과 친화성을 띠어 문예비평에서는 데리다의 '탈구축', 바르트의 '저자의 죽음' 등으로 커다란 충격을 가했다. 우선, 역사학에서는 과학비판이나 실증적 수법에 기반한 과거 사건의 객관적 복원이라는 L. 랑케 이후의 근본 전제를 의문시하게 되었다(野家, 2009: 6).

이제, 교육사상사 연구로 끌어들여 온 것을 보자면 근대교육사상사연구회~교육사상사학회를 이끌었던 하라 소스케는 언어론적 전회만큼 급진적이지는 않더라도 당초부터 구성주의적인 입장을 취해 왔다. 근대비판은 "'교육'가능성 개념에 입각해 주된 교육상황을 반전시킬 수 있는 시점"으로부터 사상(사)를 '재구성하는 시도'였던 것이다(原聰, 1992: 11, 강조는 인용자). 이후 더 나아가 이 '재구성'에는 우리 연구자들의 '주관적인 힘'이 필요할 정도가 되었다고 말한다(原聰, 2009: 99).

그에 비해 '언어론적 전회 이후의 텍스트론'에 섰던 스즈키의 논문은 －소스케를 지명한 것은 아니었지만－ 이런 근대비판적 문제구성도 종래의 진리 탐구적 교육학의 반전에 불과한 것으로서 "역사서술이라는 행위가 의존하는 장 자체의 역사성"을 "망각 내지 은폐"한다는 점에서는 종래의 연구와 같다고 비판한다(120). 스즈키 쪽에 서서 소스케를 비판한다면 소스케는 무엇보다 텍스트/독자의 객관성 신앙을 저버리지 못했다고 말할 수 있을 것이다. 스즈키에 따르면 "텍스트를 읽는다는 것은 그 텍스트를 열쇠로 자기의 모습, 자기의 시각을 찾는 일에 가까운 작업에 다름 아니다." "텍스트 독해라는 현장"에서는 "텍스트를 읽음으로써 자기의 인식틀이 붕괴해버린다는 그러한 긴장감과 불안 속에서 어느 쪽을 유지해 나갈 수 있는가"를 "묻게 된다"는 것이다(119).

소마는 스즈키만큼 도발적인 것은 아니지만 파토카를 통해 역시 "독자에 의한 텍스트의 주관적 해석"을 옹호한다. "사상사 연구의 관련성이 텍스트의 재독 가능성을 어떻게 비판하고 심화할 방법으로 제시될 수 있는가 아닌가를 보자면 물어야 할 것은 텍스트 측이라기보다 독자 측의 재독 가능성"이라는 것이다. '교육'의 '의미의 동향'을 '보류'하는 다나카도(135) 투명한 언어에 의한 텍스트의 '진정한 의도'를 알아서 맞추는 것은 전제로 삼을 수 없다고 본다.

(3) '작가'는 죽지 않는다

세 번째 '암묵적 규칙'은 이들 교육사상사의 방법에 있어서 언어론적 전회 이후의 급진적인 텍스트 해석론이 전제로 삼아온 '작가는 죽지 않는다'는 것이다. 바르트는 "독자의 탄생은 '작가'의 죽음에 의하지 않고서는 불가능하다."라고 말하면서 작가를 텍스트 해석의 기준으로 삼는 것을 비판하였다(Barthes, 1968/1979: 89). 그런데 현대 교육사상사 연구에서는 텍스트는 그 작가(사상가)의 의도를 초월한 해석 가능성에 열려 있더라도 작가나 그 실제 인생은 해석의 타당성을 결정하는 유력한 요인으로 남는다.

심포지엄 논의에서도 세 명이 모두 역사적 사실을 해석의 담보로 상정한다는 점을 확인할 수 있다. 그리고 그때에 참조된 역사는 실증주의적으로 (언어론적 전회 이전의 존재방식으로) 타당성을 음미하는 종류의 것이다. 곧, 텍스트 해석에 있어서 불가지론을 채용하는 것으로 보여도 그 글을 쓴 사상가의 생애와 그 영향 관계에 관해서는 종래의 역사 실증주의의 지반에 발 딛고 서있다. 언어론적 전회 이후의 텍스트론을 기초로 무엇보다 급진적인 독해를 전개하는 스즈키도 헤르바르트 자신이나 그 영향 관계에 관해서는 역사적 사실에 기반을 두고 그것이 해석 타당성을 보증하는가를 고려한다. 소마는 파토카의 코메니우스 해석이 실증주의의 비판을 견디는가, 독자에게 타당하다고 인정되고 있는가 아닌가를 묻는다. 다나카의 '종교적인 듀이' 상은 지금 다루지 않은 전기적인 면이 뒷받침된다면(예를 들어, 록펠러Rockefeller, 1994), 독자에 대한 설득력을 높일 수 있을 것이다.

오해를 무릅쓰고서라도 이상과 같이 지적하는 것은 각 논자의 언어론적 전회의 불충분함을 고발하고자 해서가 아니다. 오히려 해석의 코드로서의/해석의 담보로서의 역사적 '사실'이야말로 교육사상사와 교육철학을 구분하는 증거라고 생각하기 때문이다.

스탠리 피쉬가 말한 바와 같이, 텍스트 해석의 타당성은 '해석공동체'가 결정한다. 원칙적으로 말해 텍스트는 무한한 해석가능성에 열려 있지만, 실제 해석은 어느 정도의 제한을 받는다. 새로운 해석이 인정되는가 아닌가는 해석공동체의 허용범위에 좌우된다(Fish, 1980/1992). 우리의 해석공동체는 텍스트와 해석학적 순환을 이루어야 할 콘텍스트로서 역사적 사실을 믿고 있다. 이 점은 다시 평가받아야 할 것이다. 최근 교육사상사학회는 역사 이탈이 진전되어 인간학과 철학에 기울고 있지만(본서 제3장 참고), 사상사 연구의 담보인 역사를 상실했을 때에 텍스트 해석은 실제적인 논의를 거부하고 엉뚱한 독백으로 빠져들고 말 것이기 때문이다.

(4) '대사상(가)'의 열전列傳식 사상사

마지막으로, 다시 한번 '암묵적 규칙 제약'을 덧붙여 보자면 – 그 책임은 기획자인 나에게 귀속되어야 하겠지만– 검토대상이 '대교육사상(가)'에 한정하여 열전적 사상사의 틀을 넘어설 수 없다는 것이다.

우리는 왜 현대 일본 교육을 검토하기 위해 근대서양의 사상을 소환하지 않으면 안 되는 것일까? 왜 교육사상사 연구의 대상은 일반 사람들의 생활사가 아니라 대사상가가 쓴 텍스트에 한정해야 하는가? 중심적으로 검토해야 할 '고전'의 범위는 어디까지인가? 왜 그것은 규율의 중심인가? 그것을 읽는 의의는 무엇인가? 야노 사토지(2010)의 '캐논 형성'이라는 개념은 이런 문제에 빛을 비춘다. '캐논 형성'이란 그 분야에서 '기준이 될 만한 성전聖典'으로 인정된 것으로서 "캐논 형성의 과정을 안다는 것은 그 학문 영역이 어떤 제도나 기관의 힘의 상호작용에 의해 발전해 왔는가를 아는 것이며 그 학문의 성격을 아는 데 필요한 것이다(矢野, 2010: 165-66)." 교육사상의 캐논은 우선 서양 근대 국민교육제도, 교원양성제도가 구축될 때의 '교육학'이 체계화된 가운데 자기의 선사先史로서 발견된다. 일본은 전쟁 중에는 '교육칙어'를 전후에는 '교육기본법'을 성전화하고 서양의 캐논을 수입하면서 일본 독자의 '교육사상'을 발견하여 앞선 것에 덧붙였다. 전후교육학에서는 '근대를 만들어낸 사상가의 텍스트만'이 '보편적인 가치', '진리'를 보여주는 캐논으로 편입되었다(矢野, 2010: 165-168). 이상을 더듬어 앞선 의문을 해소하고자 한다.

'교육사상'의 범위는 어디까지인가? '교육사상'으로서 오늘날에도 연구 대상으로서의 의의를 강하게 확인할 수 있지의 여부는 그 텍스트가 어떤 시점에서 '캐논(성전)'으로 확인되는가 아닌가에 의거한다. '그레이트 북스'론과 같이 테스트 내재적인 본질을 규정하는 것을 생각하고자 한다. 이글턴이 '문학'의 정의에 관해 말한 바와 같이, 중요한 것은 '타고난' 것이 아니라 '길러지는' 것이다(Eagleton, 1996/1997: 14).

'고전'이 된 '교육사상'은 왜 우리의 규율의 중심이 된 걸까? 이것도 캐논 형성이라는 관점에서 분명해 질 수 있다. 동어반복이지만, 정확히 그것이 중심으로 인식되기 이전에 중심이었던 것. 그리고 그것이야말로 "'고전이 고전일 수 있었던' 상황을 검토하는 작업에 의해 밝혀지게 된 교육상이면서 우리가 서있는 위치라고 생각되는 것이다(下司, 2009: 146)."

'고전을 읽는다는 것'은 어떤 의의가 있을까? 이 물음에는 몇 가지 대답이 있을 것이다. 우선 텍스트만의 문제로 답하자면 현대를 반영하는 '일그러진 거울', 거기에 우리가 현재를 비추는 소재로서의 의의가 있다. 더구나 이 '일그러진 거울'은 어떤 모습으로든 현재의 교육에 영향을 끼친다고 볼 수 있다(그것이 어떤 모습인가라는 문제는 일단 조금 미루기로 한다). "대교육사상은 오늘날 교육의 한 요인일 뿐 아니라 우리의 교육상이 거기에 반영되는 거울과도 같다(下司, 2009: 146)." 이 입장은 스즈키의 텍스트 독해론에 가깝다.

그러나 고전에는 더 중요한 기능이 있다. 앞서 말한 바와 같이, 어떤 텍스트가 역사적으로 어떤 지점에서 캐논으로 간주되어 성전이 되었다면 캐논 형성의 과정을 재검토하는 것이 우리의 사고를 규정하는 요인을 해명하는 일이 된다는 것이다. 왜 그 사상을 묻지 않으면 안 되는가라는 텍스트의 선정에 관한 질문 자체가 자신의 독해틀과 동시에 성립하는 것이며 나아가 역사를 통해 쌓이고 중첩되어 온 고전연구의 축적은 -스즈키가 논한 바와 같이- 그 자체로 우리의 세계를 성립시켜 주는 독해틀의 표현이다. 때문에, 캐논 형성과정을 통해 교육현실을 비판하는 근거가 될 수 있다고 말할 수 있겠다.

캐논의 인정은 확실히 스즈키가 말한 바와 같이 과거에 대한 자의적 이용이다. 때문에, 교육사상의 '통사'를 전부 묘사할 수 없다는 말도 생산적이지는 않다. 어쨌든 우리는 어떤 틀을 뽑아 '텍스트 자체'에 닿는 것에 불과하다. 그렇다면 우선 각각의 틀로 묘사된 교육사를 메타 사상사적 작업에 입각해 점검하고 하다못해 자신의 틀에 치우쳐 자각적으로 해석하면 좋지 않을까? 물론, 근대교육사상사연구회~교육사상사학회에서 행해 온 고전의 새로운 독해는 고전적 저작 군을 캐논으로 '오독'해 온 코드의 맥락으로서 유효하다.

그러나 나아가 캐논의 형성에 관한 메타사상사를 얻을 수 있지 않을까?[58] 오다나카 나오키小田中直樹에 따르면 '언어론적 전회에 편승한 역사적 연구'의 오늘날의 유행은 '사상문화'이면서 '연구사화研究史化'이다(小田中, 2009: 134). 이 길은 이미 『근대교육포럼』 창간호에서 모리타 노부코에 의해 제시된 바 있다.

> 근대교육학은 유난히 다양하고 풍부한 근대의 각양각색의 텍스트에 대해 역시 유난히 획일적인 '오독'으로부터 나왔다고 말해야 할지도 모르겠다. [중략] 그리고 텍스트 독해라는 것이 결국 어떤 지점의 오독에 불과하기에 (작가가 의도하는 것을 그 시대적 콘텍스트 전부를 그대로 재현하는 독서라는 것은 말할 것도 없이 환상에 불과할 것이기에), 근대교육사상으로부터 근대교육학으로의 길을 둘러싼 연구

58 필자는 이런 문제관심에서 교육철학회 제57회 대회 연구토론인 「'교육학의 고전'은 어떻게 만들어지고 기능해 왔는가: 교육철학의 메타히스토리」(제안자: 아야이 사쿠라코綾井桜子 · 후지모토 다코로모藤本夕衣 · 무로이 레이코室井麗子, 사회: 게시 아키라 · 야노 사토지, 2014년 9월 13일, 니혼日本여자대학 니시쿠타西生田 캠퍼스)를 기획하였다. 綾井 외(2015)를 참고.

란 교육학에 고유의 '오독'의 존재를 해명하는 것일지도 모른다 (森田伸, 1992: 38).

3. '언어론적 전회 이후의 교육사상사'로부터: 갱신의 역사로

마지막으로, 앞으로 교육사상사의 전개에 대한 기대를 논하고자 한다. (1) 연구와 정치·교육실천과의 적극적인 관계를 연결 지을 가능성, (2) 사상의 교육현실에 대한 영향을 역사적으로 다시 물을 것, 이 두 가지이다.

(1) 학문과 정치

여기에서 서두에 내건 물음으로 돌아가고자 한다. 포스트모던을 경유한 교육사상(사) 연구는 신자유주의에 힘을 부여했던 것일까? 오히려 현대의 문교정책에 반대하는 연구를 해야만 하는 걸까? 그로 인해 조금 멀게 생각되지만 교육학 연구와 역사학 연구를 비교하여 언어론적 전회의 수용에 관한 비교를 시도하고자 한다. 교육학과 역사학에서는 다음 두 가지의 공통항이 발견되기 때문이다.

교육학과 역사학의 첫 번째 공통항은 원래 마르크스주의·근대주의의 영향 아래에 사상이나 역사에 '가치'를 읽어내고 제시하는 것이 그 역할로서(綱野, 2007), 그것을 후속세대가 뛰어넘게 된다는 것이다. 냉전 붕괴 후의 역사학의 전환은 교육학의 포스트모더니즘 수용과도 겹친다. 야쓰마루 요시오安丸良夫는 "마르크스주의 역사이론을 대수롭지 않게 여기는" 역사학을 '협의의 전후역사학'이라고 부르고 사회사, 국민국가론 비판, 언어론적 전회를 받아들인 새로운 동향을 '현대역사학'이라고 부른다(安丸, 2002: 228). 나리타 류이치成田龍一는 보다 상세하게 1980년대와 1990년대의 역사학을 구별하여 냉전체제의 붕괴 이후 "언어론적 전회 혹은 사회사를 필두로 하는 '새로운 역사학'이 내민 '역사'에 대한 물음"에 누구도 응하지 못했다고 말한다(成田, 2002: 288). 교육학에서도 1990년대 이후에 전후 교육학을 초월한 새로운 동향이 만들어진 것은 이 장뿐 아니라 본서 전체의 테마이다.

교육학과 역사학의 두 번째 공통항은 앞서 쓴 바와 같이 1990년대 이후에 마르크스주의·근대주의를 학문적으로 상대화할 때에 예상하지 못한 부작용이 생겨났다는 점이다. 교육학에서는 근대교육학 비판이 의도치 않게 신자유주의의 태두에 비판적으로 대치하는 것이 아니라 그 발호에 간접적으로 힘을 보태고 말았다는 설을 서두에 소개한 바 있다. 역사학에서는 '새로운 역사학', 특히 서사론적 역사학파의 태두가 '새로운 역사수정주의'가 등장할 여지를 낳았다는 것이다(高橋, 2001). '가치'를 말하는 것이 마르크스주의·근대주의의 몰락보다 곤란한 일이 되어 사실상 객관적으로 다가가는 것이 가능하다는 전제가 언어론적 전회에 의해 상실되었기 때문이다.

그러나 문제는 어디까지를 연구의 본분으로 규정할 것인가라는 점이다. 교육학으로 되돌아오면 교육사상사학회의 인접학회인 교육철학회가 그 발족취지에 맞게 탈정치·탈이데올로기를 방침으로 삼은 것은 잘 알려져 있다(제2장 참고). 물론 탈정치·탈이데올로기라는 선택 자체가 하나의 정치적/이데올로기적 선택임을 말할 필요조차 없다 해도 말이다.

교육사상사학회의 전신인 근대교육사상사연구회는 교육철학회보다 한 걸음 더 나아가 교육학의 정치적·이데올로기적 성격을 의문시하는 운동을 펼쳤다. 이른바 탈이데올로기는 숙명이었던 것이다. 모리타 히사토는 학회의 창설기를 되돌아보면서 다음과 같이 말한다.

> 1990년대 무렵 근대교육사상연구회를 설립할 때에 우리의 근대교육학 비판의 구상에는 두 개의 학문적 전략이 함의되어 있었다고 생각합니다. 하나는 교육을 둘러싼 담론이나 교육이론을 역사 속에 집어넣어 상대화하는 것, 그에 입각해 교육사상의 이데올로기적 성격 내지 은폐된 정치성을 밝혀 알리는 것이었습니다. 다른 하나는 20세기 철학의 이론적 전환에 의해 초래된 다양한 분석틀을 사용하여 교육문제를 그 성립근거까지 거슬러 올라가 비판적으로 분석하는 것, 그리고 현대교육의 재편을 사정거리로 삼은 교육담론의 틀의 대체를 시도하는 것이었습니다(森田尚, 2003: 237).

교육사상사학회 및 그 관련자는 아카데미즘으로서의 교육학의 수준을 비약적으로 높여 놓았다. 학문의 주된 의무를 연구라고 본다면 이것으로도 충분히 평가 받을 만하다. 탈이데올로기화이자 고도로 전문화된 교육사상 연구는 현실과 관계 맺을 수 없었던 걸까?

이와 같이 생각할 때에 이 심포지엄의 기획자인 이마이 야스오의 논의에 현실과의 관련성을 희박하게 만드는 계기가 인식되고 있음은 흥미롭다. 이마이에 따르면 1990년대 이후의 교육학은 "정책과학·교직과학·임상과학이라는 세 개의 영역으로 재편성되는 중이다." 이마이는 각 영역에 대한 "'병참'의 역할로 스스로를 한정지음으로써, 교육실천에 대한 문제 설정problem-making의 계기를 잃은 위험에 처했다."라고 말한다(今井, 2008: 107-108). 이마이는 여기에서 필자가 기획인 콜로키움에도 나와 교육사상사의 교직과학화를 염려하였지만 해당 콜로키움은 적어도 기획자가 의도하기로는 '지식인/실천가' 도식(下司)이나 '이론-실천 문제(古屋)'를 의문시하는 내용이었으며(下司 외, 2009), 이마이의 말을 빌리자면 "'교육'한다는 것의 변화를 유도하는 것 같은 교육에 관한 반성의 회로"(今井, 2002: 105)였다.

우리의 연구는 어떤 제도로 육화되어 있다. 교육학자 다수는 교원양성을 일상 업무로 삼고 정책에 대한 제언을 하는 사람이기도 하다. 그런 가운데에 교육실천에 관련되어 '교직과학화', 교육정책을 논하면서 '정책과학화'라는 도식적 비판은 교육사상사의 가능성을 협소하게 하는 일일 것이다. 그것은 이마이 자신이 말한 "실효성의 추구 자체로부터 후퇴한다."라고 하는 "고답적인" 태도에 의거한 "심부름센터" 이상으로 "나이브하게 실효성에 가담한다"는 것밖에 되지 않을 것이다(今井, 2002: 105). 그리고 히로타의 비판에는 그런 교육사상사의 자기 목적화에 대한 염려가 숨어 있는 것이 아닐까?

(2) 사상은 현실을 만드는 것일까?

사상은 어떤 형태로 현실과 관계 맺는/맺을 수 있는 걸까? 마츠라 요시미츠는 근대교육사상사학회~교육사상사학회가 "지금 교육의 현실이나 문제를 정말로 교육적 사유나 사상이 만들어낸다는 것인가"라는 검토를 태만히 하였다는 것이다(松浦, 2009: 143). 그렇다면 어떻게 해서 사상의 영향 관계를 물을 수 있을 것인가?

여기서도 역사학을 참고로 검토하고자 한다. 오다나카 나오키는 영미권에서 언어학적 전회파 역사학의 특징을 그것이 비판적으로 대결해 온 정치사학, 사회사학과의 비교를 통해 정리하고 있다. 좌표축이 되는 것은 '분석 대상이 개인인가, 집단인가', '분석 결과는 주관적인가, 객관적인가'라는 두 가지로서 위대한 개인에 주목하여 '대문자의 정치'사를 객관적으로 기술하고자 한 정치사학은 '개인/객관'의 사분면에 대문자로 된 정치사학을 비판하고, 보통 사람들이 집단으로서 관계 맺어 온 역사를 대량의 데이터로부터 밝히고자 하는 사회사는 '집단/객관'으로 정리할 수 있다. 그에 비해 사회사의 객관주의를 비판하는 언어론적 전회파 역사학은 '집단 또는 개인/주관'에 위치 짓는다(小田中, 2009: 127). 이 도식에 맞추어 보면 언어론적 전회 이후의 교육사상사는 대상은 어디까지나 고전적인 저작을 쓴 '대교육사상가'에 한정하고 분석 결과는 주관적이라고 할 수 있다(표 4-1).

표 4-1 각 역사학파의 특징

(小田中, 2009: 127을 참고하여 필자가 작성)

	분석대상	분석결과
정치사학	개인	객관적
사회사	집단	객관적
언어론적 전회파 역사학	개인 내지 집단	주관적
언어론적 전회 이후의 교육사상사	개인(대교육사상가)	주관적

나아가 교육사상사와 역사학을 비교해 보면 교육사상사는 사회사와 같은 집단을 대상으로 방법론을 수용하지 않음을 알 수 있다. 물론, 교육사상사 연구는 아리에스나 푸코의 학설이나 테제를 충분히 음미하여 자신의 것으로 삼았다. 그러나 교육사나 교육사회학이 아리에스나 푸코의 작업을 사회사나 담론 연구와 같은 방법론으로도 섭취했던데 비해, 교육사상사는 열전적인 사상사 연구로부터 이탈하여 사상의 폭을 물을 가능성을 충분히 음미한 것은 아니었다. 때문에, 이들 연구 수법의 한 가지 시도로서, 교육사상사가 역사학과 손을 잡고 교육사상과 교육현실과의 관계에 관해 교육사상이 어떻게 교육현실을 만들어 왔는가에 관해 사회사 등의 방법을 취하면서 역사적·실증적으로 검토하는 것도 필요하지 않을까? 여기서는 충분히 문서 사료화되지 않은 과거의 교육실천 등을 주워 올릴 필

요도 생겨날 지 모르며, 과거 교육자들의 심성까지 파악하여 검토할 필요가 있을 지도 모른다. 일본 페스탈로치·프뢰벨 학회가 쓴 『페스탈로치·프뢰벨과 일본의 근대교육』(浜田 편, 2009)에서 묘사된 것은 다카미네 히데오高嶺秀夫, 사와야나기 마사타로澤柳政太郎, 오바라 구니요시小原國芳, 구라하시 소조倉橋惣三, 오사다 아라타長田新 등 위인 중심의 열전적 기술이라는 느낌을 부정할 수 없지만, 마츠라의 물음에 대한 하나의 대답이라고 할 수 있다.

만일, 교육사상의 영향을 역사적으로 해명한다면 '위인'만이 아니라 일반 사람들을 폭넓게 고려할 필요가 있을 것이다. 어떤 사상(가)가 교원양성의 정신적 지주였는가에 관한 연구도 가능할 것이다. 어디까지나 하나의 사례이겠지만 히로시마고등사범학교~히로시마대학에 '페스탈로치제'에 참가한 학생·졸업생들(中尾, 2009), 그리고 그들에게 배운 아이들. "페스탈로치와 같이 아이들을 아는 교사가 되자!"와 오바라 구니요시에게 고무되어(米山, 2009: 52), 실제로 교직에 들어선 최초의 학생들은 교육사만이 아니라 교육사상사의 연구 대상으로도 좋지 않을까?

결론을 대신하여: '근원적으로 상실된 무엇인가'와의 거리

이상 심포지엄의 세 보고에 촉발되어 교육사상사의 존재 방식에 관해 생각해 본 점을 요약하였다. '경험적 저자'(에코)들에게 '과잉해석'이라고 비판받지 않을 정도의 해석이기를 원한다.마지막으로 같은 물음을 필자 자신에게 돌려보고자 한다. 만일, 필자가 교육 비판의 근거를 사상사적으로 보여줄 것을 요청받는다면 어떻게 답할 것인가? 소마의 표현을 빌려 그리고 그 주장을 뒤집어 말하자면

"텍스트를 현재와는 떨어져 '그것'으로 간주함(105)"으로써 과거와 현재의 거리를 보여주는 일이 될 것이다. 여기서 과거의 텍스트에 대해 보이는 사상은 결코 자리를 잡을 수 없는 '근원적으로 상실된 무언가'로서 취급될 것이다. 일찍이 존재했으나 이미 상실되어 복원될 수 없는 것. 어쩌면 가능한 하나의 가능성일지 모르지만 실체적으로 부활시키고자 하면 새로운 상실이 만들어지는 무엇.

이 발상은 사실 엉뚱한 것이 아니라 세 명의 심포지엄에 참가한 이들에게도 보이는 것들이다. 소마에게는 '열린 영혼(106).' 스즈키의 '어떤 헤르바르트 이전의 헤르바르트'. 다나카에게 듀이의 신앙. 그리고 무엇보다 텍스트의 '진짜 의도'. 여태까지 필자의 연구가 예시한 것은 프로이트 사상에는 보이지만 그것이 협의의 '심리학'의 틀 내에 갇힘으로써 정신분석이 제도화되어 그 담론이 유포되는 가운데에 잃어버린 '메타 심리학적인 것'. 프로이트가 생물학을 기초로 심리학·인류학·역사학 등을 종합한 언어로서의 '상실된 전체'이다(下司, 2006). 이 도식은 근대교육학은 신으로부터 자립함으로써 방법론화를 이룬 교육사상사 연구의 변주이다.

'진리'나 '교육적 가치'를 보여주지 않더라도 사상가와 우리의 거리를 측정하고 무엇을 상실했는가를 검토함으로써 우리는 교육의 현실과 대치할 수 있다. 예를 들어, 루소의 텍스트와 그것을 연원으로 삼는 '아동중심주의'와의 거리를 측정하는 것. 현대의 종합학습이나 체험학습과 듀이 사상과의 거리를 가늠해 보는 것. 말할 것도 없이 이는 원본에 본질이 존재하고 현대에 계승된 것은 그 왜곡이라는 주장이 아니다.

마지막으로 한 가지 더 묻고자 한다. 우리의 교육사상사 연구는 교육현실과 어떤 관계도 맺지 않는가라고. 필시 그렇지 않을 것이다. 학회에서의 논의만을 학문적인 실천으로 생각하는 순수성 신앙은 본질주의적 발상에 다름아니다. 그렇다, 학생의 지도나 교육실천에 대한 관여, 정책 제언에서 교육사상사 자체가 구하는 것은 조금일지라도 각 현장에서는 이론만이 아닌 브리콜라주를 통해 대처할 필요가 있을 것이다. 때문에, 이는 "패했다고 알고 있는 전쟁(田中 외, 2009: 32)"이 아니다. 싸움에 앞서 패한다고 생각하는 자가 있을 뿐이다.

5
장

교육철학과 교육실천, 그 관계성의 전환 : 잃어버린 계몽의 행방

서론: 계몽의 행방

교육철학과 교육실천의 관계에 있어서 현재 물어야 할 것은 포스트모던 상황에서 놓친 계몽의 행방이다. 예전부터 교육학에서 철학이나 이론은 특권적인 지위를 누리고 교육실천을 표상하며 그렇게 나아갈 길을 제시해 왔다. 그러나 1980년대 이후 포스트모던 상황의 진행 －마르크스주의의 퇴조는 그 귀결의 하나라고 할 수 있다－ 에 따라 철학은 어느샌가 특권을 잃었다. 이 '지식'의 실추로부터 마르크스주의나 포스트모더니즘을 비판하면서 자신은 그것에 붙지 않는다고 생각한 논자 또한 이로부터 자유로운 것은 아니었다. 어느샌가 지식의 우위성을 대신하여 현대 교육철학에서 구하는 것은 타자와의 대화와 성찰이다. 이 교육철학의 전환을, 독백으로부터 대화로, 즉 표상＝대표代弁로부터 반성으로라고 묘사할 수 있을 것이다.

교육철학자인 오가사와라 미치오는 D. 베너를 참고하여 "교육학은 그 자체 실천에 작용하는 것이 아니라 교육적 과제의 실천적 우위에 위치하는 교육자를 매개로 해서만 실천에 작용할 수 있다." 라고 하였다(小笠原, 1985: 7-8). 때문에, 교육학에서 '이론＝실천문제'

는 최종적으로 이론과 실천의 순환을 어떻게 확보할 것인가라는 물음으로 귀착된다.

그렇다면 여태까지의 교육학이 교육실천과 어떻게 관계 맺어 왔는가? 이를 검토하기 위해 이 장에서는 우선 전후교육학에서 이론-실천의 관계를 가이코 가츠오海後勝雄, 이가라시 아키라, 호리오 테루히사를 중심으로 개관한다. 그 다음 교육실천과 깊이 관계 맺어 온 현대 교육철학의 사례로서 우사미 히로시, 나카다 모토아키中田基昭, 다나카 츠네미의 작업을 검토한다. 필자의 시각에서 전후교육학은 이미 상실된 유형의 교육이론과 교육실천의 관계를 대표하며 세 명의 교육철학자는 각각 1980년대부터 1990년대에 일어난 교육철학과 교육실천 간의 관계 전환을 상징한다.[59]

Z. 바우만은 지식인이란 모던한 사회에서 보편적인 규범을 말하는 '입법자'이지만 포스트모던 사회에서는 다양한 현실의 '해석자'가 되었다고 말한다(Bauman, 1987/1995). 이 지식인론의 전환은 지식인/대중 도식의 붕괴와도 연관된다. 포스트모던 상황에서는 누구나 지식인의 역할을 짊어질 수 있고 이론-실천은 상관적인 것이지만, 반면 보편성으로의 길은 닫혀버리게 된다. 그 경우 교육철학은 어디서부터, 무엇을 말해야 하는 걸까?

이하의 전개를 미리 말해 보겠다. (1) 여태까지 교육학에서 이론의 우위는 마르크스주의를 배경으로 전후 계몽이라는 프로젝트

59 이 장의 원고는 교육철학회 제56회 대회 연구과제인 「교육실천과 교육철학: 여태까지의 교육철학, 이로부터의 교육학(3)」(제안자: 사야코 오쿠노奧野佐矢子 · 후미오 오노 · 게시 아키라, 사회: 다나카 사토시 · 하야카우 미사오. 2013년 10월 13일, 고베신와神戸親和여자대학)에서 발표되었다. 이사회가 준 논제는 '오랜 시간 동안 교육의 이론과 실천의 문제에 관해 연구된 회원의 작업 몇 개를 선별할 것', '그 업적을 비교조명하면서 고찰'하여, '교육철학 연구의 여태까지의 행보와 이후의 전망을 구체적으로 논할 것'이었으며, 우사미 히로시, 다나카 츠네미, 나카다 모토아키 세 명의 업적을 검토할 것을 지정해 주었다(「기획취지」 2012년 12월).

의 지원을 받아 왔다는 것을 전후교육학의 사례를 통해 본다. (2) 현대 교육철학의 특징인 독백으로부터 대화로의 표상=대표로로부터 반성으로의 전환을 우사미, 나카다, 다나카의 각 논의로부터 지적한다. (3) 이들 교육철학의 논점으로서 교육실천과의 관련성을 시야에 두는 것, 텍스트 독해의 재평가, 임상적 관점에 대한 비판을 거론하면서 마지막에 교육철학과 교육실천의 새로운 관계 맺음의 사례로서 연구와 실천을 묶는 실천자의 양성에 대해 다룬다.

1. 전후교육학과 교육실천: 마르크스의 속박을 벗어나

전후교육학에서 이론은 교육실천에 대해 우위를 점하였다. 그러나 그 전제는 이제 상실되었다.

(1) 교육학의 표상

E. 사이드는 지식인의 역할이란 능력 없고 목소리를 내지 못하는 이들의 목소리를 '보편성의 원칙'에 입각해 표상=대표(representation)하는 것이라고 말한다(Said, 1994/1998: 37-38). 사이드의 도식을 교육학에서 '이론=실천 문제'와 중첩시켜보면 지식인은 이론가이자 연구자이며, 대중은 실천가인 교원에 대응된다. 사이드류의 '강한' 지식인 상을 대중화된 현대 일본의 대학교원에게 직접 적용할 수는 없다 해도 연구자의 주 업무가 실천가의 표상=대표라는 입장은 오늘날 일정 정도 공유되고 있다. 예컨대, 교육학자는 "대학의 선생은 '현장'을 알지 못한다."라는 비난을 받아들이는 것이 된다. 그 경우 '현장'으로 염두에 두는 것은 초중등학교이며 교육학자의 '현장'은 매일의 연구·교육실천을 행하는 대학 등의 고등교육 기관에 지나지 않는다는 것을 망각하고 있다(古屋, 2007: 172). 반대로 초중학교와 관계 맺고 있는 것을 자만하여 자신이야말로 교육 현장을 파악

하고 있다고 자부하는 교육학자도 적지 않게 존재한다(鷲田, 2008: 31). 이 양자는 초중등학교의 표상=대표라는 관점에서 보자면 틀림없이 일치하는 관계이다.

이들 '현장주의'를 이하의 두 가지로 정리해 보자(下司, 2009). 한쪽 끝에 교육실천가에 의한 '안으로부터의 현장주의'가 있다. 학교교육의 실천은 매일 그 일에 종사하는 자가 가장 잘 이해할 수 있다는 입장이다. 이에 비해 대학의 연구는 '현장'을 이해하지 못한다고 주장하는 입장이 있다. 이 입장은 자주 대학의 연구가 '현장의 역할에 들어가지 못한다'고 생각한다(向山, 1990). 학교실습을 주축으로 하는 교육대학원의 존재방식이나 실습 경험이 풍부한 교원을 적극적으로 등용하는 오늘날의 교원양성과정 개혁의 방향은 이런 '안으로부터의 현장주의'를 반영한다. 이는 마치 연구 등을 불필요한 행동으로 간주하듯 '현장주의' 자체가 일종의 사상으로 간주된다. 여기서 연구자가 학교 현장을 이해하지 못한다는 비판은 뒤집어 보면 표상=대표를 보다 강하게 희구하는 증거라고 할 수 있다.

다른 한 쪽에서는 연구자의 입장에서 보는 '밖으로부터의 현장주의'가 있다. 학교교육의 실천은 당사자에 의해 파악되기보다 제3자적 입장에서 참고·관찰되고 현장의 말과는 별개의 언어로 설명할 필요가 있다는 입장이다(佐藤, 1996). 이 입장에서는 교육실천 현장을 올바르게 표상=대표하고 그와 동시에 있어야 할 교육상을 가리켜 보이는 것이 주 업무가 된다. 그러나 연구자가 상근하는 장이 아닌 별도의 현장에 대한 '실천'을 표상=대표할 때에 그 진리성은 무엇에 의해 담보되는가라는 문제가 남는다.

(2) 마르크스주의와 이론-실천 문제

교육학은 여태까지 교육실천과의 관계를 어떻게 생각해 온 것일까? 이 문제를 고찰할 때에 실마리가 되는 것은 전후교육학에서의 두 가지 입장이다. 교육사연구회의 가이코 가츠오는 유물사관 역사법칙이라는 이론에 근거해 교육실천을 도입하였다. 이에 비해 교육과학연구회의 이가라시 아키라는 보다 마르크스주의에 충실하고자 교육실천의 내부로부터 이론을 섬세하게 끌어냈다. 양자의 대립점은 '이론으로부터 실천으로(교사연)'라든가 '실천으로부터 이론으로(교과연)'였다(上畑, 1985).[60] 예를 들어, 사토 마나부와 같이 현대에서 교육실천에 관한 다수의 연구자들은 '실천으로부터 이론'을 섬세하게 도출하는 방법을 쓰기 때문에 역사적으로 보자면 이 논쟁은 후자의 손을 들어주는 셈이다. 그러나 중요한 것은 교사연(海後)과 교과연(五十嵐) 모두 마르크스주의를 배경으로 이론에 입각한 실천을 주도한다는 계몽주의적 입장을 공유한다.

> 계급사회에서 과학은 진보적인 계급의 무기로서 이데올로기로서의 성격을 띠지 않을 수 없다(海後, 1956: 21).

> 교육실천은 그것이 실천이라고 이야기되는 한 역사적 사회의 현실적 모순이 현실에 적대적이면서도 비적대적으로, 복잡하게, 발전적으로 드러난다(五十嵐, 1956: 55).

교육사회학자인 시미즈 요시히로清水義弘는 이런 전후교육학의 '교육과학'이 뒤르켐류의 실증주의가 아닌 규범적·이데올로기적인 것임을 비판한다(清水, 1957). 가이코―이가라시의 '이론'은 교육실천의 실태와 목표 양방을 모두 표상하는 것으로서 사적유물론에 입각한 '역사법칙'이 그 양립을 가능하게 해준다.

60 교육과학 논쟁에 관해서는 우에하타(1985)의 정리를 따르지만, 그의 정리는 이가라시 풍이어서 다시 검토할 필요가 있다.

사실에 관한 객관적인 인식이라든가 법칙화와 그 적용이라고 하는 '과학' 자체에 진보적 성격이 들어있다(海後, 1956: 21).

이 대상[교육]에 대한 인식이, 그 사회적 법칙성을 지적하더라도 이는 인식의 죄가 아니라 과학적 인식이 실행된 대상 자체의 죄라고 해야만 할 것이다(五十嵐, 1956: 40).

다케우치 요竹內洋는 이와 같이 마르크스주의를 배경으로 교육실천을 주도한 전후교육학의 존재방식을 교육학자에 의한 교사의 계몽·지배의 구조에 불과하다고 비판한다. 예를 들어, 무나가타 세이야(宗像誠也, 1961)는 교육내용은 국가권력에 의한 것이 아니라 '학자·교육자의 공동작업'에 의해 민주적으로 결정되어야 한다고 말한다. 다케우치에 따르면 "여기서는 교사에 의한 민중과 아이들의 계몽·지배를 최종 목표로 삼아 진보적인 교육학자에 의한 교사의 계몽·지배라는 교육혁명의 구조로 독해되고 있다(竹內, 2011: 193)." 그러나 현대에는 이미 교육실천에 관한 교육학의 우위성이 붕괴되었다. 그것을 포스트모던 상황의 귀결이라고 보아도 좋을 것이다.

(3) 교사와의 협동으로: 계몽 도식의 소멸

교사에 대한 교육학자의 지배라는 구도가 서서히 붕괴한 배경에는 마르크스주의적인 전제가 상실되어, 이론이 실천을 지도한다는 계몽적인 도식 자체가 성립할 수 없게 된 사실이 거론된다. 호리오 테루히사는 전후교육학의 전개를 "'정치'로부터 '아동'으로"라는 문제구성의 전환으로 정리한다(堀尾, 1979). 이를 상징하는 것이 『교육』(전8권, 1952-53), 『현대교육학』(전18권, 1960-62)에서 『아동발달과 교육』(전8권, 1979-80)에 이르는 '이와나미 강좌'의 변천이다. 물론,

정치로부터 '발달'이나 '아동'과 같은 일견 중립적인 개념 쪽으로 문제구성의 전환을 이루어 전후교육학의 이데올로기성이 소멸된 것은 아니다. 그러나 호리오는 근대주의자로서 교육학자와 교사가 함께 탐구해야 할 '발달과 교육에 관한 법칙'을 마르크스주의를 대신하는 사회개혁의 열쇠로 삼았던 것이다.

> 교육학자는 공동연구자인 교사와 협력하고, 연관되는 여러 학문과 협력하여 [중략] 발달과 교육에 관련되는 법칙을 발견하고 그 조건을 밝혀야 한다(堀尾, 1979: 233).

호리오는 전후교육학의 전제를 받아들여 계승하지만 사적유물론의 역사법칙에 대한 신봉까지 그대로 계승한 것은 아니었다. 발달과 교육에 어떤 '법칙'이 발견되는가라는 발상에는 마르크스주의의 영향이 있었다. 그러나 발달의 보편적인 법칙을 밝히는 시도는 성공하지 못했다. 그 결과 초래된 것은 임상심리학의 태두와 교육학의 실추였다(下司, 2005: 2013).

나아가 전후교육학을 통한 교육실천에 대한 기대는 현대교육학의 실천지향과 이론의 퇴조라는 (스스로 기획하지 않은) 결과를 낳았다. 마르크스주의·근대주의를 배경으로 실천에서 법칙을 이끌어낸다는 연구의 모양새로부터 55년 체제의 붕괴를 거쳐 계몽적 이데올로기성이 떨어져 나가고 기술적 합리성만을 추구하게 된 것이 오늘날 실천지향의 교육학이다(그림 5-1).

그림 5-1 이론/실천의 배치: 전후교육학으로부터 현대의 교육학으로

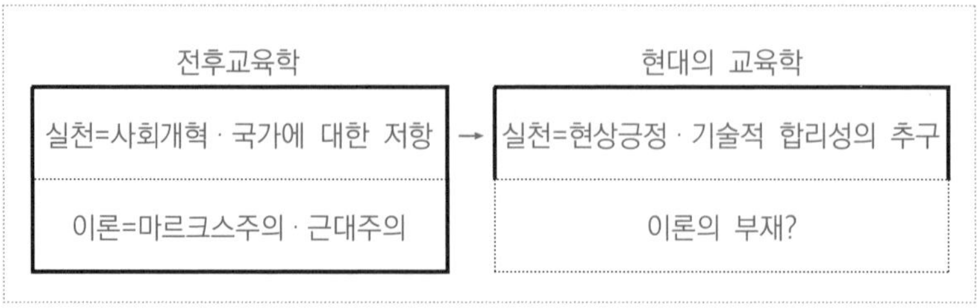

호리오는 교사를 '교육학의 중요한 담당자'로 위치 지었다(堀尾, 1979: 232). 이 구상은 교육대학원에서 현직교원의 배치 등에 따라 형식적으로 실현되고 있다. 그러나 그에 따라 교육실천에 대한 이론의 우위성은 상실되었다. '표상되는 측'이었던 교사를 '표상하는 주체'로 전환하는 시도는 이론의 퇴조에 따른 보편성으로의 회로가 닫혀버렸기 때문에 성공했다고 하기는 어렵다. 외부로부터 닫힌 학교조직은 이질적인 것이 존재하지 않기 때문에 기술적 합리성의 추구에 제어장치를 걸 수 없다. 나아가 실천지향의 교원양성이나 연수제도의 개혁은 마을공동체적인 교원문화를 시정해야 할 곳이 이를 확대 재생산할 가능성마저 높여 놓았다.

전후교육학과 교육실천은 확실히 한 시기 이상적인 관계에 있었다고 보일지도 모르겠다. 그러나 그것은 밀월이라고 하기에는 아무래도 일방적인 비대칭적 관계였다. 이론-실천의 모순된 통일은 전후 계몽의 시기에 강렬한 이데올로기성과 교사에 대한 교육학자의 지배라는 형태만을 허락했었는지도 모른다.

2. 독백으로부터 대화로: 교육철학의 변용

교육철학회는 1957년, 전후교육학과 당시 정치적 동향으로부터 거리를 두면서 활동을 개시하였다. 초대 대표이사인 이나토미 에이

지로의 『교육철학연구』 「창간의 변」(稲富, 1959: 1)은 정치성으로부터 중립을 지키는 선언으로 알려져 있다.

그렇게 중첩되어 온 교육철학과 교육실천의 관계가 다소 상이한 성격이지만 전후교육학에서 연구의 특권성을 상실한 점은 공통된다. 교육실천과 깊은 관련을 맺고 있는 교육철학의 사례로서 우사미 히로시, 나카다 모토아키, 다나카 츠네미의 업적을 검토함으로써 현대의 교육철학에 일어난 변화를 단적으로 보여 줄 수 있다. 그것은 독백으로부터 대화로의, 표상=대표로부터 반성으로의 전환이다.

(1) 타자의 부재: 언어론적 전회 이전의 분석철학의 한계(우사미 히로시)

구세대의 교육철학을 대표하는 우사미 히로시의 입장을 이 장에서는 '언어론적 전회 **이전**의 분석철학'이라고 부르고자 한다. 우사미에 따르면 교육실천이나 교육학 연구가 혼란을 겪는 원인은 부적절한 언어사용 때문이다(宇佐美, 1968: iii). 그런데 필요한 것은 "누가 읽어도 공통의 해석이 성립한다는 투명한 말(宇佐美, 1994: 40)이다." 명확한 사고를 하기 위해서는 명확한 의미의 것으로 사고, 전달할 필요가 있다(宇佐美, 1976[1960]: 260). 여기서는 바른 언어사용에 입각해 세계가 바로 이해될 수 있다는 -현대철학에서는 의심받고 있지만- 전제가 있다.

우사미에 따르면 "교육이란 타자의 기호적 활동에 대한 통어統御"이다(宇佐美, 1968: 9). 교수-학습 과정은 기호의 전달-해석과정으로서 교사에 의해 관리될 필요가 있다. 이 언명은 단순한 교육 장면에 대한 설명이 아니다. 우사미의 실천 자체가 '타자의 기호적 활동에 대한 통어'인 것이다.

우사미는 분석철학의 영향을 받은 자신의 방법을 '언어분석'으로 부른다(宇佐美, 1968: vii). 파급 영역은 초중학교부터 간호교육, 대학 등 여러 갈래로 뻗쳐 있지만 그 방법은 동일하게 문장의 불명료함을 지적하는 것이다. 예를 들면, 다음과 같다.

> 1. '법칙화'의 정신 … 이 '정신'은 도대체 어디에 있는 것인가? [중략] 2. 뛰어난 발문을 교사의 공유재산으로 삼고자하는 '법칙화'의 정신 … 이것이 '법칙화'의 정신이라는 증거는 어디에 있는가? [중략] 3. 하지만 그런 태도가 … 이 처음의 '하지만'은 무엇인가? '하지만'은 파격으로서 의미가 불명확하다. 4. '그런 태도' … '그런 태도'란 어떤 것인가(宇佐美, 1994: 46-47)?

그러나 이렇게 '분석'을 겹쳐 나간다고 해서 과연 '투명한 언어'에 닿을 수 있을까? 우사미의 주관에 따르면 그렇겠지만 분석되는 상대방에게는 물론 그렇지 않다. 우사미는 자신이 다른 언어사용자보다 정확히 언어를 사용한다고 믿고, 코드를 공유하지 않는 타자에게 자신이 기준으로 삼고 있는 코드를 쓸 것을 강요한다. 상대방이 우사미를 따라 같은 코드를 사용한다면 양자의 차이는 메워지고 '타자(의 타성)'은 소실된다. 이런 실천은 언어의 습득과정에서는 일정 정도 유효할지도 모르겠다. 그러나 이것이 성립하는 것은 교육에 관련되는 것과 같이 상대방의 입장이 비대칭적인 경우로 한정된다. 우사미에게 '분석'당한 수사학자인 고자이 히데노부香西秀信는 그 폭력성을 단적으로 비판한다.

> 자신의 '원칙'을 일방적으로 만들어둔 뒤 타인의 문장이 그것에 위반되기 때문이라고 하면서 '시시한 문장'의 '조잡한 문체'라고 제멋대로 말할 수는 없다. 나는 우사미 선생의 지도를 받는 치바

대학의 학생이 아니다(香西, 1991: 84, s. a. 宇佐美, 1994: 53).

이미 보편언어를 탐구한 서구 근대의 사상가들은 그 새로운 언어가 '신'이나 '자연'과 같은 초월적인 질서에 입각해 기초지어진다고 생각하였다(Knowlson, 1975/1993). 그러나 푸코가 『말과 사물』에서 지적한 바와 같이, 사물과 언어의 대응에 맞추고자 하는 무모함이 생겨난 것이 근대이다(Foucault, 1966/1974). 소쉬르를 끌어들일 것도 없이 기호와 의미 내용의 연관성은 자의적인 것이며 최종적으로는 양자의 결부를 보증하는 본질은 존재하지 않는다. 때문에, 우사미는 자신의 정당성을 연령이나 경력 등의 세속적 권위에 입각해 보여주지 않을 수 없다(宇佐美, 1999: vi, 48, 2011: 32, 183, 2013: 12 외). 코드의 강요가 가능한 것은 교육과 같이 상대와의 관계가 비대칭적이고, 자신이 상위를 점하는 경우에 한정되기 때문이다. 그러나 이와 같은 방법으로 육성하는 것은 정확한 언어사용이라기보다 권위주의적 인격성(E. Fromm)이 아닐까?

우사미의 저작이 극단적으로 숨 막히는 것은 '타자' 부재의 나르시시즘적인 독백으로 자기완결되고 있기 때문이다. 하지만 모두 하나의 같은 말을 쓰는 것, 의사소통을 투명하게 지켜 해석 코드로부터 일탈하는 자 없이 모두에게 울려 퍼지는 동질적인 세계 등, 이는 SF적인 디스토피아가 아닐까? 우사미가 중점적으로 관여하는 것이 도덕교육과 국어교육임은 상징적이다. 그것은 아무래도 근대국가로 국민을 통합하는 위치에 있기 때문이다. 이와 같은 교육의 억압성에 현대의 우리들은 민감하지 않을 수 없다.

(옛 교육학자가 사용해 온 기묘한 술어인) **'문화화'되지 않은 학습자를 서투른 취급하는 것은 확실히 유교 문화적이다. 여기에 반감을 지**

닌 사람도 있을 것이다. 그러나 어쨌든 이는 나의 교육사상이다 (宇佐美, 1999: 174).

(2) 타자에 대한 이해: 현상학적 특권성(나카다 모토아키)

나카다 모토아키의 현상학적 연구과제를 이루고 있는 것은 우사미의 논의에서 볼 때에 허용범위 밖에 있는 '타자'의 문제이다. 이 자세는 박사 논문을 바탕으로 한 『중증 심신장애아의 교육방법』(1984)에서 극단적으로 보이는 이하의 작업 전반에 흐르고 있다. 나카다에 따르면 종래의 연구는 자연과학을 모델로 삼아 인간의 경험영역을 '사물'과 같이 취급하였다. "특히, 자연과학의 연구 방법이나 연구성과에 기반해 이루어져 온 심리학적 연구는 인간의 독특한 존재 방식이나, 심리학적 연구가 특히 연구대상으로 삼는 인간의 경험영역이 자연과학이 연구하고 규정해 온 '사물'의 영역과 마찬가지로 생각되어 버리는 일이 많았다(中田, 1984: 12)." 나카다에 따르면 한계를 뛰어넘고자 하는 방법이 바로 현상학이다.

현상학이야말로 생활 세계의 자명성으로 파악되지 않는 차원에서 타자를 파악하는 일을 가능하게 해주는 것이다(中田, 2003: 138).

현상학의 주관이원론 비판은 아동(이나 수업)을 자연과학적인 의미에서의 '대상'으로 조작주의적으로 파악하기를 거부한다. 그리고 현상학적 타자에 대한 이해는 타자와 대치하는 자기를 의문시하는 변용을 추구하기에 단번에 자기이해의 문제로 귀착한다. "타자 이해와 자기 이해라는 것은 사실 상보적인 관계에 있다(中田, 1984: 387)."[61] 때문에, 우리는 현상학을 다른 것으로 대체 가능한 하나의 방법으로 삼아 기술적으로 이용할 수 없다(中田, 2003: 138-39).

하지만 이런 현상학의 실천은 새로운 곤란함을 초래한다고 생각해도 그것은 현상학 특유의 난해함이자, 그 비교祕敎성이다. 현상학적 타자 이해를 위해서는 '전인격을 걸' 필요가 있다(中田, 1984: 54). 그러나 이는 상당히 엄격한 요청이 아닐까? 더구나 이와 같이 당사자의 실존을 건 타자 이해는 이해하려는 자 자신을 매개로 이루어지는 일회성의 것이어서, 자연과학 모델과 같은 객관성에 이를 수는 없다. 그럼에도 불구하고, 나카다는 거기에서 보편성을 발견한다.

> 깊이의 차원에 있어서 중증 장애아의 구체적인 개개의 경험 수행을 이해한 결과를 얻을 수 있는 것은 확실히 개별적인 것이자 일회적인 것이다. 그러나 중증 장애아의 구체적인 경험 수행을 이해한다는 것, 더구나 깊이 있는 차원에서 이해한다는 행위 자체는 일회적인 것이 결코 아니며 어떤 보편적 구조를 지니고 있다(中田, 1984: 389).

하지만 이 보편성은 무엇에 의해 담보되는 것일까? 본래 현상학에 의해 명확해 지게 된 '본질'은 어떠한 가치를 지니고 있는 걸까? 이런 문제가 나카다에 의해 문제시된 것은 아니었다. 자주 등장하는 "진정한 주관성(中田, 1984: 52-54)"과 같은 용어가 보여주는 바와 같이 현상학에 의해 해명되는 세계에는 규범적인 가치가 부여되어 있다. 나카다가 편집한 저작의 제목이 철학의 특권성을 단적으로

61 『중증 심신장애아의 교육방법』(1984)의 사례는 모두 나카다가 실천가이자 해석자이기도 하다(中田, 1984: 8). 나카다는 실천가 자신이 연구자가 아니고서는 안된다고 생각하지는 않는다. 중요한 것은 연구에서 아동, 교사, 연구자 각각의 경험구조를 고려하는가 아닌가에 있다(中田, 1984: 566). 『수업의 현상학』(1993)을 필두로 저작에서 나카다는 관찰자로서 연구를 수행한다.

보여준다. 「아동들로부터 풍요롭게 배운다(中田, 1993)」, 「고립된 삶에서 진정한 인간관계로(中田 편, 2003)」, 『현상학을 통해 탐구하는 풍요로운 수업(中田 편, 2010)』 등이 그것들이다.

현상학은 단순한 방법이 아닌 그것을 이용하는 관찰자의 있는 그대로의 모습 자체를 의문시한다. 이것이야말로 그 비교성과 특권성을 의문시해야만 하는 이유이다. 타자 이해가 자기 이해로 귀결된다면 더욱 그것은 절대화되지 않을 수 없다. 오히려 그와 같이 이해되는 자기라는 것은 어떤 자인가라는 반성이 요구된다고 하겠다.

(3) 타자와의 상호형성: 대화와 반성의 임상적 인간형성론(다나카 츠네미)

다나카 츠네미의 임상적 인간형성론은 우사미의 교육의 억압성과 나카다의 타자 이해에 대한 비교성이 '상호형성'된다는 관점에 입각해 지양된다. 이 전환은 타자와의 대화와 자기 성찰을 낳지만 여기서 교육철학자는 상호성 위에서 스스로의 실천을 반성하지 않으면 안 되는 당사자로서 그 특권성을 잃게 된다.

다나카의 문제의식의 중핵에 있는 것은 현대사회에 구석구석 침투해 있는 전문가 지배, 기술관료적 지배이다(田中, 2005: 2). 현대사회에서 전문가는 자신을 특권적 입장에 두고 관련되는 상대를 조작 대상으로 줄여 놓는다.[62] 전문가 지배는 주객 이원론에 입각해 있다. 부버식으로 말해 '나－그것' 관계이다. 이 전문가 지배를 부수는 것이 '상호성'으로서 마찬가지로 부버식으로 말해 '나－너' 관계로 비교할 수 있다.

그리고 상호성을 기반으로 한 인간형성 이론은 어른－아이, 성

62 일찍이 나카다가 관여한 '에히메愛媛 심리요법 연구회'는 경우에 따라 출판 시 '정신과 병원을 중심으로 전문가 집단 간의 심각한 알력'이 생겨나지만 "적어도 나[나카다]에게 '전문가 집단'의 논의는 관용이 부족하고 배타적인 것으로 보였다(田中, 2003: 279)."

년－미성년의 비대칭 관계를 전제로 하는 교육학의 도식으로 바뀐다(田中, 2011: 38). '라이프사이클론'과 '다른 세대 간의 상호형성론'을 중핵으로 하는 새로운 이론구상은 '임상적 인간형성론'으로 불리며 다나카의 스승인 모리 아키라森昭의 '교육인간학에서 인간형성 원론原論으로'라는 이론적 전개를 계승, 발전시킨 것이다(田中, 2012: 44). 임상적 인간형성론은 교토대학 시대의 다나카의 주된 장인 대학교육을 관통한다(田中, 2011).

그러나 전문가 지배에 저항하는 열쇠인 '상호성'은 현대에서는 부분적, 순간적으로만 현현할 수밖에 없다. 이 상호성을 만들어내는 양태를 상징적으로 보여주는 것이 '반신半身'이라는 은유 －전문가로서 역할의 절반을 내려놓고 일상에서는 외발인 상태－ 이다.

> 고도로 체계화된 오늘날의 조직에서 상호성은 늘 '반신의 관련성'이라는 어중간한 사람中途半端な人의 모습으로 생기할 수밖에 없다(田中, 2003: 262).

다나카의 임상적 인간형성론에는 '임상교육학(和田 · 皇 편, 1996)'이라는 선행자가 있다(田中, 2003: 275). 복수의 이론가와 실천가 간의 제휴를 목표로 하는 임상교육학은 다른 집단 간의 대화를 요구한다. 모든 집단 간의 관계는 한편이 다른 한편의 말을 대표하여 포함해 버리는 것이 아니라, 비대칭적이면서도 참가자 간의 상호 의사소통을 가능하게 하는 '새로운 언어'를 필요로 한다(田中, 2003: 273-74, 田中, 2012: 211). 나아가 임상적 인간형성론은 자기반성에 입각해 상이한 집단에 의한 교육적 공공성을 만들어낸다.

임상적 인간형성론은 가르치는 존재의 반성적 자기형성과 결합함으로써 교육적 공공성의 생성을 가능하게 한다(田中, 2003: 271).

그러나 이 반성은 다른 한편으로 연구자의 초월적 특권성을 상실케 한다. 신의 시각으로부터 지상으로 내려온 철학자는 한 사람의 당사자가 된다. 그때에 공공성을 창출하는 '새로운 언어'라는 것은 어떤 것일까? 그것은 "아직 미완의 구상인 채로 있는", "우리 자신의 과제이다(田中, 2012: 212)." 그렇다면 전문가의 특권으로부터 내려온 연구자란 어떤 자인가? 실천과의 관계는 철학에 새로운 곤란함을 낳고 있다.

3. 새로운 관계성을 위해: 장소, 텍스트, 임상

이상의 검토를 돌아보며 이들 교육철학을 위한 세 개의 논점을 제출하고자 한다. 첫째, 교육실천과의 관계를 사례로 교육철학의 제도적 위치 짓기를 시야에 들이는 일. 둘째, 사상연구로서 텍스트 독해의 의의를 재확인하는 일. 셋째, 이론-실천의 관계를 재고하는 일이다. 어느 쪽이라 해도 교육철학은 단일한 진리를 드러내는 것이 아닌 대화와 반성의 실천자이다.

(1) 교육실천과 교육철학: 제도적 기반으로서의 학교교육

교육철학의 존재 방식을 둘러싼 문제는 학교교육을 필두로 교육실천과 좀 더 적극적으로 관계해야 한다는 주장이 반복되어 왔다(松木, 1979, 堀尾, 1979, 谷川, 1993, 岡田, 2009). 애초, 이런 '실천지향'의 교육개혁안은 현대에서는 주류처럼 생각되지만 역사를 거슬러 올라가 보면 예컨대, [학교교육을 중심에 놓은] 사와야나기 마사타로에게서도 발견된다(澤柳, 1975: 43).

그러나 교육철학은 왜 교육실천과의 연관을 구하는 걸까? 더구나 실천의 내실은 왜 학교교육에 한정되는 걸까? 그것은 교육학의 기반이 의무교육제도와 그 일단을 짊어진 교원양성제도에 있기 때문이다. 사와야나기는 "교육학에서 대상으로 삼는 교육의 사실은 학교교육에 한정된다(澤柳, 1975: 54)."라고 말한다.

교육철학의 있는 그대로의 모습과 그 제도적 기반을 정리하기 위해, 이마이 야스오의 용어를 독자적으로 정리한 다나카 츠네미(2009, 2012)의 도식에, 교육철학의 대상을 교육사상과 교육실천 둘로 나누는 오카다 케이지岡田敬司(2009)의 논의를 추가하여 하나의 모델을 제안하고자 한다(표 5-1). '모델1: 존재로서의 교육철학'은 교육사상을 연구대상으로 삼아 대학에서 제도적 기반을 가진다. 그에 비해 '모델2: 기능으로서의 교육철학'은 교육현실(실천)을 연구대상으로 삼아 각 제도를 횡단하면서 활동한다.

표 5-1 이론/실천 도식에 기반한 교육철학의 모델

(田中, 2009, 2012, 岡田, 2009를 함께 모아 필자가 작성)[63]

모델1=이론	모델2=실천
존재로서의 교육철학	기능으로서의 교육철학
제도연관에 있어서 일정한 장소를 가짐	제도연관을 돌파하여 기능함
참호兵站로서의 교육철학	자유전자自由電子로서의 교육철학
고정모델(메타술어집)	유동모델(어긋남)
대상=교육사상	대상=교육현실

63 이 표는 다나카(2009), 오카다(2009)와 함께 작성한 게시 · 기무라木村 · 오쿠이즈미奥泉(2011)의 표를 다나카(2012: 50)을 참고하여 수정한 것이다.

앞서, 여태까지 논한 각 논자의 제도적 기반에 주목해 보면 그들이 '실천과의 연관성'을 요구하는 주장에 근거가 있음을 알 수 있다. 우사미는 치바대학교 학부라는 초중학교와 가까운 장소에 있었다. 나카다는 도쿄대학(대학원)에서 교육방법학 코스에 소속되어 있었다.[64] 다나카 츠네미가 『임상적 인간형성론으로』(2003)에서 묘사한 임상 사례는 에히메愛媛대학 교육학부 시절의 것으로서 대학교육과 연관된 작업은 교토대학 고등교육 연구개발추진센터에 재직 중일 때의 것이다. 그리고 세 논자는 각각 국어교육, 도덕교육(宇佐美), 교육방법학, 장애아교육(中田), 임상교육학, 대학교육, 원격교육(田中)과 같이 '존재로서의 교육철학'의 '바깥'에서 작업을 축적하고 있다. 그들은 각각 현장에서 '기능으로서의 교육철학'을 만들어내고 있는 것이다.[65]

교육철학회는 여태까지 텍스트의 내실을 중시하고 그것이 발전된 콘텍스트에는 관심을 기울이지 않았던 적이 많았다. 하지만 각 논자가 교육철학에 '교육실천과의 연관성'을 요구하는가 아닌가는 당사자가 처한 포지션이 강하게 반영되어 있다. 더구나 오늘날에는 '존재로서의 교육철학(모델1)'이 충분히 확보되어 있는 대학은 일부에 그치고 있다. 예를 들어, 현대의 교원양성 학부에서는 외국서적 강독중심의 교육철학을 유지하기는 어렵다. 각각의 '현장'에 맞게 요구되는 실천적 교육철학의 존재 방식이 다르다면 연구의 방향성은 일원화될 수 없고, 오히려 교육철학의 다양성·복잡성을 적극적으로 인식해야만 한다고 할 수 있다.

64 도쿄대를 퇴임하고 유아교육에 종사한 나카다의 텍스트(2013)에는 프뢰벨이 등장하게 된다.
65 다니카와谷川(치바대), 마스모토松本(요코하마横浜국립대)는 교원양성학부, 오카다(교토대)는 (구) 교양과정 소속이었다.

(2) 교육사상과 교육철학: 텍스트 독해라는 실천

교육철학에서는 여태까지 교육실천과의 관계만이 아니라 텍스트 독해의 의의에 관해서도 다수 논의되어 왔다(久木, 1987, 森田, 1994, 増淵, 1986, 吉村, 1998, 田代, 2003). 그것은 총체적으로 텍스트에 대한 해석을 창조적으로 실천하는 데에서 그 의의를 확인하고 있다. 이에 이하에서는 사상연구는 교육철학에는 없다고 말하는 우사미의 논의를 반박하는 방식으로 텍스트 독해라는 실천의 의의를 논하고자 한다(이하 인용문에 편의상 동그라미 숫자로 씀).

> ① **교육학은** 교육을 **연구하는 학문이다.** ② **외국인 사상가가 무엇을 말하고 있는가를 연구하는 것이 아니다.**[66] ③ **연구란 자신이 발명, 발견하는 것이다.** ④ **지금까지 다른 누구도 말하지 못했던 설을 주장하는 것이다.** ⑤ **때문에, 외국인 사상가가 말한 것을 잘 설명하거나 소개하는 것은 연구가 아니다.** ⑥ **그리고 교육철학은 이런 교육학의 일부분이다**(宇佐美, 2011: 182-183, 강조는 원문, 동그라미 숫자는 필자가 표기).

우사미의 설을 반론해 보자. 구미歐美의 교육사상을 연구하는 첫째 의의는 그것이 메이지 유신 이후 일본의 교육을 만들어냈기 때문이다(①②). 구미의 교육사상을 연구하는 것은 눈앞의 교육현실에 대한 깊이 있는 이해를 낳는다.

66 우사미는 "일반 학회에서는 다른 사람의 사상에 대한 저술 · 소개에 불과한 발표는 '연구'로 인정되지 않는다."라고 말한다(宇佐美, 2011: 88). 그기 일본철학회 기관지 『철학』을 언것은 아니지 않은가? 더구나, 그는 연구(비평)와 표절도 구분할 수 없다고 본다. "타인의 사상을 자신의 '연구'로 제출하는 것은 사기 · 횡령과 같은 것으로서 부끄러운 소행이다(宇佐美, 2011: 32)."

둘째 의의는 텍스트 독해 자체가 창조적인 실천이라는 점이다(③④⑤). 확실히 1960년대 무렵까지 구미 사상에 대한 소개를 벗어나지 못한 연구가 있었던 점은 부정할 수 없지만, 거기에는 당시 '냉전을 둘러싼 이데올로기 정치'로부터 거리를 둔다는 의미도 포함되어 있었다(森田, 2009: 125). 더구나, 현대 교육철학 연구 다수는 동시대 해외의 연구를 답습한 위에서 그것이 해명되고 밝혀낼 수 없었던 문제에 도전한다. 상당히 독창성이 높은 작업도 많다.

교육철학이 사상을 연구대상으로 삼는 세 번째 의의는 텍스트의 선택을 음미함으로써 우리의 행위를 반성할 수 있기 때문이다. 모리타 히사토(2009)와 이케다 다케유키(2009)는 『교육철학연구』에서 사상가에 대한 논의 방식을 통해 교육철학의 존재 방식을 반성하고 있다. 어떤 '고전'이 되는 과정을 검토한다는 것은 그 규율에 대한 반성이다(失野, 2010: 166).

이 반성을 간단히 실천해 보자. 우사미는 2010년 교육철학회 일반연구 발표 다수가 구미의 사상을 대상으로 하고 있음을 지적하면서 그것은 전부 "타인의 사상에 대한 서술, 소개에 불과하다."라고 말한다(宇佐美, 2011: 88). 물론, 현대 교육철학은 이미 매끈한 서술, 소개의 영역을 초월하였다고 앞서 말한 바와 같이, 이 평가 자체가 오류임은 말할 필요조차 없다(이 책 제2장 참고). 하지만 여기서는 우사미가 볼때에 해외 사상가의 이름에 대한 나열에 불과한 발표 속에서 우리의 교육관이 반영되어 있음을 보고자 한다. 이를 위해 교육철학회 대회의 프로그램에서 우사미가 열거한 각 사상가에 관해 『교육철학연구』에 어느 정도로 등장하는가를 게재년도를 조사하여 기록한다.[67] 물론, 사상에 대한 해석은 시대에 따라 다르지만 무엇이

67 『교육철학연구』 게재논문(서평을 제외하고)에서 제목에 사상가 이름이 포함된 것을 CiNii Articles로 조사하였다(2013년 10월 6일). 데이터베이스의 성질상 완전할 수는 없음에 양

논의되는가를 통해 각 시대마다 교육철학의 성격을 어느 정도 이해할 수 있다. 칸트, 헤르바르트는 부동의 '고전'이다. 부버는 1980년대에, 슈타이너는 1990년대 이후에 연구대상으로 확인된다. 베유나 프로이트는 21세기에 들어서 정면으로 다루어지기 시작했다.

> **모랑**[게제되지 않음], **시몬 베유**[2009], G. **바타이유**[게재되지 않음], **베르그손**[1985], **괴테**[1989], **쉴러**[1984, 1985, 1987, 1990, 1993, 2002, 2007], **윌리엄 제임스**[게재되지 않음], **칸트**[1966, 1973, 1974, 1989, 1990, 1991, 1995, 2000, 2007, 2009, 2011], **헤르바르트**[1966, 1968, 1971, 1974, 1975, 1979-1985, 1988, 1989, 1990, 1991, 1993, 2002, 2007], **벤야민**[1993], S. **프로이트**[2006], J. **맥도웰**[게재되지 않음], R. **프랜덤**[게재되지 않음], J. **바트라**[게재되지 않음], **뒤러**[2011] (宇佐美, 2011: 88에 년도 등을 기록).

교육사상을 읽는 네 번째 가장 큰 의의는 텍스트 독해가 타자와의 대화와 반성을 낳는다는 점 때문이다. 교육실천과의 연관 과제가 여기서도 드러나고 발견되는 것이다. 그 중요성은 여태까지 말해 온 것으로서 반복은 피하고자 한다.

(3) 임상교육학과 그 비판: 철학의 '현장'은 어디에 있는가?

이 장을 닫기 전에 이론과 실천을 연결하는 관점으로서 최근 주목받고 있는 '임상'이라는 관점을 검토해야만 할 것이다. 나카무라 유지로가 『임상적 지식이란 무엇인가』(1992)에서 불을 당겨 1990년대 후반 임상심리학 붐을 일으킨 바 있고, 세기 전환기에는 '임상'이라는 이름을 쓴 여러 학문(임상철학, 임상교육학, 임상사회학 등)이 발흥하

해를 구한다.

였다. 대학 제도로서도 '임상'이라는 이름을 단 학과, 전공명 등이 다수 나와 현재에 이르고 있다.

그런데 '임상'이라는 시각을 표상=대표라는 문제로 생각할 경우 고려하지 않으면 안 될 문제가 남아있다. '임상 지식'은 주체(관찰하는 자)와 객체(관찰당하는 자)의 불가분성에 입각해 있다. '임상 지식'파는 이 문제를 자연과학으로 대표되는 '근대적 지식'에 대한 비판으로 표현한다(中村, 1992). 여기에는 마르크스주의나 근대주의, 진보주의로 유지되어 온 소박한 반영설에 대한 비판도 있다. 때문에, '임상'적 연구 가운데에는 그 이전의 연구보다 훨씬 나이브하게 표상=대표를 자신의 역할로 부과하는 경우도 적지 않다. 그것은 '밖으로부터의 현장주의'로의 소박한 회귀인 것이다. 그렇다면, 다시 그 '진리'성이 무엇에 의해 담보되는 것일까?

'임상철학'을 표방하는 와시다 기요카즈鷲田清一는 연구자와 '현장'의 관계는 전자가 후자에게 관여한다는 이분법적 도식으로 설명될 만큼 간단한 것이 아니라고 말한다. 오히려 '현장'은 우리 자신의 내부에 있다.

> 철학이나 응용심리학 사람들이 '현장에서 행하는', '현장의 어디가 변했는가'라고 말하는 것을 들으면 나의 현장은 연구실이나 교실이 아닌가라고 생각한다. [중략] 옛날, 임상교육학회[68] 대회에 초대되었을 때에 어떤 선생이 "교육학자는 더 현장에서 하는 것이 없는 것 아닌가"라고 말했을 때에 위화감을 느꼈었다. 전후, '유도리 교육'이나 '개성'과 같은 이념과 더불어 교실의 학생

68 정확히는 교육철학회 제47회 대회의 연구토론인 「임상적 인간형성론의 구축」(제안자: 와시다 기요카즈 · 다나카 츠네미 · 도리미츠 미오코, 지정토론자: 다나카 사토시, 사회: 니시하라 다다시 · 다카하시 마사루. 2004년 10월 16일, 요코하마국립대학)이었던 것으로 생각된다.

> 수나 단위 수, 교육과정 등이 제도화되었다. 그 이념을 만든 것은 교육학자나 행정 전문가이다. [중략] 교육학자가 '현장에서 변하는' 것이 아니라, 맨정신으로 학교를 자신의 연구 '현장으로 삼는'다면 그 현장이 어떤 관계로 제도화되었는가, 그 제도는 어떤 이념에 기반한 것인가를 검토해야만 한다(鷲田, 2008: 31).

결론을 대신하여: 이론-실천의 매개자를 기른다.

교육철학(교육사상) 연구자는 '현장'과의 관련 방식에 있어서 필드워크를 지향하는 교육사회학이나 늘 사례를 가진 임상심리학과는 다른 위치에 있다. 철학, 사상 연구자에 따라 '현장'이란 텍스트 외의 것이 아니라고 하면서, 교육실천 현장으로 나갈 때 그 '현장'에서 이탈한다고 보기 때문이다.

서두에서 우리는 교육철학과 교육실천이라는 과제를 세웠지만 이상의 검토를 돌아보건대 교육철학/교육실천이라는 이분법 자체를 문제시하지 않을 수 없는 것이다. 실제, 교육사상과 교육실천을 나누는 '이론－실천' 이해는 오늘날의 교육철학에서는 넘어선 문제이다. 오가사와라 미치오 등이 독일교육학의 동향을 통해 보여준 바와 같이, 이론에는 실천이 포함되어 있고 그 반대 또한 진실이다(小笠原 편, 1985). 후루야 게이타가 프래그머티스트에 대한 사례에서 보여준 바와 같이, 철학자는 "대학에서 가르치는 자신의 교육활동"에 있어서 "이론과 실천의 이원론을 초월한 교육을 수행한다(古屋, 2007: 172)." 니시무라 다쿠오는 "교육의 '현실'이 되는 것이 처음부터 소박실재론적으로 실체로 존재하는 것이 아니라 우리의 언어적 실천 [중략]에 따라 구성된다."라는 인식을 최근 공유해 나가고 있다(西村, 2013: 237). 교육학 연구자는 대학의 수업자라는 의미에서도 텍스트의 해석자라는 의미에서도 실천자이다. 협의의 학교교육 수업이나 생활지도의 실천에 관해서도 그것이 언어에 의해 말해지는 근대교육에 관한 논의를 들여놓고 있는 이상 이론과는 무관한 '실천 자체'를 지정할 수 없다.

이와 같이 생각할 경우 교육철학과 교육실천의 새로운 관계성이 발견된다. 대학에서 종래 교육실천가가 되어 학생들에게 학문적인 기술을 전하는 것은 이론/실천의 이분법을 파괴할 가능성을 연 것이었다. 실천가 자신이 연구자 등의 제삼자에게 자신의 견해에 대한 표상=대표를 기대지 않고 '현장의 목소리'를 말할 수 있기 위한 회로를 구축하는 것(下司, 2005). 연구의 언어를 사용할 수 있는 실천가에 의해 '안과 밖을 엮는 현장주의'의 형성에 교육철학이 기여할 수 있는 것이다. 생각해 보면, 뛰어난 실천가로 평가받는 페스탈로치나 프뢰벨과 같은 교육사의 위인들도 오히려 실천과 사상을 왕래한 덕분에 그런 평가를 받은 것이다.

교육철학은 텍스트만으로도, 교육현실만으로도 성립하지 않는다. 주장이 텍스트를 벗어나 그것을 배반할 때에 혹은 텍스트의 해석이 교육현실과 단절할 때에 그는 교육철학자가 아니다. 텍스트와 교육현실의 좁은 사이로 분열하여 발버둥치는 '철학병' 환자(中島義道). 그것이 교육철학자가 아닐까? 교육철학자가 지닌 분열과 그로부터 기인하는 괴로움은 계몽의 전제가 상실된 포스트모던 상황에서 이미 더 심각성의 정도를 높여가고 있다.

6
장

국민의 교육권론을 푸코로 다시 짜다 : 도덕의 교과화를 어떻게 대할 것인가

서론: 전후 체제의 종언과 전후교육학 비판

'아름다운 나라 만들기'와 '전후 체제로부터의 탈각脫却'을 내걸고 2006년 교육기본법을 개정하고, 애국심 조항을 높이 받들어 방위청을 방위성으로 격상시켰다. 그리고 2015년에는 도덕을 교과화하여 집단적 자위권에 대한 해석의 변경을 겨누는 제2기 아베 내각만큼, 이해하기 쉬운 군국주의자의 이미지를 체현한 정권도 근래에는 없지 않았을까? 이와 같은 전형적인 우파 상에 직면한 우리는 내내 친숙했던 55년 체제의 틀로 반사적으로 퇴행하여 응답하게 된다. 도덕의 교과화는 수신의 부활이다. 공교육은 지육知育에 한정되어야 하며 애국심을 포함한 덕육까지 미칠 수는 없다. 교육의 국가통제가 강화됨에 따라 일본은 다시 전쟁 가능 국가로 역행하는 것이 아닐까… 등.

필자는 (거슬러 올라가 보면 교육기본법의 개정뿐 아니라) 도덕의 교과화에 반대한다. 그러나 동시에 이런 동향에 대한 저항을 시도하는 좌파의 전형적인 담론에도 한계를 느낀다. 55년 체제 하에서 형성된 사고의 틀은 지금껏 우리를 구속해 온 것이 아닐까? 마츠시타 료헤이가 말한 바와 같이, "'전후체제로부터의 탈각'이라는 문구에 매혹되더라도 국가 대 국민, 전전파 대 전후파, 교과화 찬성파 대 반대파와 같은 대립항 사이의 힘 대결 같은 도식에 의존하는 도덕교과화에 저항할 수 있어야 한다."거나 "도덕교과화가 지금 어떻게 전개되고 있는가는 복수의 가능성에 열려있다."라는 점을 발견하지 않으면 안 된다(松下, 2015: 169-170). 새로운 교육의 가능성을 발견하기 위해 냉전기에 형성된 담론을 다시 짜는 일은 우리에게 매우 현실적인 과제이다.

교육 문제를 해결하기 위해 아동의 인권이나 발달의 보장과 같은 근대교육 본래의 가치 실현이 필요하다는 전후교육학의 정형화된 담론은 1980년대에 이르러 시대를 넘어설 리얼리티를 상실하였다. 그런 가운데 1990년대 초에는 전후교육학의 틀을 문제시하면서 그것이 의존해 온 근대적 이념(인권, 발달, 계몽 등)의 보편성을 의심하는 새로운 교육학이 등장한다.

이마이 야스오는 이 동향을 '냉전후 교육학(Imai, 2007)'이라고 부른다. 그 대표는 1991년 '근대교육학 비판'을 내걸고 근대교육사상사연구회로서 출범한 교육사상사학회이며, "교육학계에도 지적인 속박에서 풀려나 자유롭고 활발한 논쟁이 일어나길 바라면서(창간호, 「머리말」) 1992년 간행되기 시작한 『교육학연보』(世職書房)이다.

그러나 냉전후 교육학은 오해와 알력을 낳게 되었다. 전후교육학은 좌파 세력과 친근성을 가지고 있지만 그것을 비판하는 냉전후 교육학의 정치적 입장이 반드시 명확한 것은 아니었기 때문이다. 고다마 시게오가 말한 바와 같이, "냉전후 교육학은 공공연히(공식적으로) '아동의 발달'에 의거한 비정치적 자유주의와, 은폐된 (비공식화된) 마르크스주의적 정치성의 이중성으로 전개되어 온 면이 있었다(小玉, 2013: 41)." 냉전후 교육학이 비판한 것은 전후교육학의 '공식적' 학설이나 이론이지만 그에 따라 교육학의 '비공식적'인 정치적 실효성도 상실한 것이 아닐까 염려하는 논자도 있다. 예를 들어, 교육사상사학회가 자신의 과제로 삼았던 근대교육 비판은 20세기 말에 진행되고 있는 신자유주의에 대한 제어장치가 될 수 없었다는 반성이 그 예일 것이다. "근대교육 비판에 따라 근대교육학을 불태워버린 위에서 육성된 것이 아니었을까, 그것이 신자유주의라는 외래종의 것이었다(山内, 2005: 131)." 이 야마우치의 발언은 시대의 공기를 훌륭하게 전달한다고는 하지만 각각 상위의 다른 것을 인과관계로 결부시켜 놓는다는 문제가 있다. 신자유주의의 대두(포스트모던 상황)는 근대교육 비판(포스트모던 사상)의 귀결이 아니다. 나아가 전후교육학의 정치적 당파성으로부터의 이탈을 '보수'라고 오해하여 외적인 비판을 가하는 이도 있다.[69]

69 이 장의 원고는 교육사상사학회 제24회 대회 심포지엄1 「사회의 구조와 도덕교육의 사상: 원류로부터 미래를 전망한다」(사회: 마스시타松下, 보고자: 이와시타 아키라岩下誠 · 가이주카 시게키貝塚茂樹 · 모리타 노부코, 2014년 10월 11일, 게이오대학 미타三田 캠퍼스에서)에서의 언급을 기초로 집필되어, 『근대교육포럼』 제24호에 게재되었다. 이 심포지엄은 도덕의 교과화를 앞에 두고 55년 체제 하에서 형성된 담론을 다시 묻는 의욕적인 시도였다. 하지만 흥미로운 점은 발표자 중 가장 어린 이와시타가 전형적인 전후교육학 담론을 굳게 지킨 점이었다. 뿐만 아니라, 이와시타는 교육학이 학문이 아닌 당파적 정치였던 시대(竹内, 2011 Ⅲ장)로 시계침을 돌려 놓고자 하였다. 이와시타는 로크나 루소를 '혁신적 사상'으로 이해하는 교육학을 '보수주의'라고 부르고 전전에서 이어져 온 '고전'의 캐논화나 전후교육학에서의 '위기' 담론의 책임을 전부 '포스트모던 교육학'으로 떠넘긴다. 예컨대, 이와시타는 "무엇보다 전후교육학은 '학교폭력', '등교 거부'와 같은 해로운 교육문제를 일본 교육의 '지체'로 설명하면서 근대적인 교육체제 자체의 기능부전으로 이해하지 못한다(下司 · 今井, 2013: 396)."라는 한 문장이 "포스트모던 교육학이 인식의 함정으로 빠져들 때의 전형적인 패턴"을 보여준다는 것이다(岩下, 2015: 81). 그러나 상식적으로 본다면 인용문에서 '새로운 교육문제'를 문제시하는 것은 '전후교육학' 쪽이며, 교육문제를 '아동의 권리' 등의 근대적 이념에 입각해 극복하고자 하는 전후교육학의 도식은 현재도 변함이 없다(掘尾, 2013). 이와시타 또한 "아마노 이쿠오는 1987년이라는 이른 시기에 '새로운 교육문제'란 1970년대 이후의 중등교육의 확충에 따라 여태까지 노동시장에 방치되어있던 청소년이 학교에 들어오게 되있기에 생겨나 눈에 띄게 증가한 것에 불과하나고 살파한" 것이라고 하지만(岩下, 2015: 81-82), 좁은 식견인 한에서 해당 문건에 그러한 문구는 없다. 오히려, 아마노는 "학교폭력, 수업거부, 등교거부, 중도퇴학, 학력저하 등"으로 대표되는 "교육의 '위기'"가 "[교육]개혁논의의 초점이 된" 것, "이러한 '병리' 현상"의 배경에 "일본의 교육과 사회

냉전후 교육학은 확실히 신좌익을 포함한 종래 좌파 세력과는 거리를 두지만 그렇다고 해서 보수파로 회귀하는 것은 아니다. 후루야 게이타가 말한 바와 같이, 냉전후 교육학의 기점에는 "반스탈린주의 좌익", "개량 민주 좌익", "리버럴 좌파"가 있다(古屋, 2013: 111-112). 때문에, 우리는 후루야와 더불어 물어야 할 것이다. "좌우, 보혁의 대립을 기반으로 한 전후교육학이 그 직무를 끝내고 난 이후 이제 좌익사상은 어떻게 존재할 것인가"라고 말이다(古屋, 2013: 112). 나아가, 여기서는 이 후루야의 물음을 다음과 같이 환언하고자 한다. 전후교육과는 다른 형태로 도덕의 교과화로 대표되는 국가주도의 문교정책을 비판하는 입장은 어떻게 가능한가?

이를 위해 이 장에서는 냉전후 교육학의 사상적 배경의 하나인 포스트모던 사상에 입각해 전후교육학의 틀을 뛰어넘고자 한다.[70] 포스트모던 사상을 이론적 기반으로 삼는 것에는 리스크도 있다. 포스트모던을 '보수'로 판단하는 하버마스의 딱지 붙이기는 극단적인 당파성이지만 효과적으로 이용되었으며(Harbermas, 1987/2000), 소칼 사건 이후 포스트모더니즘=방법론적 문제가 있는 가짜학문이라는 이미지도 침투하였다(Sokal et al., 1998/2000). 나아가, 여태까지의 교육학에서 포스트모던 사상은 근대교육 비판은 할 수 있지만 그것을 대체하는 규범은 제시하지 못한다고 이야기되어 왔다(제1장 참고).

그러나 여기서는 푸코를 사례로, 회고적인 면도 적지 않은 손때 묻은 그대로의 포스트모던 사상을 끌어들여 정부의 문교정책에 저항

의 '구조화'"가 있음을 지적한다(天野, 1987: 149-50). 애초, '고전'의 독해에 편견이 개입되는 것은 교육학만의 특징이 아니다. 구미나 일본의 정치사상사에서 로크는 자유주의의 선조로서의 그의 엄청난 그리스도교 신앙은 충분히 검토되지 않았다(小野, 2010: vii-viii). '교육학의 고전'의 창출과 독해에 관해서는 아야이 외(2015)를 참고.

70 구마시로 다케히코神代健彦(2014)는 가츠다 슈이치와 푸코에서 전후교육학과 포스트모던론의 거리를 검증한다.

하는 것도 가능함을, '좋은 교육'을 원하는 것도 가능함을, 나아가 종래 교육학의 틀을 적극적으로 뛰어넘는 것도 가능함을 보여주고자 한다. 종래 교육학에서 푸코는 『감옥의 탄생』(Foucault, 1975/1977)에서 묘사된 규율훈련형 권력론을 중심으로 근대교육 비판의 문맥에서 독해되었다. 이에 비해 이 장에서는 말년의 '통치성론'을 참고하여 푸코적인 '비판'이 현상개혁의 힘이 될 수 있을지를 말하고자 한다.

검토대상으로 삼은 것은 전후교육학 최대 유산의 하나인 '국민의 교육권론'으로서 그 대표적 이론가가 호리오 테루히사이다. 잘 알려진 바와 같이 국민의 교육권론은 55년 체제 하에서 장기적인 국가의 문교정책을 비판하는 무기가 될 수 있었다. 호리오가 증인으로 참가한 이에나가교과서家永教科書 재판 제2차 소송(杉本 판결)에서는 국민의 교육권론이 근거가 되어 이에나가家永가 승소하였다(1970년 7월 17일 판결, 도쿄지법). 그러나 헌법학자인 미즈시마 아사호水島朝穂는 국민의 교육권론은 문부성 대 일교조라는 대립축이 실재했던 시대의 역사적 산물이며 20년도 이전에 그 역사적 역할을 종료했다고 말한다. "'국가의 교육권 대 국민의 교육권'이라는 대항 도식은 '국가(실체적으로는 문부성) 대 국민 = 교사(실체적으로는 일교조)'라는 대항 도식이 성립한 '시대의 산물'로서 헌법학적으로 보자면 이미 그 역사적 사명을 종료한 것으로 이해해도 좋을 것이다(水島, 1995: 170-171)."

마찬가지로 헌법학자인 토나미 코지戸波江二는 2001년의 "현시점에서 국민교육권론은 교육법의 이론, 실천의 정식 무대에 등장하지 않고, 굳이 말해 그것은 정체되고 있다고까지 볼 수 있는" 것으로서 그 이유를 다음과 같이 말한다. 첫째, 학문적으로 최고재판 결과(1976)에 따라 국가의 교육권과 국민의 교육권 간의 대립 도식이 절충적으로 귀착되어 관련 맺으면서 국가의 교육권도 일정 정도 인정되었다는 점. 둘째, 부모, 교사, 학교가 일체가 됨을 전제로 하는 국민의 교육권론에 대해 1980년대 이후 교내폭력, 왕따, 체벌, 교칙문제 등, 학교, 교사와 학생, 부모 등이 저항하는 문제가 생겨났다는 점. 셋째, 1990년대 전후 동서대립의 종언과 같은 정치 상황의 변화가 아니더라도 교육법 분야에서 정부, 문부성과의 대결을 기초로 하는 이론이 타당해질 수밖에 없었던 점. 그 결과, "국민교육권론은 현재 교육법이론으로 현실의 여러 문제를 유효하게 해결하는 이론으로 기능한다고 말하기 어렵게 되었다(戸波, 2001: 37-38)."

그럼에도 불구하고, 법학적으로 역할을 마치게 된 국민의 교육권론에 교육학자들은 고집을 부리고 있다. 헌법학자인 곤노 겐이치今野建一에 따르면 "헌법학과 교육법학 사이에 '국민교육권'론에 대한 평가, 인식에 괴리가 있는 것은 기존에 밝혀져 있다(今野, 2001: 66)." 교육학에서는 국민의 교육권론의 틀을 현재도 강고하게 주장해오고 있으며 그것이 현상 파악을 방해하고 있다. 호리오 테루히사는 "국민의 교육권론은 무효한 것이 아니다."라며 자신의 틀의 유효성을 말한다(堀尾, 2001: 70). 현대에서도 사누키 히로시佐貫 浩(2010)와 같이 호리오의 국민의 교육권론을 적극적으로 계승하고자 하는 교육학자도 있다. 또, 아키라 이와시타岩下誠(2015)가 국가와 교육 간의 연관을 말하는 자를 전부 '보수'라고 단죄하는 것은 무의식적으로 이 패러다임의 안쪽에서 사고하는 것이기 때문일지도 모른다.

확실히 문제로 생각되는 문교정책은 다수 있고 그에 대한 감시와 비판이 필요하다. 그러나 '전형적인 보수' 담론에 대한 저항책이 지금 유통기한을 지난 '전형적인 개혁' 담론을 필요로 하는 것은 아니다. 오히려 오래된 틀로 고집스레 선택의 폭을 좁히는 것은 희망의 미래를 스스로 멀어지게 하는 것이다. 우리는 비판의 발판을 다시 조직하지 않으면 안 된다.

1. 전후교육학 패러다임의 형성과 계승

전후강화기에 자신을 형성해 온 전후교육학은 '역코스' 사관의 양성과 법칙을 하나로 모아 국가와 국민, 교육과 정치, 경제를 둘로 나누는 틀을 형성한다. 그리고 그와 동시에 현실을 부정적으로 파악하고 그 개혁을 추구하는 '교육의 위기' 담론이 원형을 드러낸다. 그 속박은 현대에까지 이어지고 있다.

(1) '교육의 위기'의 계보학

교육이 어떤 시대나 '위기'였다는 표현은 정확한 것이 아니다. 오히려 사회의 변화에 대한 불안이나 위기의식이 교육으로 눈을 돌리도록 했다고 말해야만 할 것이다.[71] 교육사회학자인 후지타 히데노리는 "'교육의 위기'라는 종류의 캐치프레이즈"가 임시교육심의회(1984-87) 이후 "이 3년 동안 개혁논의에서 반복되어 사용되어 온" 점을 지적한다(藤田, 2014: 99).

이와 같은 '위기' 담론의 기원을 전후교육학에서 구할 수 있다.[72] 모리타 히사토는 전후교육학의 두 가지 특징을 "교육의 본질

71 일본 청소년의 규범의식이 저하되지 않았다는 것은 히로타 데루유키의 『일본인의 예의범절은 쇠퇴하는가』(1999) 이후의 상식이다. 그럼에도 불구하고, 이와사키는 "도덕교육 추진파의 현상인식이 매우 잘못되어 있다."는 것을 (교육사상사 전문지 상에서) '경험적 조사연구'를 통해 보여주고자 한다(岩下, 2015: 76). 하지만 애초 가리야 다케히코苅谷剛彦가 말한 바와 같이, "사회학적 사실과 사람들이 사회 문제 내지 정책과제로서 논의할 가치가 있는 것으로 인정된다는 사실과 자동적으로 일치하는 것이 아니다(苅谷, 2012: 227)." '청소년의 흉악화' 담론이 사회변동에 대한 성인의 불안에 대한 투영인 것은 이미 나이토 아사오内藤朝雄(2006: 167 이하)가 지적한 바 있다.

72 이시카와는 "1980년대부터 현재에 이르기까지 포스트모던 교육학은 일관되게 [중략] '위기의 담론'을 고집한다고 말한다(岩下, 2015: 82) '위기' 담론이란 "'시회의 위기'나 불안을 부재질하고 그 처방전으로 교육(개혁)을 제시한다."라는 사고방식"이다(岩下, 2015: 76). 그러나 근대교육사상사연구회의 창설은 1991년, 『교육학연보』의 창간은 1992년이기 때문에 '포스트모던 교육학'이 1980년대부터 '위기'를 부채질할 수는 없었다. 본래 본문 중에 검

을 '인류와 일본의 위기를 극복한다'는 어마어마한 과제와 관련지어 논의하는 정치적 자세"와 "이른바 '역코스'를 군국주의 체제의 부활과 결부 짓는 전후 교육개혁의 수정을 전쟁 전과 같은 국가통제의 기획으로 비판하는 입장"으로 요약한다. 이 "전후교육학에 특징적인 담론의 원형"은 『이와나미 강좌: 교육』(1952)에서 일교조 운동을 둘러싼 정치 상황을 반영하여 교육 담론을 냉전의 문맥에 들여놓음으로써 성립한다(森田, 2003: 30-31). 모리타가 참고하고 있는 『이와나미 강좌: 교육』의 제3권 「서론」에서 가츠다 슈이치는 "교육의 목표는 [중략] 인류와 일본의 위기를 극복한다는 교육의 (그것은 곧, 인류의, 민족의) 가장 본질적인 목표와 이어지는 것에 관한 어떤 것이지 않을 수 없다."라고 말한다(藤田, 1952b: 2).

모리타의 지적을 받은 『이와나미 강좌: 교육』을 좀 더 검토해 보자. 그러면 제1권의 가츠다 슈이치의 「교육에 무엇을 기대할 수 있는가?」(1952a)가 눈에 들어온다. 이 논문의 차례에는 다섯 개의 장이 있는데, 이 중 세 개에 '위기'라는 문자가 눈에 띈다.

머리말

1. 일본의 교육 위기
2. 혁명적 시대에서의 교육
3. 미국에서 신교육의 위기
4. 위기와 대결하는 교육
5. 맺음말

토한 바와 같이, 가츠다 슈이치(1952a)는 전후, 머지않아 '교육의 위기'를 말하였기 때문에 '위기의 담론'의 책임은 우선 전후교육학에서 구해야만 할 것이다(거슬러 가보면 전전의 교육학에도 마찬가지의 담론이 인식되지 않았을까). 심포지엄에서도 이 취지의 발언이 있었지만 오해는 논문에도 수정되지 않았다. 이제 '포스트모던 교육학'의 사례로서 발표 당시는 이마이 야스오와 다나카 사토시가 거론되지만 보고 논문에는 다나카의 이름이 빠져 있다.

가츠다는 첫 번째 장인 「일본의 교육 위기」에서 당시 '위기'의 하나로 "이른바 교육의 역행 과정"을 헤아린다. "일본의 교육은 전후 상당한 정도의 개혁을 경험했다고 생각한다. 그러나 그 성과를 보기 전에 이미 역행 현상이 급속히 진행되고 있다는 점을 우선 마음에 둘 필요가 있다(藤田, 1952a: 253)." 오늘날 '역코스'로 부르는 사관이다.

모리타는 "1970년대 말까지 형태를 만들어 온 전후교육사의 통설적 틀"을 "점령기의 비군사화, 민주화의 일환으로 교육개혁→ '역코스'에 수반되는 정치의 반동화에 따른 전후 교육개혁의 공동화→고도경제성장기의 능력주의 교육정책에 입각해 경제에 대한 교육의 종속이 진전되어 교육의 황폐화가 초래된다는 줄거리"로 요약된다는 것이다(森田, 2003: ii). 고다마 시게오가 말한 바와 같이, 1950년대를 기원으로 가진 '역코스' 사관, 곧 "'민주적인 진보 세력 대 반동적 보수 세력'이라는 냉전적 틀"은 "우리의 교육을 둘러싼 사고방식을 현재도 강하게 규정하고 있다(小玉, 2013: 52)." 특히, 도덕교육을 둘러싸고 전후 머지않아 만들어질 담론의 배치가 오늘날에도 여전히 강고하게 존재하고 있다는 것이다.

(2) 국가와 경제의 부정

방법 논의를 뺀다면 오늘날 도덕의 교과화를 비판하는 주된 논점은 ① 내셔널리즘, 애국심의 강제, ② 신자유주의적 경제정책에 대한 영합이라는 두 가지로 집약될 수 있다. 국민의 교육권론의 계승자를 자부하는 사누키 히로시는 "'도덕의 교과화'의 의도는 아베 내각이 추진하고자 하는 내셔널리즘, 야스쿠니靖国 사관, 자기책임론적 사회관 등을 공교육에서 당당하게 가르칠 수 있는 틀을 창출해내는 것이다(佐貫, 2015: 111)."[73] 사누키의 논의로부터 전후교육학의 형식이 60년 이상의 긴 기간에 걸쳐 그만큼 변화하지 않았다는 것을 알 수 있다.

가츠다 슈이치는 「교육의 위기라는 것」(1953)에서 "교육을 한 번 국책의 도구로 삼기 위해서 혹은 기업의 이윤을 고려한 무역 수지를 맞추기 위해 아동이나 청년의 인품을 무시하는 현상이 교육의 위험의 본체일 것이다."라고 말하면서 이 "위기의 극복"을 위해 "일부 교사가 '정치적'으로 행동하는" 것도 "필연적"이라고 말한다(勝田, 1953: 141). 여기서 가츠다가 비판하는 두 가지 논점, 즉 국가와 경제에 교육이 종속되는 것에 대한 비판은 '역코스' 사관이 형성된 속에서 전후교육학의 전형적인 담론이 되었다. 마르크스주의자인 오사히 키요大橋精夫는 도덕 특설과 「'도덕' 실시요강」(1958)을 비판하지만 그것은 단순히 군국주의의 부활 때문이 아니라 복지국가의 경제체제에 종속되는 것이기 때문이다.

> 단순히 군국주의 이데올로기의 '부활'에만 주의를 기울인다면 [중략] 보다 진보적인 '복지국가'라는 전체적인 동향을 놓쳐버리게 된다. 마찬가지로, '수신과의 부활'이라는 것에만 주의를 빼앗겨 버린다면 그 『요강』의 '근대주의적' 내용 그대로의 모습으로 이 전全 체제적 동향에 봉사한다는 반동적 성격은 전부 간과하게 될 것이다(大橋, 1959a: 59).

교육이 국가나 경제체제에 종속되는 것을 거부하는 1950년대의 틀은 현대에도 계승되고 있다. 사누키 히로시는 "교육의 존재 양태를 결정하는 두 개의 힘"으로서 "국가권력이나 행정 정책"과 "경제사

73 반복하지만 필자는 이런 교육정책에는 (신자유주의적 교육정책에도) 반대하며, 그 점에서는 앞서 본 전후교육학의 계승자들과 견해를 같이한다.

회를 포함한 현실 시민사회에 의한 교육요구"를 거론한다(佐貫, 2014: 145-146). 1950년대 가츠다-오사히와 2010년대 사누키와의 차이는 전제로 삼는 경제정책이 복지국가형에서 신자유주의로 갱신되는 것에 있다고만 보아도 좋다. 하지만 새로운 현실을 파악하여 그것에 대응하기 위해서는 사고틀의 쇄신이 필요한 것이 아닐까?

(3) 정치성의 은폐

국가와 경제가 교육에 관여하는 것에 대한 부정. 이 전후교육학의 문제구성에는 1970년대에 교육이 가진 정치성의 은폐가 추가된다.

호리오 테루히사는 교육학 관련 『이와나미 강좌』 시리즈의 발자취를 더듬으면서 전후교육학의 전개를 '정치'로부터 '아동'으로의 문제구성 전환으로 정리한다. "전후교육학은 전전의 어용 학문에 대한 참회와 비판에 입각하여 새로운 전개를 성취해 왔다." 이 "전후교육학의 행보와 과제 의식의 추이는 이와나미 교육학 강좌의 추이에도 반영되어 있다(堀尾, 1979: 287)." 『교육』(전8권, 1952-53)은 한국전쟁과 강화조약을 배경으로 "교육학 강좌라기보다 정치과제로서의 교육, 혹은 사회문제로서의 교육 문제에 역점을 둔 관점이 있었다(堀尾, 1979: 287)." 『현대교육학』(전18권, 1960-62)은 "민간교육 운동의 동향과 그 성과를 반영하고 각 교과를 지원하는 여러 전문 과학자와의 협력에 큰 특징이 있었"지만 이 "'교육과 과학'의 종합이라는 시점은 동시에 정치와 교육의 긴장 속에서 교육 고유의 논리와 가치를 확인하고자 하는 노력이기도 했다(堀尾, 1979: 287-288)."

하지만 호리오는 두 개의 이와나미 강좌를 정치와 교육 간의 관계가 아닌 "아동, 청년의 발달 연구" 내지 "아동 연구"로 파악하는 것도 가능하다고 하였다(堀尾, 1979: 288-289)." 가츠다 슈이치는 확실히 "교육을 정치와 정책의 노선에서 파악하고 그 정책을 분석하여 비판하는 일의 유효성을 확인"하였지만 "그것과 다른 방식"으로 교육학의 의의를 확인하고자 했다고 호리오는 말한다. 그것은 "인간의 가능성과 그 발달의 의미를 파악함으로써, 바꿔 말해 교육적인 것을 우리가 명확히 함으로써 역으로 교육정책에 대해 근저에서 비판을 수행하지 않으면 안 된다."라는 문제의식이다(勝田, 1964: 22-23, cf. 堀尾, 1979: 290)."

교육이라는 행위의 독자성을 도출해 냄으로써, 교육정책에 대한 방파제로 삼는다. 그때에는 아동의 발달이라는 관점이 중요해진다. 이 호리오의 입장은 그 자신이 편집위원으로 참가하여 앞서 인용한 논문인 「현대에 있어서 아동의 발달과 교육학의 과제」에도 수록된 『이와나미 강좌: 아동의 발달과 교육』(전8권, 1979-80년)의 기조를 이루게 된다. 가츠다는 1950년대 정치 동향에 대해 "일부 교사가 '정치적'으로 행동하는" 것도 "필연적"이라고 말하였다(勝田, 1953: 141). 하지만 이 정치성은 지금 교육이나 발달에 관한 과학적 해명으로 이행하였다. 이 입장은 호리오의 주저인 국민의 교육권론을 대표하는 이론적 저작인 『현대교육의 사상과 구조』(1971)에서 명확히 드러나게 된다. 과학적이면서 비정치적인 교육학 연구에 입각해 교육에 대한 국가의 정치적 개입을 저지한다. 국민의 교육권론은 이와 같이 자신의 정치성을 은폐하면서 정치적 효과를 요구해 온 것이다.

2. 국민의 교육권론의 한계와 그 속박

다음으로, 도덕교육에 관한 현대의 이론적 경직성을 극복하기 위해 대표적인 국민의 교육권론자인 호리오 테루히사의 『현대교육의 사상과 구조』(1971)를 검토한다. 이 책은 적어도 이하의 세 가지 점에서 우리의 패러다임으로 이어져 오고 있다.

① 국가와 국민을 대치시켜 전자를 악, 후자를 선으로 삼는 이원적 도식. 국가에 의한 국민 통제는 비판되고, 국민의 자기 통치야말로 이상이 된다.

② 지육知育과 덕육德育, 교육과 훈육을 이원화하고 국가에 의한 교육은 전자에 한정시켜야 한다고 보는 점.

③ 교육의 자율성을 주장하면서 그것이 정치, 경제체제에 종속되지 않을 수 없다고 보는 점.

(1) '국가' 대 '국민'

『현대교육의 사상과 구조』의 유명한 도식에 따르면 근대교육학이 이하의 삼중구조를 이루고 있다.

(1) 지배계급의 자기교육

(2) 지배계급에 의한 노동자(대중)의 교화

(3) 노동자의 자기교육

'근대교육원칙'을 보여주는 데에 부여된 가치는 (1) 그 이념을 받아 계승한다. 그리고 (3)을 보면 실제 교육현실을 리드하는 것은 (2)에 나온 대중 교화된 조직으로서 각국의 의무교육제도는 여기에 자리 잡고 있다. 하지만 호리오에 따르면 그것은 (1)에 드러난 아동의 권리를 주축으로 하는 '근대교육원칙'이 왜곡된 형태로 실현된 것이기에 교육 본래의 모습은 아닌 것이다(堀尾, 1971: 6 이하, 68 이하 외).

이 도식은 서양 근대의 역사적 전개에 맞춰 이야기되지만 실제 장소는 전후 일본의 '역코스' 과정을 서양 근대에 투영한 것으로서 호리오 자신이 말한 바와 같이 "유럽 교육사에 대한 실증적 연구"가 아니다(堀尾, 1971: v).[74] 특권적으로 가치가 부여된 근대교육원칙은 점령기 일본에 미국이 제시한 민주주의적 이념에 상응한다. 서양의 독점자본주의 단계에서 근대교육원칙이 대중교화로 떨어지는 과정은 전후 초기 이념이 강화기에 일그러져 '역코스'에 이르는 흐름에 그대로 대응되는 것으로 해석된다. 서양 근대와 전후 일본의 직접적인 대응은 『현대교육의 사상과 구조』에도 수록된 가츠다 슈이치와의 공저 「국민교육에서 '중립성'의 문제」(1958-59)에서 보다 명확해 진다.

"패전 후 교육개혁 사상"은 "시민사회와 더불어 자각된 교육의 자유라는 고전적 원칙을 과거 일본의 국민교육 철학이나 제도와 대결시켜 그에 따른 '국가' 혹은 관료의 교육 지배를 폐지한다는 의미를 가진 것이었다." 그러나 강화기 이후 국가는 다시 주도력을 가져와 어느샌가 '도덕의 교사'로 무대에 서게 된다(勝田 · 堀尾, 1971: 408).

여기서 묘사된 국가의 교육과 국민의 교육을 둘로 나누는 것, 전자를 교화로 단죄하고 후자에게만 가치를 확인하는 틀은 오늘날 교육 담론을 속박하여 이어져 오고 있다. 오늘날 도덕의 교과화가 비판받고 있는 것은 그것이 국가 주도의 교육으로서 교화에 불과하기 때문이다. 그러나 과연 국가교육=교화, 국민교육=교육이라는 소박한 이원론이 성립할 수 있는 것일까? 현실적인 의무교육제도에서 국가가 부과받은 역할을 부정할 수 없다면 우리는 국가를 상수로 두고 관리해 나가는 방식을 탐색해야만 할 것이다. 전후교육학은 이런 방도를 찾는 일에 스스로 손을 놓은 것이 아닐까?

74 그런 의미에서 "사후적으로 구성된 교육사상사의 문맥이 아닌 동시대의 역사적인 문맥에 두고 '근대교육의 원점'을 검토할 필요가 있다(岩下, 2015: 76)."라는 이와사키의 비판은 바로 호리오를 향해야 할 것이다. 무엇보다 이런 비판은 어떤 새로움도 없이 『근대교육포럼』 창간호의 데스오의 보고에 이미 나와 있다. 이 책 제3장을 참고.

(2) '지육'과 '덕육'

이어서 검토해야 할 것은 지육/덕육의 이분법이다. 호리오는 콩도르세에 의거하여 덕육을 포함한 '인간 형성으로서의 교육(education)'과 '지식의 전달에 머무는 지육(instruction)'을 구별하고 공교육은 후자로 한정되어야 한다는 원칙을 보여준다. "공교육을 지육으로 한정하는 것은 양심의 권리, 내면의 자유를 외적 압력으로부터 지키기 위해 필요한 것으로 생각된다(堀尾, 1971: 13)." 말할 것도 없이 이 주장은 도덕의 특설을 필두로 하는 '역코스'에 제어를 가하기 위한 것이다. "특설 『도덕』의 실시(1958)와 『기대되는 인간상』의 강요(1966)는 국가가 도덕 교사임을 주장한 것이다(堀尾, 1971: 278)."

하지만 선행연구가 보여준 것을 통해 콩도르세에게 엄격하게 맞출 경우 호리오가 주장하는 지육/덕육의 이원론은 성립하지 않는다. 오츠카 다다히로大塚忠広는 콩도르세가 도덕교육 일반을 부정한 것이 아니라 공교육이 특정한 종교와 결부되는 것을 부정하며, 오히려 이성에 기반한 도덕교육의 필요성을 설파하고 있다는 것이다(大塚, 1975: 89). 가메야마 고요亀山光陽는 콩도르세가 도덕 설화를 통해 인간의 내면에 침투하는 교육을 찬양했을 뿐 아니라 자신과 타인의 이익이 일치하는 '공도덕'을 상정하여 거기에 도입될 교육을 사고하였다고 말한다(亀山, 1995).

그러나 지육/덕육이 나뉠 수 없다는 것은 이미 가츠다와 호리오의 공저 「국민교육에 있어서 '중립성'의 문제」에서 교수/교육의 구분으로 명시되고 있다.

> 교육과 교수教授를 구분하여 읽기, 쓰기와 같은 지식이나 생활기술을 가르칠 것을 '교수'에 입각해 공교육의 고유한 내용으로 삼

아 도덕이나 내면성의 형성을 '교육'으로서, 그것을 개인과 가정에 위임하고자 하는 사상이 있다. 그러나 이 고전적 구별도 현재의 곤란함을 결코 줄여줄 수는 없다. 심리학이 밝힌 지점을 보더라도 교육과 교수의 구별은 현실에서 성립하지 않는다. 지식이나 기술의 학습이 내면적인 인간의 교화 외부에서 행해지는 과정에 멈출 수는 없으며 도덕적 형성과 지식의 학습은 끝없이 이어져 있다(勝田 · 堀尾, 1971: 412-413).

모리타 히사토는 호리오를 사례로 거론하면서 "우리는 교육이라는 개념을 지육知育(instruction)과 훈육訓育(education) [중략] 둘로 나누는 관례에 대해 충분한 교육사적 검토를 덧붙이지 않은 채로 지식교육과 도덕교육의 이분법에 안이하게 사로잡혀 왔던 것이 아닐까"라고 말한다(森田, 2013: 84). 실제, 지육과 덕육의 엄밀한 구분은 불가능할 것이다. 본래 교육/교화는 명확히 구별이 가능한 두 개의 실체가 아니라 어떤 사태를 해석함에 따라 어느 쪽이든 위치 지어질 수 있는 것에 불과하다.

(3) '교육'과 '정치 · 경제'

마지막으로, 교육과 정치 · 경제체제와의 단절을 검토한다. 호리오의 논의에는 근대교육원칙을 낳은 고전적 시민사회에 관한 하부구조가 분석되지 않고 그것이 변질하여 퇴락한 요인으로서만 자본주의의 전개가 부정적으로 언급되고 있다. 고전적 시민사회에서는 시민성 · '자유' · 자유주의와 공민성 · '국민' · 내셔널리즘이 조화를 이룬다(堀尾, 1971: 55). 그러나 산업자본주의가 발전함에 따라 부르주아는 프롤레타리아의 자유를 박탈하여 충성심을 심고자 한다. 그런 독점자본주의 단계에서 '국민교육제도'는 내셔널리즘의 교화조직이 된다. 복지국가는 교육에 대한 국가개입을 긍정하고, 시민국가의 '예외'를 자신의 '원칙'으로 삼는다(堀尾, 1971: 144-148).

> 고전적 시민사회에서는 그 본래적 의의에 있어서 정치와 교육이 사회결합의 원리에서 보자면 지배와 지도라는 모든 대조적(대립적) 성격을 가지게 되지만 (이 경우 대중교육은 교육의 범주에서 제외된다), 복지국가(대중국가)에 있어서는 정치가 권력의 지배로부터 여론의 지도와 조작을 통해 지배 형태를 대체한다. 그리고 교육이 정치에 종속되고 나아가 정치의 일부로 교육과 선전의 본질적 구별이 곤란하게 된다. '교육과 선전'을 통한 지도에 따른 지배가 일반화된다(堀尾, 1971: 136).

국민의 교육권론은 교육에 대한 경제계로부터의 요구를 거부한다. 그것은 당시 전후교육학의 틀이 형성될 무렵 사회주의 체제로의 이행에 현실적 가능성이 있었기 때문일 것이다. 고다마 시게오가 말한 바와 같이, 공적인 것公儀으로서의 중립성과 공적이지 않은 것祕義으로서의 정치성이라는 "교육학의 이중성은 공공연하게 부르주아 민주주의를 제창하면서도 본래 목소리는 사회주의혁명을 지향하는 강좌파[마르크스주의]적인 입장과 친화성을 지니고 있다(小玉, 2013: 41-42). 그러나 냉전 붕괴 이후 이런 전제를 지지하고 이어온 것이 곤란해지게 되었다면(혹은 만일 그것을 이상으로서 즉시 현실화하기 어려운 점과 당면한 현실의 차이는) 어떤 사회체제가 되었을 때의 이상적 교육이 실현가능할 것인가라는 고찰을 해야만 하는 것이 아닐까?

우리는 전후교육학과는 반대로 오늘날 도덕을 교과화할 때에 그것이 신자유주의적 이데올로기를 포함하면서도 동시에 '자율'이라는 근대교육의 이상을 포함하는 점에 주목할 필요가 있다. 신자유주의가 추구하는 '자율'은 근대교육학의 이념이기도 하다. 본래, '자율'이나 '계몽', '인권'과 같은 개인주의적 발상이 성립하게 된 것은 근대에 있어서 특정한 경제체제와 무관하지 않다. 그럼에도 불구하고, 전후교육학(그 대표자는 호리오)은 사상과 경제를 비교함으로써 이른바 경제적 요구를 거부하고 도덕의 이상을 실현 불가능한 저편으로 내쫓고 말았다.

3. 통치로서의 근대교육과 그 비판

이상과 같이 검토해 본 ① 국가/국민, ② 지육/덕육, ③ 교육/정치경제의 이분법이라는 국민의 교육권론이 가진 전제를 푸코의 '통치성' 개념에 입각해 넘어서고자 한다. 이 전환에 의해 국가 주도의 교육정책에 대한 비판은 더 명확한 근거를 가지게 될 것이다.

(1) 국가/국민의 이분법으로부터 통치성으로

교육학에서 푸코는 『감옥의 탄생: 감시와 처벌』에서 규율훈련형 권력의 문제계를 중심으로 이야기된다. 벤담의 판옵티콘(일망감시장치)은 규율훈련형 권력의 상징으로 잘 알려져 있다.

> (일망감시장치)는 보다=보여지다라는 한 쌍의 대립적 사태를 분리해내는 기계장치로서 그 연습장이 되는 건물에서 감시당하는 사람은 그대로 노출되지만 그 자신은 결코 감시자를 볼 수 없다. 반면 탑의 중앙에 있는 감시하는 사람은 일체를 보지만 결코 보여지지 않는다. 이는 중요한 장치인데, 왜냐하면 그것은 권력을 자동적으로 수행하는 것, 권력을 몰개인화하는 것이기 때문이다 (Foucault, 1975: 203/1977: 204).

가시성의 영역을 단속하여 그 사태를 승인하고 인정하는 자[피구속자]는 스스로 권력의 강제에 책임을 지고 자발적으로 그 강제를 자신에게 허락한다. 더구나, 거기에는 자신이 동시에 두 가지 역할을 동시에 하는 권력 관계를 자발적으로 승인하여 몸소 강제적 복종을 당하는 근원이 된다(Foucault, 1975: 204/1977: 204-205).

푸코는 권력에 대한 해석을 국가 등이 가진 거시적인 실체로서의 그것에서, 개인이 자신을 구속하는 미시적인 관계로서의 그것으로 쇄신한다. 여기서, 국가=권력과 국민=비권력을 실체적으로 둘로 나누는 국민의 교육권론의 전제는 붕괴된다(勝田 · 堀尾, 1971: 409).

나아가, 강의록이 출판됨에 따라 푸코 사상의 전모가 명백해지게 된 현재, 우리는 그의 '통치성(gouvernementalité)' 개념을 주축으로 교육을 '통치(gouvernement)'의 한 형태로 이해할 수 있다.[75] 규율훈련형 권력론과 통치성론은 권력론적인 면에서 연속적이다(箱田, 2013). 인간을 통치하는 기술은 중세 수도원의 생활과 결부되어 있지만 15세기 이후 시민사회에서도 폭발적으로 늘어 그 대상도 아동, 가족, 군대, 도시, 국가, 신체, 정신 등으로 폭을 넓혀왔다(Foucault, 1990: 37/2008b: 75). 바꿔 말해, 교육은 근대적인 통치의 일환으로 요구된 것이다.

> 어떻게 통치할 것인가? 이는 15세기와 16세기경 제기된 기본적인 물음의 하나였다고 생각합니다. 이는 매우 기본적인 물음으로서 이에 답하고자 모든 종류의 통치 기술이 다양해집니다. 교육의 기술, 정치의 기술, 경제의 기술 등이 그것입니다(Foucault, 1990: 37/2008b: 75).

75 엄밀하게는 '통치성'과 '통치'는 구별되며 연대에 따라 정의가 다르지만 이들에 대한 정리는 푸코 연구자에게 양보하고 싶다.

이미 본 바와 같이, '규율훈련형 권력'은 전형적인 통치의 한 형태였다. 그런데 푸코에게 근대의 상징인 판옵티콘은 호리오의 경우 근대교육의 '열외'로 위치 지어진다. 호리오에 따르면 시민사회의 사상가는 -로크가 전형적인데- 지배층만을 '근대교육원칙'의 대상으로 삼고, 노동자층은 교화에 대응시키는 이중성을 지니고 있다. 벤담은 부르주아 지향적 학교에서는 종교교육을 배제하고 '가치 있는 시민'의 육성을 지향하였지만, 하층 계층에게는 '국왕의 신민'이 될 도덕교육의 장치로서 '판옵티콘'을 준비하였다(堀尾, 1971: 24). 호리오는 2000년대 들어서도 판옵티콘을 '예외'로 보는 입장을 포기하지 않고 "우리 쪽이 푸코보다 더 역사적으로 그리고 정확히 사태를 파악하고 있다."라고 말한다(堀尾, 2006: 101).

하지만 푸코를 좇는다면 호리오의 범주에서 실체적으로 대립되는 국가의 교육/국민교육, 자기교육/대중교화 등은 자기와 타자의 '통치'라는 동일한 지평에서 이해될 수 있다. "국가/시민사회라는 구별"은 "모든 구체적인 체제를 물을 수 있는 역사적이고 정치적인 보편 개념"이 아니라 "하나의 특수한 통치 이데올로기에 고유한 도식화 형식"일 뿐이다(Foucault, 1994b: 820/2001a: 137).

(2) 지육/덕육의 이분법으로부터 진실의 정치학으로

그렇다면 교육을 '통치'의 한 형태로 간주하는 푸코의 시점에 대해 다음 비판이 예상된다. 교육은 사람들을 길들이는 수단에 불과한 것이 아닐까? '본래'의 교육은 그와 같이 억압적인 것이 아니다. '통치'로서의 교육을 이해하는 것은 국가의 문교정책을 비판하는 근거지를 잃어버리는 것이 아닐까 등의 의문이 그것이다. 이는 무엇보다 통치, 억압을 비본래적인 것으로 보고 자유, 해방과 이원적으로 대립시키는 틀에 답할 필요가 있기 때문이다. 어떤 하나의 현상은 그것을 해석하는 틀에 따라 억압적으로도, 해방적으로도 이해할 수 있다. 푸코에게 주체화란 곧 종속화였지만 때문에 그것이 완전히 억압적인 것이라고 할 수는 없다. 그리고 푸코는 이하에서 말하게 될 바와 같이 주체가 복종으로부터 이탈하는 계기를 이야기한다.

그러므로 여기서 푸코에게 교육이 '통치'로 간주되더라도 부당한 통치에 대한 비판적 관점도, 이상적 교육을 구하는 시점도 상실되는 것은 아니라는 점을 확인하고자 한다. 푸코에 따르면 16세기 무렵 통치가 일반화되고 그것을 거부하는 '비판적 태도'가 등장한다(Foucault, 1990: 38/2008b: 77).

> 통치의 일반화라는 것은 현실에서는 진리임을 주장하는 권력의 기제에 입각해 개인을 복종토록 하는 사회적 실천이라는 운동에 불과하다. 그리고 말하자면 비판이란 주체가 몸소 권력의 효과라는 관점에서 진리에 관해 물을 권리 및 진리의 담론이라는 관점에서 권력에 대해 물을 권리를 주는 운동에 불과하다. 괜찮다면 비판이란 스스로의 의지에 따라 불복종을 요구하는 기술이며 성찰을 거듭하여 순종하지 않기 위한 기술이다. 비판은 한마디로 말해 진실의 정치학이라 불리는 게임에서 본질적으로 주체가 복종으로부터 이탈하는 기능을 완수하는 것이다(Foucault, 1990: 39/2008b: 81).

이제, 여기서 푸코가 말한 '비판'은 칸트의 개념과 공통성을 가진다. 그렇다면 이는 칸트적인 '비판'일까? 아니다, 그것은 '계몽(Aufklärung)'이다(Foucault, 1990: 40/2008b: 81-82).

> 칸트가 계몽으로 기술한 것은 여태까지 내가 '비판'이라는 말로 설명하고자 한 것, 내 생각에 역사적으로 사회에서 통치의 일반화라는 커다란 과정과 더불어 서양에 고유한 태도로 등장하게 된 '비판적 태도'로 설명하는 것과 일치한다(Foucault, 1990: 39/2008b: 83).

데카르트는 과학적 합리성을 도덕과 단절하였지만 칸트는 도덕을 과학과 연결시켰다. 칸트적인 비판의 근거가 된 것은 '성서', '법=권리', '과학'이다(Foucault, 1990: 39/2008b: 80). 또, 『실천이성비판』의 도식에서는 주체가 보편적인 것과 윤리적인 태도를 연결시켜준다.

> 주체가 보편적인 한에서 보편적 주체는 인식의 주체일 수 있지만, 거기에도 윤리적인 태도를 어떻게 필요로 하는가, 이는 정확히 칸트가 『실천이성비판』에서 제기하고 있는 자기에 대한 관계에 다름아니다(Foucault, 1994c: 411/2001b: 268).

여기에서 앎이 주체의 윤리를 보장하는 것이 된다. 이를 현대적 문제를 통해 예시해 보자.

교육사회학자인 후지타 히데노리는 도덕의 교과화가 "'마음의 통제', '인격의 통제'를 이룰 수 없다."라고 비판한다. 국민의 교육권론과 동형의 '국가의 교육' 비판인 것이다. 그리고 국가 주도의 도덕교육에 대치시켜 "통지표에 기재된 것과 같은 평가"가 아니라 "좋아하는 것을 택할 것"을 소개한다. '에도시조江戸しぐさ'를 기반으로 아동들이 학교에서 무용을 스스로 만든다는 어떤 초등학교에서의 실천이 소개된다(藤田 · 大內, 2015: 140-142). 후지타의 논법은 국민의 교육권론과 마찬가지로 국가통제에 대하여 (국민의) "아래로부터

의" 교육실천을 대항축으로 삼는 것이다.[76] 그러나 과연 자생적인 교육실천의 시도를 당연히 좋아해야 한다고 할 수 있을까?

칸트–푸코적인 비판=계몽의 시점에서 다른 비판도 가능하다. 『우리의 도덕』(초등학교5, 6학년 판)에 역사적 사실인 것처럼 기술되고 있는 '에도시조' 자체는 1980년대에 날조된 '오컬트 물건'이라는 것이다(原田, 2014). 위사僞史에 기반한 교육은 도덕교육뿐 아니라 애초 허락된 적이 없다. '진실의 정치학'의 비판=계몽은 과학적 지식에 기반할 필요가 있다. 여기에서, 지육/덕육의 이분법은 통일된다. 정말, 오늘날 국가 주도의 교육정책을 보면 지육/덕육의 이분법을 전제로 삼는 국가의 교육 통제가 덕육에까지 미쳐서는 안된다는 비판이 그 역할을 완전히 상실한 것은 아닐지도 모른다. 그러나 지육과 덕육이 완전히 분할될 수 없다는 것이야말로 학교교육의 기반이 반증 가능한 과학 지식에 기반을 두지 않으면 안 된다고 하는 시점의 유효성을 확인시켜 준다는 점에서 큰 의미가 있을 것이다. 지식=권력, 비판=계몽이야말로 도덕교육의 근원이 된다. '비판'은 도덕적 태도임과 동시에 정치적 태도인 것이다.

> '비판적 태도'는 [중략] 통치의 기술에 직면하여 또 그 대응물이 되기보다 오히려 통치 기술의 파트너임과 동시에 적이기도 한 것입니다. 이 통치의 기술을 경계하고, 거부하며, 제한하고, 그 적절한 크기를 결정하는 것. 또, 이를 변혁하고, 이 통치 기술의 적용을 면하고자 하는 방책으로 비판적 태도가 생겨났다고 해야 할 것입니다. [중략] 이 사고 방법은 도덕적 태도임과 동시에 정치적인 태도이기도 한데, 우리는 다만 이를 '통치당하지 않기 위

76 후지타는 도덕의 교과화를 둘러싸고 시모무라 히로후미下村博文 대신과 대치한 BS일본방송 '심층뉴스'(2014년 3월 5일)에서도 이 실천을 평가한다.

한 기술'로 부를 것인가를 생각해야 합니다(Foucault, 1990: 38/2008b: 76-77).

(3) 교육/정치경제의 이분법에서 경제의 인간학으로

국민의 교육권론은 교육과 정치, 경제를 실체론적으로 대비시켜 이른바 정치적, 경제적 요구를 거부한다. 그리고 그에 입각해 이상적 교육을 실현 불가능한 저편으로 내쫓기 쉽게 된다.

때문에, 전후교육학과는 다른 식으로 사고해 보자. 도덕의 교과화가 신자유주의적 이데올로기를 포함하더라도 근대교육의 이상인 '자율'에 아동이나 교사를 향하도록 할 가능성도 있다. 그것을 택하는 것은 우리들이라고 말이다.

푸코에 따르면 자기의 통치로서의 도덕, 가족의 통치로서의 가정=경제, 국가의 통치로서의 정치는 어느 쪽이든 연속된다(Foucault, 1994a: 640-641/2000: 253-254). 하코다 테츠箱田徹가 지적한 바와 같이, "'생정치의 탄생'은 신자유주의 경제학에 '인간학적 측면'이 있다는 것에도 주목하고 있다(箱田, 2015: 215)." 신자유주의적 인간학이란 주체를 "자신의 기업가"로 삼는 것이다. "호모 에코노미쿠스, 그것은 기업가이자 자신의 기업가이다(Foucault, 2004: 232/2008a: 278)." 다만, "호모 에코노미쿠스"란 "통치의 개인적 경계선"이 되는 것으로서 "개인 전체, 주체 전체가 경제적 인간이다라는 것을 의미하지는 않는다(Foucault, 2004: 258/2008a: 310)."

애초, 근대교육학의 이상으로 찬양된 '자율'이나 '계몽', '인권'과 같은 개인주의적인 발상이 성립하게 된 것은 근대에 있어서 특정한 경제체제와 무관하지 않다. 뜻밖에도, 이와시타岩下가 지적한 바와 같이, 로크 교육사상의 이중성을 보여주고자 했던 구상은 "유덕하고 근면한 인간의 형성"에 의한 "국부의 증대"라는 점에서 공통된 것이었다(岩下, 2009: 115). 특정한 사회경제체제를 제외하고 어떤 이념이 현실화 될 수는 없다. 그렇다면, 자신이 이상으로 삼은 교육의 실현을 위해 어떤 전제가 필요할 것인가? 집중적인 고찰이 요구된다.

결론을 대신하여: 교육을 변혁하는 회로

전후교육학은 교육의 자율성과 정치적 중립성을 방패 삼아 교육이라는 독자의 영역을 국가나 경제체제의 영향으로부터 방어한다는 논법을 취해왔다. 국민의 교육권론을 특징짓는 것은 매우 나이브한 이원론적 발상이다. 국가/국민, 권력/비(반)권력, 강제/자유, 정치/교육, 경제/교육 등. 한편으로 본래 것으로서의 이념이, 다른 한편으로 방해요인으로서의 현실이 대치되고 있다. 그 때문에 묘사되는 교육은 늘 실낙원의 이야기가 된다. 현대교육은 근대교육원칙이 독점자본주의 하에서 왜곡시킨 현실인 것이다. 전후교육은 당초 이념이 '역코스'에 의해 왜곡된 것이다. '교육문제'는 본래적인 가치가 실현되지 않았기에 일어난 것이다 … 등. 이 담론에 의거하는 한 현대의 교육은 늘 '비본래적인 것'으로만 묘사될 수밖에 없다. 그것은 법정투쟁의 장에서 형성되어 온 국민의 교육권론이 남긴 유산이자, 자신을 피해자의 지위로 폄하함으로써 결국 적극적 관여의 길을 닫아버리고 말았다. 하지만 자신이 구축한 벽 속에 안주함으로써 과연 이상적 교육을 실현할 수 있을까? 오히려, 교육 자체가 가진 정치성을 인정한 위에서 어떤 정책이나 실천이 선호되어야 할 것인가를 적극적으로 논해야 하지 않을까?

이 장의 서두에서 말한 바와 같이, 필자는 도덕의 교과화에는 반대하지만 교과화를 '비판'의 계기로 파악하는 것도 충분히 가능하다고 본다. 마츠시타 료헤이가 말한 바와 같이, "도덕교과화가 우리를 어디로 연결시켜 줄 것인가"라는 물음과 "이러한 물음을 세운 시점에서 이미 도덕의 교과화에 '패배'했다고 말하지 않을 수 없다(松下, 2015: 169, 강조는 원저자)." 국민의 교육권론의 틀에 갇힌 채 국가에 의한 교육통제를 저지한다는 입장에 한정한다면, 반대로 그것은 교육을 변혁하는 회로 자체를 닫아버리고 마는 일이다. 적어도, 현재에는 어떤 교육정책을 전국적으로 실현하기 위해 국가의 역할이 빠질 수 없다. 신자유주의 정책에 대한 비판은 필요하더라도 다음 날부터 사회주의 체제가 될 수는 없다. 도덕의 교과화에 어떻게든 반대하더라도 어쩌면 이 규정사항대로 실시될 것이다. 그렇기 때문에 투쟁이 계속되지 않으면 안 된다. 거시적으로도, 미시적으로도. 불합리한 정책을 비판하고 자신의 손으로 교육현실을 만들어 나가기 위해서 말이다.

종
장

전후교육학을 넘어

1. 전후교육학에서 냉전후 교육학으로

(1) 전후교육학이란 무엇인가

필자는 이 책의 서두에 '근대'를 준거틀로 삼지 않을 수 없는 교육사상 연구의 존재 방식을 '교육사상의 포스트모던'으로 내걸고, 종래의 교육학에서 이 새로운 교육학으로의 전환을 묻고자 하였다. 그러나 각 장에서는 포스트모더니즘, 근대주의, 교육사상사의 방법론, 교육실천이나 교육현실과의 관계 등의 테마가 설정되었기에 예비지식이 없다면 부감적 조망을 하기 어려웠을 것이다. 이에, 이하에서는 여태까지 논한 교육학의 전환을 다른 각도에서 요약하고자 한다.

'전후교육학'에서 '냉전후 교육학'으로. 이 책에서는 포스트모더니즘에 대한 응답을 중심으로 검토하였지만, 1990년대에 일어난 교육학의 전환을 이마이 야스오가 한 바에 따라 이처럼 표현할 수 있을 것이다(Imai, 2007). 애초 '전후교육학'이란 무엇인가? 고미카와 고이치로児美川孝一郎는 "'전후교육학'이 대체 무엇을 가리키는가에 관해 엄밀한 의미에서 학설사적인 정의가 존재하지 않는다."라고 하면서도, “특정 세대 이상의 교육연구자나 민간 교육운동 등을 이끈 교사의 일정한 윤곽을 떠올릴 수 있는 것이 그렇게 곤란한 일만은 아니지 않을까”라고 말한다. 이는 가츠다 슈이치에서 호리오 테루히사로 계승되어 온 도쿄대 중심의 ‘전후교육학’관을 표명하는 것이다(児美川, 2010: 88-89).

1990년대에 전후교육학 비판의 한 날개를 담당했던 교육행정학자인 구로사키 이사오黑崎 勳는 후에 전후교육학 비판 방식에 의문을 제기하고, 전후 다양한 교육학 연구를 ‘전후교육학’으로 일괄하는 접근법은 성실성을 결여했다고 비판하였다(黑崎, 2009: 97). 이 구로사키의 반성을 우리는 진지하게 받아들이지 않으면 안 된다는 점을 이하에서 유의할 필요가 있다.

첫째, 전후교육학이란 제2차 세계대전 후의 교육학 전체를 가리키는 것이 아니라 그 일부인 진보적 교육학을 가리킨다. 때문에, 전후교육학 비판이란 전후의 교육학 전부를 대상으로 삼지 않고 특정한 교육학들이 가진 일정한 경향을 문제시하는 것이라고 할 수 있다. 둘째, ‘전후교육학’이라는 용어 자체는 ‘전후교육학자’들 자신이 어떤 의도를 가지고 의식적으로 사용하기 시작했다고 생각할 수 있다. ‘전후교육학’이라는 말의 최초 출처와 유통과정에 대한 검토는 다른 글에 양보하지 않을 수 없지만, 이 범주는 전후 교육학자 일부가 전전戰前교육학 및 동시대의 여타 교육학자와 자신들을 구별하기 위한 효과적인 장치로 작용했다고 할 수 있다. 구로사키의 반성으로부터 이상의 두 가지를 끌어내는 가운데에, 다음으로 전후교육학의 대표자인 호리오 테루히사가 정의한 기술을 검토해 보자.

> 전후교육학은 전전의 어용 학문에 대한 참회와 비판에 입각해 새로운 전개를 맞이하였다. 그것은 한편으로 새로운 일본의 건

설은 '교육의 힘에 달려있다'(교육기본법)는 것으로서 교육에 관련된 기대를 배경으로 교육의 민주화와 결부되어 다시 발족한 것이다. 이로 인해 교육학은 사회와 문명의 존재 방식에 대한 비판의식과 결부될 때에 사회과학의 한 분야로서 정력적으로 연구를 개척해 왔다. '교육의 사회적 기저'를 묻는 교육사회학이나 교육행정학이 각광 받고 사회과학을 표방하는 교육사연구회의 성과 또한 관심을 모았다(堀尾, 1979: 287).

호리오의 서술에서 중요한 점은 두 가지이다. 첫째, 전후교육학이 전전의 학문 방식과 결별함으로써 출발하였고 전후 사회의 민주화를 담당하게 되었다는 점이다. 즉, 전전의 어용 학문에 대한 반성과 평화적이고 민주적인 사회의 형성에 대한 기대라는 두 개의 전제를 공유했던 것은 '전후교육학'이라는 이름으로 가치 매겨진다. 호리오는 무나가타 세이야의 『교육의 재건』(1948)[77]의 서장을 평하면서, 무나가타가 "전후교육학에 대한 원망의 심정과 더불어, 경박한 신교육론에 대한 철저한 비판과 반성으로부터 출발해야 한다고 자신을 타이른다."라는 것이다(堀尾, 1979: 309). 무나가타의 전전교육학에 대한 비판은 정말 가차 없다. 하지만 모리타 히사토는 "전전과 전후의 단절이야말로 전후교육학이 만들어 온 최대의 허구의 하나"이며(森田尚, 2013: 86), "전후교육학 이데올로기는 전전기 교육학의 학문적 달성을 봉인하고 그 궤적을 소멸시켜 버린" 것이라고 하

77 호리오는 "『무나가타 세이야 저작집』 제2권, 青木書店, 1949년"으로 주석을 달았지만, 초판은 河出書房, 1984년이다. 또, 서장의 항목인 「절망의 교육학: 자기비판으로부터의 출발」은 바르게 하면 「절망 교육학: 자기비판으로부터의 출발」이다(堀尾, 1979: 309). 무나가타는 이 책에서 남녀평등의 보편선거에 반대하고 대중멸시를 보인다. "부인참정권 등 절대 반대", "중년 부인의 뻔뻔스러움과 밉살스러움. 이런 무리의 한 표는 반드시 진보를 방해할 것임에 틀림 없다." "이는 중년 부인만이 아니지 않을까. 유부남도 결국 마찬가지 아닐까. [중략] 때문에, 나는 남녀참정권에도 절대 반대이다(宗像, 1948: 11=12).

였다(森田尚, 2014: 2). '전후교육학'이라는 명칭은 전후의 진보적인 교육학이 스스로에게 보편성과 정당성을 부여한 장치였다.

호리오의 서술로 돌아가 주목해야 할 두 번째는 전후교육학이 마르크스주의의 강한 영향 아래에서 형성된 사실이 명시되고 있다는 점이다. '교육의 사회적 기저'라는 발상이 하부구조론의 영향을 받은 것임은 말할 것도 없다. 호리오는 "1940년대 종결 무렵 도쿄대 교육학부의 젊은 그룹은 교육의 사회기저연구회를 만들어 사회과학적 분석을 시도하였다. 그 가운데에 오타 다카시, 우수히 마사히사碓井正久, 스즈키 슈이치鈴木秀一, 오가우 토시오小川利夫 등이 있었다."라고 말한다(堀尾, 1979: 309). 오타는 최근 인터뷰에서 '봉건사회를 타파한다'라는 의도에서 이 연구회에 법학자인 가와시마 다케요시를 초청한 일을 회고한다(大田, 2014: 290). 가와시마가 마루야마 마사오, 오츠카 히사오와 나란히 근대주의라고 불리는 입장의 대표자라는 점, 근대주의가 서구와 비교하여 일본의 후진성을 지적한다는 전제를 강좌파 마르크스주의와 공유한다는 점은 재차 지적할 필요도 없을 것이다. 호리오는 교육사연구회와도 함께하여 "교육사연구회는 교육을 상부구조로 파악하여 그 하부구조로부터의 법칙파악을 표방한 뒤 그 성과를 『근대교육사』(전3권, 誠文堂新光社, 1951-56년)로 요약하였다."라고 평가한다(堀尾, 1979: 309).[78] 교육사연구회는 가이코 가츠오, 히로카 료조広岡亮蔵 등 도쿄대 문리과학대와 도쿄교육대 계통의 인맥을 중심으로 하며, 그 성과인 『근대교육사』는 유물사관의 역사법칙을 응용하여 마르크스주의적 교육사를 시도하였다(海後 · 広岡 편, 1991/1954/1956).

78 교육사 연구회에 관해서는 제5장도 참고.

(2) 전후교육학의 형성과 변천

이상을 더듬어 정의해 보자.[79] 전후교육학이란 제2차 세계대전의 패전을 계기로 전전·전중의 초국가주의에 대한 반성을 축으로 형성된 일본의 진보적 교육학에 대한 총칭이다. 어디까지나 혁신적인 경향을 가진 한에서 제2차 세계대전 후의 교육학 전부를 가리키는 것은 아니다.

전후교육학의 주된 이론적 성과로는 국민교육론, 국민의 교육권론, 교육적 가치론, 교육·교육학의 자율론, 교육행정의 내외구분론, 아동의 권리론이나 발달론 등이 있고 대표적 논자로는 나가타 세이야, 미야하라 세이이치宮原誠一, 가츠다 슈이치, 호리오 테루히사 등이 거론되는 경우가 많다.

각 주장은 제각각이지만 대략 다음과 같은 특징이 있다. 교육과 평화·국가체제의 문제를 연관시켜 논한다. 전전/전후의 단절설에 입각해 국가주의교육을 비판하고 민주주의교육·국민교육의 실현과 정착을 지향한다. 전후 초기의 개혁을 높이 평가하고, 1950년대 이후 정책 전환을 '역코스'로 위치 짓는다. 인권 등 18세기 시민사회론의 이념을 떠받들고 19세기 이후의 제국주의나 자본주의 체제, 그리고 그 영향 아래에 있는 현실적인 문교정책을 첨예하게 비판한다는 점 등을 들 수 있다.

전후교육학의 원형은 강좌파 마르크스주의의 강한 영향 아래에서 일교조를 둘러싼 정치 동향을 반영하여 1950년대 초기에 만들어졌다(森田尚, 2003). 당시, 교육학자와 지식인은 전전교육이 초국가주의를 그대로 유지하고 있다는 점을 깊이 반성하였다. 그러면서,

79 이하의 논의는 『교육사상사전(증보개정판)』(勁草書房, 근간)에서 '전후교육학' 항과 겹치는 부분이다.

한국전쟁의 발발과 경찰예비대의 설치 등 일련의 동향과 전후 민주주의의 후퇴 및 전전으로의 회귀('역코스')를 예감하고는 국가의 정책 전환을 첨예하게 비판하였다. 그런 교육의 국가통제에 반대하는 가운데 만들어진 것이 보수 대 혁신이라는 55년 체제를 반영한, 문부성 대 일교조, '국가의 교육권' 대 '국민의 교육권'이라는 도식이다. 전후교육학이 국가의 교육정책을 비판할 때에 주된 논거로 삼은 것은 (구)교육기본법, 인권이나 발달 등의 서양 근대의 이념, 아동중심주의 등의 교육사상이었다. 전후교육학자들은 일본이 실현해야 할 교육적 가치의 원천을 서양 근대에서 구했다. 이른바 근대주의의 입장이다. 이는 점령기만이 아니라 강화조약 후 일본도 미국의 강한 영향 아래에 있었던 것과 무관하지 않다. 전후교육학은 미국에 의해 규정된 일본의 현실을 넘어서기 위한 이념을 서양 근대에서 구했던 것이다.

전후교육학은 공식적인 중립적 교육학 개념과 비공식적인 혁신파의 정치 이데올로기라는 이중성을 띤다(小玉, 2013). 즉, 교육학으로서는 아동 발달 등 중립적인 개념을 제시하지만, 그 배경에는 교직원조합이나 연구회와 같은 혁신파 세력이라는 후원자들이 존재한다. 이 이중구조를 통해 전후교육학은 영향력을 지켜왔다. 그런데, 전후교육학의 전모를 이해하기 위해서는 학문의 내실뿐 아니라 운동체로서의 측면과 다양한 매개체에 주목하지 않으면 안 된다.

우선 학문의 생산과 재생산의 장소인 대학부터 논해야 할 것이다. 전후교육학의 동향은 도쿄대 문벌을 중심으로 기술해 온 경우가 많지만, 고등사범학교의 흐름을 이어받은 도쿄대 문리대·도쿄교육대학(梅根 悟 등)과 히로시마 문리대·히로시마대학교(長田新 등)의 공헌을 잊어서는 안 될 것이다. 최근 다케우치 요가 지적한 바와 같이, 철학적 인간학의 전통을 가진 교토대는 전후교육학의 혁신적인 동향과는 선을 그었다(竹內, 2011).

일본교육학회가 1947년에 학회로서 처음 조직되어 초대회장인 오사다 아라타의 출신과 무관하게 특정한 학벌이 아닌 성원들이 모였다. 일본교육학회는 일교조와 가까운 관계를 유지하여 국가의 문교정책에 대해 늘 대안적인 정책제언을 이어나갔다. 1972년에 발행된 『일본교육학회의 교육개혁의견서 · 요망서 등 자료집: 1954-1970』에는 「교육공무위특례법 일부개정법안」, 「모든 의무교육 학교에서 교육의 정치적 중립의 확보에 관한 법안」(1954)을 필두로, 교과서 제도(1955), 교육2법(1956), 도덕교육(1957), 교사의 근무평정(1957), 전국일제학력조사(1961-62), 대학관리제도(1963), 교원양성(1964) 등 다양한 검토와 제언이 요약되어 있다(일본교육학회, 1972).

교직원조합이나 민간 교육운동, 각종 연구회 등도 전후교육학의 중요한 거점이었다. 1951년 일교조 제1차 전국교육연구 집회의 강사단에는 나가타 세이야, 미야하라 세이이치, 가츠다 슈이치, 우메네 사토루, 스고 히로시周郷 博, 가이코 가츠오, 오타 다카시, 야가와 도쿠미츠 등의 교육학자가 포함되어 있고, 제2회 이후에도 전후교육학에서 하나의 아성이 되었다. 일교조는 1957년 우에하라 센로쿠上原專祿를 초대 소장으로 삼아 국민교육연구회를 설립하지만, 그 운영에는 우메네, 나가타, 미야하라, 가츠다, 가이코 등이 관여하였다(일본교직원조합, 1958, 1967). 그 외에도 도쿄대 계통의 교육과학연구회(가츠다, 나가타, 미야하라 등), 도쿄대 문리대 · 도쿄교육대 계통의 교육사연구회(히로카 료조, 가이코 가츠오 등), 와고和光학원을 중심으로 한 코마교육과정연맹(후에 일본생활교육연맹, 우메네, 이시야마 슈헤이石山脩平) 등은 전후교육학을 생각할 때에 빠트릴 수 없다(에비하라海老原, 1988).

전후교육학의 성과는 사법의 장에서도 확인된다. 이에나가 사부로家永三郎를 원고로 삼은 교과서 재판 제2차 소송 제1번(스기모토 판결)

은 국민의 교육권론(호리오 테루히사 등)에 의거 하여 교과서 검정을 위법으로 보면서 원고가 전면 승소하였다(1970년 7월 17일). 다만, 아사히 가와가쿠旭川学 사건 최고재판 판결에서는 국가의 교육권론과 국민의 교육권론 어느 쪽이든 전면적으로 채용할 수 없다는 절충설이 나왔다(1976년 5월 21일).

전후교육학의 형성에는 출판매체도 큰 역할을 담당하였다. 교육학자에 더해 시미즈 이쿠다로清水幾太郎 등이 참가한 『이와나미 강좌: 교육』(1952-53)은 교육과 평화의 문제를 연결지어 반동적인 보수 세력에 저항할 민주적 진보 세력이라는 전후교육학의 틀을 결정지었다(森田尚, 2003). 이후, 역대 이와나미 강좌는 전후교육학의 중심적 패러다임을 이루어 통치적 역할을 담당하였다. 『이와나미 강좌: 현대교육학』(1960-1962)에서는 학교교육의 색채가 강하게 표출되어 초중등교육 각 교과의 기반을 이루는 학문성이 강조된다. 오가모토 나츠키岡本夏木나 하다노 기요波多野誼余夫와 같은 심리학자를 편집자로 더한 『이와나미 강좌: 아동의 발달과 교육』(1979-1980)은 아동의 발달단계에 맞는 교육을 콘셉트로 삼아 그 기초이론이나 각 발달단계의 과제를 망라한다(堀尾, 1979).

또, 우메네 사토루와 가츠다 슈이치가 감수한 『세계교육학선집』(明治圖書出版, 전100권+별권, 1960-1983)은 국내외 교육에 관한 텍스트를 선택하여 전후교육학의 이념을 이상적으로 뒷받침하고 교육학의 연구대상 자체를 구축하였다(矢野, 2010).

(3) 교육학의 패러다임 전환

1) 『교육학연보』와 교육학 쇄신

전후교육학은 마르크스주의나 근대주의(시민사회파)를 통해 일본의 후진성을 지적하고 이념화된 가치로서의 근대를 실현하고자 하였다. 그러나 1960－1970년대 근대비판과 1970년대 이후에 알려지게 된 일리치, 푸코, 아리에스 등의 작업은 그런 이념적 근대 상에 재고를 요구하였다. 동시기에 주목받았던 학교폭력, 왕따, 등교거부(부등교) 등의 '교육문제'는 '좋은 것으로서의 교육'이라는 전후교육학의 전제를 흔들었다(藤田, 1992).

1990년 전후로 동서냉전과 55년 체제가 종언을 맞이하면서 보수 대 혁신이라는 정치 도식이 와해되어, 전후교육학은 서서히 힘을 잃게 된다. 일교조는 1991년 분열하여 전일본교직원조합을 낳고, 1994년에는 일본사회당의 노선변경과 더불어 문부성과 협조노선을 취하게 된다. 2002년도부터 실시된 '종합적 학습시간'이나 이른바 '유도리 교육'은 일교조나 전후교육학의 주장을 문부성(문과성)이 받아들인 것이라고 할 수 있다.

그런 가운데에 전후교육학을 대신할 새로운 교육학이 생겨난다. 그 상징은 1992년 가을에 창간된 두 개의 정기간행물인 『교육학연보』(9월 1일 판)과 『근대교육포럼』(10월 1일 판)이다. 후자는 1991년 창설된 근대교육사상사연구회(현재의 교육사상사학회)의 간행물이지만 이 학회의 동향은 제3장과 제4장에서 얼마간 상세하게 검토한 것으로서, 여기서는 교육학의 패러다임 전환에 관한 하나의 상징인 『교육학연보』에 관해 논하고자 한다.

『교육학연보』(世職書房)는 모리타 히사토(교육철학), 후지타 히데노리(교육사회학), 구로사키 이사오(교육행정학), 요시오 가타기리(교육사학), 사토 마나부(교육방법학)을 편집 및 저자로 삼아 1992년 창간되었다. 1951년 태어난 사토 마나부 외에는 1944년생들로서 간행 년도 당시 48세였다. 교육학의 각 분야를 추월한 편자들이 집결한 이 시리즈 서적은 전문의 벽을 허물고 상호 교류를 넓히는 것 뿐 아니라 중견 세대의 연구자가 선행 세대와의 논쟁을 넓혀 나감으로써, 교육학 전체가 새로운 방식으로 태어나고 변화할 변용의 프로젝트를 세간에 알리는 일이었다. 책 띠지의 「**시작의 '시대'**」와 더불어 「**창간**」의 고딕자를 좌우로 두른 창간호의 띠지는 이 기획 의도와 당시의 공기를 잘 전달하고 있다.

> 새로운 문제의 성립은 그에 어울리는 방법의 확립을 요청한다.
> 새로운 방법에 대한 관심은 새로운 연구자 세대의 등장을 촉진
> 하고 떠맡는다!

더구나, 「교육연구의 현재」라는 제목이 달린 제1권 다섯 명의 편자는 선행하는 교육학 연구의 존재 방식을 비판하고, 패러다임의 전환을 주장하였기에 이 충격은 강렬한 것이었다. 모리타 히사토(1992)는 가츠다 슈이치의 교육적 가치론을, 구로사키 이사오(1992)는 나가타 세이야와 호리오 테루히사의 교육권론을, 요시오 가타기리(1992)는 데라사키 마사오寺崎昌男와 사토 히데오佐藤秀夫의 실증주의 교육사학을 언급했던 것처럼, 당시 40대였던 편저자들은 선행세대가 구축한 교육학 패러다임을 각각 강하게 의문시하였다. 후지타 히데노리(1992)는 포스트모던론에서 교육사회학의 전환을 선명하게 묘사하였다.[80]

1950년대부터 1990년대까지는 『이와나미 강좌』가 전후교육학의 규율을 형성하고 보급하였지만, 1990년대 『교육학연보』는 전후교육학의 통설을 의문시하여 새로운 교육학의 틀을 제시하였다. 사토 마나부, 가리야 다케히코, 히로타 데루유키, 이마이 야스오와 같이 90년대 후반부터 일본 교육학을 견인하게 된 다수의 논자는 『

80 다만, 사토 마나부(1992)는 특정한 교육학자가 아닌 '수업연구' 일반을 비판하고 있으며, 전문분야 외에는 비판의 대상을 특정하지 않는다.

교육학연보』 출신이다. 물론, 그들은 『연보』가 아니었더라도 세간에 알려졌을 것이다. 그러나 『연보』가 교육학의 쇄신자로서 화려하게 이미지를 끌어올렸음은 틀림없다.

2) 일본교육학회의 전환

1990년 초엽, 교육학의 쇄신 운동은 근대교육사상사연구회나 『교육학연보』에서 시작했지만 서서히 그 사조는 교육학의 본체로 전파되었다. 이를 상징하는 것이 일본교육학회의 대회 심포지엄의 변화이다. 징표는 도쿄도립대학에서 개최된 제54회 대회 심포지엄1: '교육학의 최전선'(1995년 8월 25일)일 것이다(加野, 1999: iii). 오자와 유사쿠小沢有作는 대회교를 대표하여 다음과 같이 말하였다.

> 교육학이 재미있어지려면 우선 이론의 앙시앙 레짐을 해체하는 방법의 요소, 역사에 대한 독해를 포함하여 제시하지 않으면 어렵습니다. 나아가, 새로운 패러다임을 모색하여 시행착오, 다양한 주장, 출생의 고통을 속속들이 드러내지 않으면 안 될 것입니다. 그렇다면, 저절로 의견이 만발하여 연구대회에서도 학회에서도 활기가 솟아날 것입니다. 요컨대, 대안을 실행한다면 교육학은 재미있어지게 됩니다(小沢, 1995: ii).

대안에 대한 염원은 구로사키 이사오가 쓴 심포지엄1의 기획취지문에 단적으로 나타난다. 거기에는 교육의 독자성을 주장한다. 교육학의 외부로부터 새로운 지식과 방법을 적극적으로 흡수할 젊은이들의 존재가 다른 분야가 연구 수준에서 남겨놓은 전후교육학을 넘어서게 해줄 것이라는 도식이 명시되고 있다.

> 전후교육학이라는 말이 보여주는 바와 같이, 오늘날 주류를 이루는 교육학의 한 틀은 '전전의 국가주의적 교육학' 대 '전후민주주의 교육학'이라는 대항 도식이다. [중략] '교육의 안쪽에서 교육을 문제시할 이론을 만들어낸다'라는 교육학의 접근은 오늘날 교육적인 것과 교육 외적인 것을 구분한다. 이는 자칫 가치론적 전제 없이 교육적인 것을 다루는 문제를 양산하는 것이 아닐까? 다른 한편, 인문 · 사회과학의 선진적 동향에 촉발되어 새로운 교육학 연구를 정력적으로 추진해 나가는 젊은 세대의 연구자가 다수 존재한다. 본 심포지엄은 이른바 이런 교육학의 최전선에 닿아 힘 있고, 의욕적인 연구 활동을 추진하는 젊은 세대의 연구자를 제안자로 내세운다. 이를 통해 교육연구자의 현재와 장래 전망을 이야기할 수 있는 장으로 삼고자 한다(黑崎, 1995: 54).

교육학의 쇄신에 기대를 건 발표자는 야노 사토지(교육철학), 히로타 데루유키(교육사회학), 오모 도시유키大桃敏行(교육행정학) 세 명이다. 야노와 오모는 1954년생이면서 심포지엄 당시 41세, 히로타는 1959년생이면서 당시 36세. 1990년대 후반 젊은 세대는 전후교육학의 틀을 적극적으로 뛰어넘기를 원하였기에 이것이 시대의 공기가 뒤에서 누르는 것이라고 말한다.

그리고 이 성과는 이듬해 제55회 대회 전체 심포지엄인 「'교육학은 어디로': 교육학 패러다임의 재검토」(1996년 8월 29일, 교토대학)로 계승된다. '심포지엄 설정취지'에는 전년도의 '교육학의 최전선'의 문제의식과 성과를 계승하여 발전시킨 점이 제창되었다. 이를 위해 반성의 대상을 '전후교육학'에서 '근대교육학'까지 확장하는 작업이 시도되었다(小笠原 · 和田, 1997: 1).

전후교육학 및 근대교육학의 패러다임에 대한 반성은 1998년

第57회 대회 전체 심포지엄인 「교육이라는 '서사': 인간 형성에 대한 서사론적 접근」(1998년 8월 28일, 가가와香川대학)에서 좀 더 철저해진다. 여기서 '서사'는 쿤이 말한 패러다임 혹은 '틀'이나 '줄거리'와 같은 것으로 이해되어 교육이나 아동의 성장이 '서사'로 상대화된다. 1990년대 후반에는 포스트모던 사상을 좇은 근대비판이 일본교육학회에서도 일정한 지지를 얻어낸다.

> '교육' 개념의 상대화나 '교육=근대'라는 역사의식의 자각은 '계몽', '진보'라는 '거대서사'의 자명성을 크게 흔들리게 하였다. '서사'라는 시점에서 교육이라는 행위를 재구성함과 더불어 인간 형성의 문제로 고찰하고자 한다(矢野 · 毛利, 1999: 3).

3) 폐색 짙은 이와나미 강좌

이와 같은 교육학의 쇄신과 나란히 1998년 『이와나미 강좌: 현대의 교육, 위기와 개혁』(전12권+제0권)이 간행되었다. 이 책은 『아동의 발달과 교육』(1979-80) 이후 20년 가까운 시간을 거친 새로운 이와나미 강좌이지만 그 논조는 이미 이전과는 뜻을 달리하고 있었다. 제0권은 「교육에 대한 고발」이라는 제목 하에 31명의 저명인사가 자신의 교육경험을 이야기하고 있지만 거기에서 이야기되는 교육상 다수는 명확하지 않다. 편자가 쓴 '머리말'도 당시의 울적한 공기를 전하고 있다. "아동과 청소년을 둘러싼 침통한 사건이나 여태까지의 상식으로는 헤아릴 수 없는 부조리한 현상이 빈발하여 우리의 마음에 무거움밖에 남지 않는다(佐伯 외, 1998: v). 이 시기에는 매스컴을 통해 아동에 대한 불안이 떠들썩하게 이야기되었다. "아동은 바뀐다"라는 통설을 의문시하고 그 후 논조를 전환시킨 시초가 된 히로타 데루유키의 『일본인의 예의범절은 쇠퇴하는가』(講談社

現代新書, 1999년 4월) 또한 발행되지 않은 시점이었다.

물론 이와나미 강좌는 『교육』(1952-53) 이래 동시대 교육상황을 '위기'로 파악하였다(제6장 참고). 그런 의미에서 시대를 비관적으로 진단하는 것은 『현대의 교육: 위기와 개혁』만의 특징은 아니다. 그러나 일찍이 이와나미 강좌에서는 '위기'를 극복하기 위한 처방전을 제시해 왔던 데에 반해, 여기서는 나아가야 할 방향이나 명확한 미래의 전망을 보여주지 못한다. 사토 마나부는 다음과 같이 말한다.

> 교육은 지금 큰 전환점에 서있다. 학교의 병리가 분출하여 사람들이 학교 비판과 교사 비판을 전개하기 시작한 것은 1980년대 오와세尾鷲 중학교의 교내폭력 사건부터였다. 이후 약 20년간 학교폭력, 가정 내 폭력, 부등교, 수험경쟁, 자폐, 섭식장애, 왕따, 배움으로부터의 도주, 드롭아웃, 학급해체, 원조교제, 흉악범죄 등 아동의 위기는 점점 심각해졌다. [중략] 이후, 교육개혁은 어떻게 전개된 걸까? 어디에도 모델은 없고 누구도 그 행방을 예측할 수 없다(佐藤, 1998: 54-55).

현대의 시점에서 보자면 이 폐색 짙은 느낌은 '거대서사'의 상실에 따른 것이라고 생각된다. 그런 의미에서 『현대의 교육: 위기와 극복』은 포스트모던 상황에 대한 하나의 징후 외에 다름아니다.

2. 근대비판의 행방

(1) 교육학의 기점을 둘러싼 물음

돌이켜 보자면, 우리는 이런 교육을 어떻게 구상할 수 있을 것인가? 1990년대 교육학에서는 근대교육학 비판이나 전후교육학 비판이 일대 운동이었지만 2000년경부터는 비판의 강세가 꺾여 근대 교육의 탈구축으로 키를 돌리려는 입장도 나타났다. 물론, 이런 추세와 전혀 무관하게 전후교육학의 유산을 지키고자 한 이도 있다.

포스트모더니즘, 근대교육 비판, 전후교육학 비판은 일반적으로 교육학으로부터 규범 창출 능력을 탈취해 왔다고 이해되었다. 이 설에 대해 필자의 다른 입장은 이 책(제1장 등)에서 논했다. 1990년 이후 근대교육 비판을 색인한 모리타 히사토가 근대비판은 자신들의 근거가 되는 도덕적 기반을 파괴할지도 모른다고 회고했던 사실은 간과할 수 없다.

> 확실히 우리에게 근대교육 비판은 반反근대를 의도한 것이 아니었다. [중략] 하지만 근대비판이라는 학문적 작업은 우리가 서 있는 도덕적 기반 자체를 파괴할지도 모른다는 위험에 대면하게 했다는 점을 경시하고 있었다고 볼 수 있다(森田尚, 2013: 87).

여기서 모리타는 찰스 테일러의 『자아의 원천』(Taylor, 1989/2010)을 사례로 거론하면서 "테일러의 시도와 같이 근대적 이성에 대한 물음을 바로잡았지만, 동시에 우리의 도덕적 행위를 인도하는 원리에 대한 탐구와 같은 교육사상사를 구상하는 것이 이후 연구 활동의 초점이 되어야 하지 않을까"라고 말한다(森田尚, 2013: 87).

그렇다면, 우리는 이후 어떤 교육학을 구상할 수 있을 것인가? 이하에서는 이들 교육학이 취할 수 있을 방향에 관한 2010년대의 대표적인 입장을 개관하면서 필자 나름의 전망을 쓰고, 이를 이 책의 결론으로 대신하고자 한다.

(2) 다시 보편적 가치로

최초에 검토해야 할 것은 전후교육학을 계승하고자 하는 입장일 것이다. 그것들 다수는 포스트모더니즘을 통렬히 비판한다. 포스트모더니즘의 입장을 취하지 않는다면 혹은 포스트모더니즘을 비판한다면 교육학이 위신을 회복하는 것도 가능하다고 생각하기 때문이다.

교육과학연구회의 사토 히로미佐藤広美의 논의를 끌어들여 보자. 사토는 모리타 히사토, 야노 사토지, 이마이 야스오, 히로타 테루유키 등의 입장을 '포스트모던 교육학'이라고 부르고, 그것이 교육의 보편적인 가치에 대한 신뢰를 상실하게 만든 신자유주의에 길을 내주었다고 말한다. 전형적인 진보적 교육학 담론이다.

> 보편적 가치를 내던진다면 교육적 위기라는 현실을 읽어내고 비판하는 근거의 장소를 잃고 현상을 승인하고 말 것이다. 그것은 빈곤과 격차를 불러일으켜 교육 통제를 강화하는 신자유주의적 개혁을 단행하는 국가의 교육행정범죄에 면죄부를 주는 셈이다. 이는 책임감 있는 교육학이라고 할 수 없다. 중요한 것은 교육의 도덕적 가치에 대한 흔들림 없는 탐구이며, 가치 인식이 불충분한 것은 교육연구자의 사상성 때문일 것이다(佐藤, 2014: 30-31).

그러나 교육학이 보편적 가치를 논하지 않는 것이 정말 곧바로 현상에 대한 승인이자, 빈곤의 만연과 격차의 확대로 귀결되고, 신자유주의에 면죄부를 주는 것일까? 이 논리를 들이대면 보편적 가치를 논하지 않는 다수의 교육학 연구 —예를 들어, 교육사회학이나 교육심리학 대부분— 들은 '국가의 교육행정 범죄'의 공범자가 되고 만다. 혹은, 가치에 연관되는 교육철학이나 교육사상연구에 한정하여 보더라도 보편적 가치가 일원적으로 규정될 수 있다고 생각하는 연구자는 현대에 많지 않을 것이다(宮寺, 2014). 애초, 사토는 빈곤·격차와 국가의 교육 통제라는 문제를 '신자유주의'라는 말로 일괄하고 '보편적 가치'를 대치시킴으로써 이런 경향의 제어장치로 삼고자 하였다. 그러나 빈곤이나 격차의 해소와 국가의 교육 통제에 대한 저항은 다른 대책을 필요로 하는 것이 아닐까?

또, 사토의 논의는 전후교육학에 입각한 다수의 포스트모던 비판과 마찬가지로 포스트모던 사상과 포스트모던 상황을 혼동하고 있다. 포스트모던 상황에 대한 변화는 어쩌면 불가역적이며, 포스트모던 사상을 부정하더라도 포스트모던 상황으로부터는 달아날 수 없다. 전후교육학의 영향력이 저하된 원인은 교육학 자체라기보다 교육학이 직면한 상황 —55년 체제와 보혁대립 도식의 붕괴— 에서 구해야 할 것이다(표 7-1).

표 7-1 사회·정치체제와 교육학

시기	1950년대~1980년대 말	1990년대~
교육학의 주된 동향	전후교육학 (근대주의, 마르크스주의)	냉전후 교육학 (포스트모던 교육학)
사회·정치체제	냉전체제 (복지사회, 55년 체제)	냉전후 체제 (신자유주의, 글로벌화)

사토의 주장에 맞춰 다음 두 가지를 생각할 필요가 있다. 우선 첫째, 만일 1990년대 중반 무렵까지 교육학이 국가의 문교정책에 저항했었다면(적어도 그 실감을 당사자가 느낄 수 있었다면) 그 배치는 왜 사라져버린 걸까? 교육학의 효력을 다시 회복하고자 한다면 교육학설·

이론의 내실과는 별도로 교육학에 주어진 상황 변화를 검토하지 않으면 안 될 것이다(広田 외, 2009, 広田 2014a). 둘째, 교육학은 사회에서 기인하는 문제를 어느 정도 해결할 수 있을까? 교육학이 자신에게 주어진 상황에 영향을 끼친다는 것은 어떻게 가능할까? 약간 엄밀성을 결여한 용법이지만 상부구조는 하부구조에 손길이 미치는가, 그렇지 않은가? 이 점을 생각하기 위해서는 전후교육학이 넘고자 한 마르크스주의 교육학의 유산을 다시 검토해야 할 것이다.

이상을 거슬러 올라가 교육학 자체의 문제로 돌아가 보자. 고미카와 고이치로는 '포스트모던 사조'가 '모던 이론에 의거한 전후교육학'의 '발판'을 붕괴시켰다고 말한다(児美川, 2010: 92-93). 이 현상 인식 자체는 앞서 모리타의 이해와 그다지 다르지 않다. 그렇다면, 포스트모던 사조에 의거한 교육학의 발판이 붕괴됨으로써 우리는 무엇이 가능할까? 고미카와는 기든스와 같이 끝없이 재귀적으로 자신의 근거를 묻는 반성적 회로를 장착한 채 '근대교육원칙'을 유지해야 한다고 말한다.

> 난문이라고 불러도 좋을 교육학의 곤란함 앞에서 그나마 말할 수 있는 것이 있다면, 오늘날에도 교육을 도입하고 방향 지어줄 목적론이나 이념이, 비유컨대 픽션이라고 하는 '허구'로 이어져 온 것에 불과한 것이 아닐까? 그런 교육목적이나 이념은 어딘가에서 절대적인 준거틀을 구할 수밖에 없기 때문에 끝없이 재귀적으로 자신의 근거를 의문시하는 회로를 갖추어야 할 필요가 있다. [중략] 이런 재귀성을 넣는다면 전후교육학의 문제설정은 이전에 시야에 둘 수 없었던 문제 영역을 의식하게 되겠지만, 반대로 '근대교육원칙'으로 내걸었던 모든 이념을 간단히 전부 버려야만 하지 않을까(児美川, 2010: 92-93)?

계승해야 할 이론의 내용을 별도로 둔다면, 필자는 고미카와의 입장에 비교적 가깝다. 필자는 호리오 테루히사의 '근대교육원칙'은 역시 유지될 수 없는 것이 아닐까(제6장 참고), 근대적 이념의 일부는 그 한계를 비판하면서도 계승되어야 할 것이 아닐까라고 생각한다. 예를 들어, '자율'은 그 한계가 명확하다 해도 지금 우리의 과제로서 지속해 나가야 하며, 그 불가능성이 드러나더라도 교육의 목표로 유지해야 할 것이다(下司 편, 2015). 또, 발달이나 인권 등 근대교육의 주요 개념에 관해서는 그 역사적 규정성이나 한계를 비판적으로 해명할 학문적인 작업을 해나가는 동시에 교육실천을 보장하고 실현시키려 노력해야 할 것이다. 국가주의적인 도덕교육의 경우, 비판이나 계몽과 같은 근대적 이념을 가지고 그 억지력을 길러야 할 것이다.

하지만 필자는 상황인식과 그에 수반되는 교육학의 구상에 있어서 고미카와와 입장을 달리한다. 고미카와는 "'실천'의 학문으로서의 교육학"이란 교육과학의 성과를 답습하면서 "교육이라는 행위의 방향을 주도하고자 하는" 것이며 "전후교육학이란 정확히 이런 의미에서의 '실천'적 학문을 지향한 연구운동"이라고 말한다(児美川, 2010: 92). 여기에서 고미카와는 이론이 실천을, 지식인이 대중을, 교육학자가 교사를 인도해야 한다는 수목형의 계층구조를 전제로 전제하고 있다. 다케우치 요는 교육학자－교원－아동이라는 지배구조야말로 전후교육학자(진보적 교육학자)의 이상이었다고 말한다(竹内, 2011: 193). 대표적인 제도로서 일교조교육연구 집회가 떠오른다. 고미카와의 논문이 전일본교직원조합이 설립된 민주교육연구소의 기관지에 게재되었던 것은 교육학자－교원의 계층구조를 상징적으로 보여준다. 애초, 교육학자의 교원에 대한 지배구조는 혁신 측만의 문제뿐 아니라, 당연히 강고한 문과성 측 관료 기구의 힘 때문이기도 하다. 현대 교원면허갱신 강습은 이 구조를 억지로 실감하게 하는 사례이다.

그러나 포스트모던 상황에서 이와 같은 수목형 구조는 이미 붕괴되고 있는 중이다(제5장 참고). 그렇다면, 이후 리좀형 혹은 아노미형으로 교원을 자유롭게 하는 것이 요구되지 않을까? 교원이 면허갱신 강습이나 조합주도의 연수가 아니라 자신의 힘으로 배우고, 교육학자에게 기대지 않고서 자신의 견해나 실천 사례를 발표하는 것. 그것이 필자의 이상이다. 때문에, 역설적으로 교원에게 학문적인 회로를 집어넣을 필요가 생겨난다(下司, 2005). 이는 어쩌면 아동에 대한 시민성 교육을 행할 필요가 있는 점과 보조를 맞추는 사실을 상징한다. 제도적인 보장이나 '거대서사'가 상실되고 있다는 전제에서 출발하여 아동도, 교원도 제도 의존에서 자율적 존재로 이행하지 않으면 안 된다. 이런 필자의 발상은 어떤 면에서는 일리치나 프레이리의 사상에 가까운 것일지도 모르지만, 동시에 전후교육학보다 철저한 계몽주의로 받아들여야 할지도 모르는 것이다.

어찌되었든, 필자가 보기에 전후교육학의 계승자들은 새로운 상황에 구식 무기로 맞서는 것처럼 생각된다. 그러나 교육학이 전후교육학과 같은 힘을 되찾는다면 새로운 발판을 구축할 필요가 없는 것일까? 이 점 때문에라도 전후교육학에 대한 비판은 계승되지 않을 수 없는 것이다. 물론, 그것은 한계를 끝까지 지켜봐야 하기 때문에 칸트적인 비판적 견지에서 모두를 부정하는 것이 아니라는 점에 대해서는 말할 필요도 없을 것이다.

(3) 존재론적 윤리로

그러면 전후교육학의 계승자와 같이 보편적 가치나 근대교육원칙을 발판으로 삼을 수 있는가, 없는가를 물을 경우 우리는 무엇을 기반으로 삼아야 할까? 다음으로 검토할 것은 근대교육 비판 이후 가장 영향력 있는 이론가의 한 사람인 다나카 사토시의 주장이다.

다나카는 1990년대에 근대비판에 대한 급진적 선봉장으로 주목받았지만, 2000년 무렵 근대교육에 대한 비판에서 재구축으로 그 입장을 전환하였다. 이 전환은 앞서 본 모리타 히사토의 발언을 선취한 것과 같다. 다나카는 도덕적 행위를 도입하여 원리화할 수 있을 교육사상사를 구축해야 한다는 모리타의 주장을 직접 수용하여 교육의 기반이 될 사상을 탐구해야 한다고 말한다. 그 기점은 다이쇼신교육에서 발견되는 '자연·생명사상' 및 그 배경에 있는 '그리스도교적 존재론'으로서(田中, 2015: 520), 최종적으로 "일상의 생활을 근저로 지탱되고 있는 사실로서의 윤리, 바꿔 말해 자명한 이치, 암묵적 기반이 되는 존재론적 윤리"를 주목한다(田中, 2015: 546).

그렇다면, 다나카에 의한 교육의 기초설정 시도는 어느 정도 성공하고 있다고 할 수 있을까? 우선 고찰해야 할 것은 다나카의 주장이 과학적으로 검증 가능한 영역을 넘어서고 있다는 점이다. 다나카가 말하는 존재론적 윤리는 있을지도 모르고 없을지도 모르는 것이다. 하지만 그것은 어디까지나 언어에 의한 이해가 불가능하다고 상정하는 이상 과학으로 해명될 종류의 것은 아니다. 그렇다면, 그에 대한 탐구는 이미 정치적 이데올로기 투쟁과는 또 다른 '신들과의 싸움'을 교육학으로 끌어들이는 것이 아니면 안 될 것이다.

다음 문제는 교육의 존재론적 기반을 탐구하는 다나카의 틀에는 역설적이게도 눈앞의 일상적인 교육실천이 사고범위 밖에 있다는 점이다. 예를 들어, 다나카는 '아가페로서의 사랑' 혹은 '존재론적 상호연관'을 부정한다면 교사는 눈앞의 아동에게 인사 같은 의례적 동작조차 할 수 없다고 말한다.

> 아가페로서의 사랑은 그리스도교적인 개념이지만 보편적인 사실이다. [중략] 만일, 그런 존재론적 상호연관, 연계성을 '비과학적', '초자연적'이라고 부르면서 조소를 보내고 기겁한다면 교사는 눈앞의 아동에게 '안녕, 좋은 아침' 같은 소리조차 낼 수 없을 것이다. 사람이 사람과 만나는 것, 더불어 살아가는 것을 무심하게 기뻐하는 것은 아가페적인 사랑의 행위에 다름아니기 때문이다(田中, 2015: 543).

유감스럽게도 필자는 아가페적인 사랑이나 존재론적 상호연관을 실감하지 못하지만 학생에게 인사한다. 또, 나 자신이 학생이었을 때에는 사랑을 느끼지 못하는 모든 교사에게도 인사는 해야 한다고 생각하였다. 많은 교사나 아동들도 마찬가지일 것이다. 교육이란 그런 형이하학적 행위가 아닐까? 교육개념을 과도하게 순화함으로써 현실의 일상적인 교육활동이 불순한 것, 퇴락한 것으로 떨어져 버린다.

교육연구의 방법도 의문시하지 않을 수 없다. 『타자의 상실로부터 감수로』(2002) 이후 다나카는 일관되게 유용성으로 환원할 수 없는 교육을 기초 짓는 존재론(과 같은 것)을 탐구해 왔다. 하지만 이들 연구에는 제목이 바뀌었더라도 사상의 내용이 거의 동일하다. 『인격형성 개념의 탄생』(2005)이나 『사회성 개념의 구축』(2009b)에서는 현실에서 사회적 유용성으로 흡수되고 만 '인격'이나 '사회성'이 퇴락했다고 간주하면서, 잃어버린 그리스도교적 사상을 본래적인 것으로 발견한다. 『교육사상의 푸코』(2009a)에서는 확실히 푸코의 문장이 인용되고 있지만 도출하고자 하는 것은 결국 하이데거적인 존재론이다. 다나카는 하시모토 미호橋本美保와의 공편저인 『다이쇼신교육 사상: 생명의 약동』(2015) 「머리말」에서[81] 전후교육학이 신교육에서 '교육적 가치'를 발견한 것에 대해 자신들은 '탈구축 불가능한 사고'를 발견했다고 말한다(橋本 · 田中, 2015: ⅱ). 하지만 전후교육학과 다나카의 방법은 실제로 어느 정도나 다른 걸까?[82] '교육적 가치'든, '탈구축 불가능한 사고'든 간에 자신의 관심을 과거의 소재에 기대어 말하는 것에 변화가 없는 것이 아닐까?[83]

그렇다 해도 '존재론적 윤리'를 필두로 다나카의 논의를 끌어들임으로써 새로운 연구과제가 열리게 될 것임에 틀림없다. 근대교육

---

81 저자는 '편집자'로서 하시모토 미호와 다나카의 공저이지만 내용과 문체를 보면 다나카의 것임을 판단할 수 있다.

82 다나카는 "우리의 시도는 여태까지의 신교육에 대한 비판을 무시하고자 하는 것으로 보일 수도 있지만, 그런 비판을 더듬어보고자 하는 것"이라고 말한다(橋本 · 田中, 2015: ⅱ). 하지만 좁은 식견 내에서 다나카의 신교육 연구는 커다란 하나 내지 두 가지 연구 동향을 충분히 확인하지 않는다고 생각한다. 첫째, 다나카 자신이 거론하고 있는 나가오 주산지(1988a, b, c)나 나가노 아키라中野 光(1968, 1990)으로 대표되는 연구이다. 이들 전후교육학의 교육학 연구는 근대주의나 강좌파 마르크스주의의 영향으로부터 '계승해야 할 가치'(이념)와 '시대적 한계'(실태)를 이분법적으로 나누고, 신교육의 이념을 높이 평가하면서도 동시에 그것이 현실의 자본주의나 제국주의, 총력전체제에 흡수된다는 것을 첨예하게 비판하였다(제3장 참고). 하지만 다나카는 전후교육학의 신교육 연구는 신교육의 '교육방법'에 관한 것이어서 '교육사상'의 연구가 아니기 때문에 이들 연구의 신교육 비판을 정면으로 받아들여 다루지 않는다(田中, 2015: 521). 때문에, 교육학의 부정적인 면은 고찰의 대상 밖에 둔다. 다나카는 전후교육학의 신교육 연구와 마찬가지 사상(이념)과 방법(실태)을 이분법적으로 이해할 뿐 아니라, 신교육의 실태를 묻지 않고 그 은폐된 이념만을 찬양하고 있는 것이 아닐까? 둘째, 포스트모던 사상 이후의 비교적 새로운 신교육 연구의 동향이다. 1990년대 이후, 구미를 중심으로 푸코의 '통치성'이나 '생정치'와 같은 개념으로부터 교육을 독해하는 연구가 등장한다. 그것들 가운데에는 신교육이 '생명'을 찬미하는 일의 정치성 혹은 그런 사상이 담당하는 역할을 비판적으로 묻는 것도 다수이다. 이들 연구에서 보자면, 생명사상과 공리주의는 대립하는 지점이 전혀 모순되지 않는다. 오히려, 신교육과 그 배후에 있는 생명사상, 자연사상은 총력전체제로 향하는 가운데에 개개인의 삶을 효율적으로 관리하는 새로운 통치 형태, 생정치의 체제로서 이해될 수 있을 것이다. 필자도 그런 연구동향에 영향을 받아 신교육 연구에 참여하기도 하였다(下司, 2006: 제Ⅲ부, 제1장). 모리타 히사토(2013)는 생명사상을 포함한 진화론과 공리주의의 공범관계를 이미 지적한 바 있다.

83 무엇보다 다나카는 이를 자각하지 않는 것 같다. "읽어야 할 사상은 읽은 사상과 공명공진하여 나타나는" "다이쇼신교육의 교육사상 연구"는 "존재론적 윤리를 필요로 한다."라는 것이다(田中, 2015: 547). 물론, 필자도 현대적인 문제관심을 완전히 배제한 사상사 기술은 불가능하다고 생각한다. 교육사상사의 방법론에 관해서는 이 책 제3장 및 제4장을 참고.

에서는 교육을 완성시키는 근거가 확실히 존재했다. 그것은 서구적인 '자연' 개념이다(梅根, 1966). 코메니우스, 로크, 루소, 페스탈로치, 프뢰벨, 헤르바르트, 듀이 … 등. 교육학설사에 이름을 남긴 사상가들은 모두 '자연'에 의한 교육을 기초지었다. 근대교육사상에 있어서 '자연'이란 세계의 신학적 질서로서, 교육의 목표 내지 원천이며 개인과 사회의 발달·발전의 원리이자, 경우에 따라 신의 의지이기도 한, 다나카가 말하는 존재론적 기반을 포함한 것이다. 하지만 근대교육사상이 신교육 시기에 아동중심주의교육으로 교체됨에 따라 '자연'은 아동에 관한 부분을 생물학이나 생리학, 심리학 용어로 치환시켰는가 하면 사회에 관련되는 부분은 정치사상으로 치환시켰다. 그에 따라 '자연'이 보여주어야 할 질서 잡힌 하나의 교육목표도 상실되었다(그림 7-1).

그림 7-1 **'자연'의 상실: 근대교육사상에서 아동중심주의교육으로**

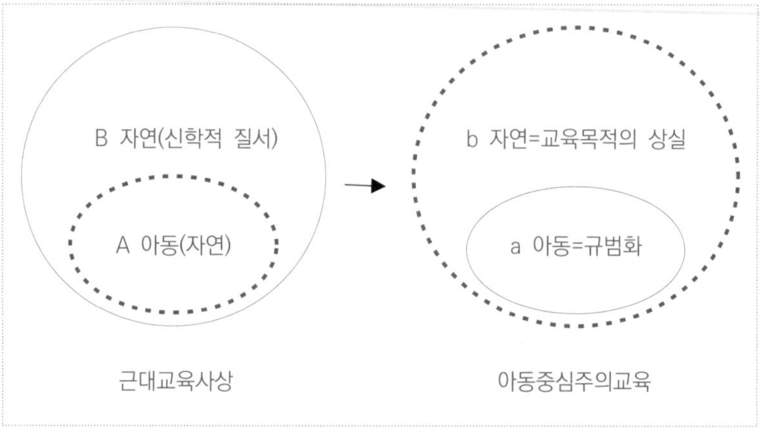

하라 소스케(1992)가 지적한 교육목적이 애매해지고, 교육가능성 정도를 평가할 수 있는 방법지상주의에는(제3장 참고) 대범한 방법과

같은 사상사적 배경이 있다고 생각한다. 존재론적 기반이라고 불리든, 자연이라고 불리든 간에 현대 교육사상의 배경에는 '근원적으로 상실된 무엇인가'가 있다(제4장 참고). 오히려, 그와 같은 통일적인 질서를 결여한 상태가 포스트모던 상황이라고 말할 수 있을지도 모르겠다. 그렇다면 무엇을 상실했다는 것인가? 이에 대한 탐구가 사상사적인 과제로 지금 우리들 앞에 있는 것이다.

(4) 교육의 재정치화로

이어서 검토할 것은 2000년대 이후 교육학을 색인한 사람인 고다마 시게오의 '교육의 재정치화'론이다. 고다마는 새로운 공공성의 구축과 시민성의 육성을 과제로 삼아 최근 여태까지 탈정치화된 교육을 재정치화해야 한다는 의미에서 '교육정치학'을 제창한다(小玉, 2011).

애초, 고다마의 논의를 검토하기 전에 새로운 『이와나미 강좌』의 동향에 관심을 두어야 할 것이다. 『이와나미 강좌: 교육개혁에 대한 전망』은 사토 마나부(학교교육학), 아키다 기요미秋田喜代美(교육심리학), 시미즈 고키치志水宏吉(학교임상학 · 교육사회학) · 고다마 시게오(교육철학 · 교육사상), 기타무라 유토北村友人(비교교육학 · 국제교육론)를 편저자로 삼아 2016년 4월 간행되었다.[84]

고다마는 이 강좌 제1권의 「서론: 지금, 교육을 재정의하는 의의」에서 전후교육학의 역사를 세 단계로 구분한다. 전후부터 1960년대까지 교육에는 좋은 것, 근대적 가치를 가진 빛이 있었다. 1970년대부터 90년대에는 교육 자체의 신화가 지닌 허위성이 폭로되면서 커다란 비판을 받게 되었다. 그리고 1990년대 후반 이후 포스트모던 상황에서는 그때까지의 가치나 제도가 재편되는 가운데

84 전문 분야는 제1권의 필자 소개에 따른 것이다.

에 교육도 크게 의미를 바꿔나간다. 주어진 것이 불투명한 시대에 교육을 고찰할 때에 종래의 모델은 통용될 수 없다. 때문에, 현재는 "비판받아 온 종래의 교육과는 다른 의미에서 교육의 존재 방식을 재구축하는 시대", "교육을 재정의하는 시대"이다(小玉, 2016a: 1-2). 이하에서는, 이 책 1권에 수록된 고다마의 「공공성의 위기와 교육의 과제: 교육의 재정치화와 어떻게 만날 것인가」를 검토하고자 한다.

고다마는 현대를 "1950년대 스타일의 교육의 탈정치화가 해제되어 교육의 재정치화가 초래되고 있는 어떤 상황"이라고 진단한다. 그러나 "교육의 재정치화와 만나기 위한 이론틀을 교육학은 충분히 형성하고 있다고 말하기 어렵다. 이는 1950년대의 교육을 둘러싼 정치를 '민주적인 진보세력 대 반동적인 보수세력'이라는 역코스 사관의 틀로 파악하고, 그 탈정치화의 측면을 오늘날까지 간과해 온 것과 무관하지 않다(小玉, 2016b: 7-8)."

여기서 고다마가 취하는 전략은 두 가지이다. 하나는 전후교육사의 통설인 '역코스 사관'의 재고이며, 또 하나는 교육의 재정치화를 지향하는 교육실천의 구상이다.

전후교육사의 재고 문제부터 검토해 보자. '역코스 사관'이란 "전후 개혁을 민주적인 개혁으로 위치 짓고 한국전쟁을 경계 삼아 일련의 민주적인 개혁이 멈춘 뒤 역코스에 이르게 된다는 역사 인식"이다. 이는 "진보적인 혁신세력 대 반동적 보수세력이라는 대립 도식을 전제로 삼아 교육의 과제를 논하는, 전후혁신파 교육학에 고유한 틀을 형성해 왔다(小玉, 2016b: 9-10)." 고다마에 따르면 "냉전후 교육학은 한편으로 이데올로기적 대립과 다른 한편으로 '아동의 발달'을 내건 교육적 가치에서 자유로운 중립성·탈정치성이라는 이중의 문맥 속에서 전개되어 왔다(小玉, 2016b: 10)." 즉, 전후교육학은 '자유주의'와 비정치적인 '아동의 발달'을 공식적으로 취하면서 비공식적인 "강좌파 마르크스주의에 의거한 일본사회의 정치적 혁명에 대한 구상을 유지하였다(小玉, 2016b: 11)." 그러나 이와 같은 냉전기의 유산은 현재 진행중인 어떤 교육의 재정치화와 만나기 위한 이론적 틀의 구축에 방해가 되고 있다. 여기서, 냉전기에 구축된 보혁의 대립틀, 그리고 거기에 의거해 온 전후교육학의 틀을 의문시할 필요가 생겨난다.

이후, 고다마는 교육의 재정치화로 향하는 교육실천에 대한 구상을 이야기하지만, 그 내용으로 탐구해 들어가는 것은 회피한다. 전후교육사의 재고와 시민성 교육의 실천이라는 양면작전을 전개하는 고다마의 입장은 예컨대, 복지국가의 재편과 거기에 수반되는 자유화를 '시장의 복권'이라는 구도 아래에서 비관적으로만 파악하지 않고, 희망적 사회를 형성할 계기로 파악한다. 이 점에 있어서 전후교육학의 계승자들보다 교육현실에 대한 관심 정도가 높다고 할 수 있다(小玉, 2016b: 15). 이론적으로도 고다마가 『교육개혁과 공공성』(1999) 이후 일관되게 추구해 온 이질적인 타자가 만나는 장으로서의 공공성이라는 이념은 이후 교육학의 한 기점이 될 수 있을 것이다. 이를 인식하는 위에서 생각해야 할 점이 두 가지 있다.

하나는, (오래된 유형의) 정치적 중립성을 방기하고 교육을 재정치화하는 것은 고다마 자신의 입장을 상대화시켜버리고 만다는 점이다. 고다마는 전후교육학과는 다른 자신의 기반을 보편적 가치나 중립적 개념에 두고 교육과 교육학을 정치화하고자 한다. 그러나 이 경우 고다마 자신의 주장은 어떻게 우위성을 담보할 수 있을까? 전후교육학은 정치적 이데올로기를 은폐하면서 정치적 중립성과 보편적 가치를 참칭하는 메타적 관점에 서서 자신의 특권성을 담보해 왔다. 그렇다면, 이 방법을 방기할 때에 고다마 자신의 주장이 다른 주장보다 우위에 있다는 것을 무엇으로 보장받을 것인가? 혹은, 이와 같은 기초는 역시 불필요한 것이 아닐까? 무엇보다 이 문제를 포스트모던 상황으로 파악하지 않고서는 곤란하다고 할 수 있다.

다른 하나는, 교육사상연구의 의의를 어떻게 파악할 것인가에 있다. 하지만 고다마는 이것 자체를 명시적으로 논하지 않는다. 이에 이 문제를 고찰함으로써 이 책의 결론을 대신하고자 한다.

3. 교육사상에서 사회사상으로

(1) 교육사상과 사회사상

고다마 시게오가 말한 바와 같이, 전후교육학은 탈정치화된 중립적 개념에 입각해 국가나 경제계의 교육에 대한 개입을 막아 왔다. 마찬가지 사태를 히로타 데루유키는 전후교육학이 '사회의 논리'와 '교육의 논리'를 이분법적으로 나눔으로써 '교육의 자율성'을 주장하고, '사회의 논리'(국가나 재계 등의 요구)로부터 교육을 보호하기 위한 방호벽을 구축해 왔다고 설명한다(広田, 2014b: 193). 하지만 냉전체제의 붕괴 이후 국가나 사회의 요구가 보다 직접적으로 교육을 규정하게 되었다. 그렇다면, 교육이 국가나 사회에 종속되지 않기 위해서는 전후교육학의 틀을 대신할 어떤 관점이 필요할까?

'사회의 논리'와 '교육의 논리'를 이분법적으로 나누는 도식 자체를 의문시하고 교육을 말할 때에 적극적으로 사회에 관해서도 말하는 것. 필자로서는 이것이야말로 이들 교육학이 취해야 할 길이 아닌가라고 생각한다. 이상적인 교육상은 그 배후에 이상적 사회상을 포함하기에 그 사회상을 포함하는 교육을 말할 것. 이는 어디까지나 이상적 교육과 존재해야 할 사회상을 연관지어 사고하는 것으로서, 교육을 사회의 논리에 종속시켜 이상적 사회를 실현하는 수

단으로 삼는 것이 아니다.

마찬가지로, 교육철학·교육사상 연구도 교육사상과 사회사상을 연관시켜 진행되어야 할 것이다. 이른바 교육사상은 이상적 사회상을 내포한다. 때문에, '사회의 논리'를 포함하지 않는 '교육의 논리'는 존재할 수 없다. 중립적인 개념에 의거해 '교육의 자율'과 '교육학의 자율'을 주장하는 전후교육학도 배후에는 혁신적 이데올로기와 이상적 사회상(사회개혁 사상)을 숨기고 있다. 교육사상[85]이 사회사상을 내포한다는 것은 교육학의 역사를 펼쳐볼 때에 이해 가능하다. 예컨대, 교육철학·교육사상사의 '고전'이 된 이름들을 열거해보자. 소크라테스, 플라톤, 아리스토텔레스, 아퀴나스, 루터, 코메니우스, 로크, 루소, 콩도르세, 페스탈로치, 프뢰벨, 듀이 … 등. 하지만 그들은 교육학자들이었던가? 아니, 이들은 철학자이자 사상가이며 종교가이자 무엇보다 사회 개혁가였다. 이들은 자신이 원한 이상적 사회를 실현하기 위해 하나의 거점 장소로서 교육을 논한 것에 불과하다. 가토 모리미치가 지적한 바와 같이, "교육학이란 원래 교육을 초월한 다양한 사상에 대한 폭넓은 이해의 지원을 통해 성립하지"만 "인간, 세계, 역사, 신에 대한 포괄적인 통찰"과 같이 "교육학이 종래 가지고 있었던 아우라를 잃고 특수화됨으로써, 그것은 과제를 수행하는 기술이 되거나 과제로부터의 이탈을 교정하는 기술이 되어버렸다(加藤, 2004: 5)." 하라 소스케(1992)가 말한 교육목적의 애매화와 교육가능성론의 전면화인 것이다.

이 전환과 교육학의 자율은 사실 무관하지 않다. '교육학의 자율'은 어떤 사상을 '교육사상'으로 위치 지음으로써 성립한다. 근대에 국민교육 제도의 발달과 더불어 성립한 교육학은 자신이 학문적

85 여기서는 교육에 관한 사유를 영역으로서의 교육사상, 교육철학으로 대표되지만 이 도식은 일반인의 교육론에도 널리 퍼져 있을 것이다.

근거를 과거의 사상가가 만든 교육에 관한 텍스트군에서 구했다(矢野, 2010: 166). 과거의 특정한 사상은 '교육사상'과 '그 외의' 것으로 구별되어 전前 시대의 사상 중 교육에 관여하지 않는 부분이나 해당 텍스트를 독해할 때에 시대에 적합하지 않은 부분은 교육학의 틀에서 배제시켰다. 즉, '교육사상'은 그것이 본래 포함하고 있던 사회사상을 은폐함으로써 성립한 것이다. 모리타 노부코는 근대교육학이 잡다한 텍스트의 집적과 오독으로 성립했다고 말한다.

> 근대교육학은 매우 다양성이 풍부한 근대의 여러 텍스트에 대해 지금까지 매우 획일적인 '오독'으로 이루어져 왔다고 말할 수밖에 없을 것 같다(森田伸, 1992: 38).

예를 들어, 우리는 적어도 『에밀』에서 루소가 사회개혁으로 기운 정열을 읽어낼 수 없다. 하지만 잘 알려진 바와 같이, 『에밀』에서 이야기되는 '자연'은 그에게 사회의 이상적 상태를 상징한 것으로서 사회상태(시민)/자연상태(인간)의 분열 상황에서 곤란함을 낳는 동시에 지향해야 할 목표를 보여주는 것이기도 하다. 또, 코메니우스나 페스탈로치, 프뢰벨의 교육에 대한 정열을 논하면서 그들의 놀라운 신앙을 '시대적 한계'로 고려하지 않는다. 그리고 그들이 실시한 사회변혁에 대한 강한 욕구는 교육에 의해 사회를 변혁한다는 자각으로 변환되어 수용된다. 이는 앞서 본 근대교육사상에서 아동중심주의교육으로의 이행에 있어서, '자연' 개념이 상실되는 과정과 동일한 논리이다.

교육학은, 어떤 시대에 대해서는 기존 사회의 적합성을 암묵적이고 기능적으로 할당하였는가 하면, 어떤 시대에 대해서는 사회변혁의 희망과 동시에 사회사상을 은폐한 채 '교육의 자율성'을 강변함으로써 저항 세력이 되기도 하였다. 전자(사회통합을 위한 교육의 활용)는, 자신이 사회개혁의 비전을 가지지 않았기에 또 기존의 사회질서를 받아들이게 하려는 현상 적응을 위해 교육을 이용한다. 후자(사회변혁 수단으로서의 교육)는, 암묵적으로 사회개혁의 상을 가지고 있지만 이를 전면에 드러내지 않고 교육이라는 영역의 자율성 (그리고 그것을 지탱하는 교육학의 자율성)을 담보삼아 문교정책과 싸워왔다. 하지만 지금 교육·교육학의 자율성을 주장한다 해도 현대 교육개혁의 추세에 저항할 수는 없는 노릇이다.

그렇다면, 우리가 취할 수 있는 전략은 교육사상에 다시 사회사상을 포함시켜 제시하는 일일 것이다(그림 7-2). 교육사상을 사회사상과 더불어 말한다는 이상의 전략은 고다마 시게오가 말한 "교육의 재정치화(小玉, 2016b)"나, 미야데라 아키오가 말한 교육의 사회이론/정치이론에 대한 "다시 메꾸기埋め戻し 작업의 재발견(宮寺, 2014: 386)"과 통한다. 원하는 이상적 사회상을 보여주면서 교육을 말하는 것. 그러나 이는 '교육사상가'로 위치 지어져 온 사람들이 본래 되돌아가고자 했던 것이 아닐까? 물론, 그것은 옳다. 사상가와 우리의 구속복을 해체해 보자.

그림 7-2 **교육사상=사회사상으로**

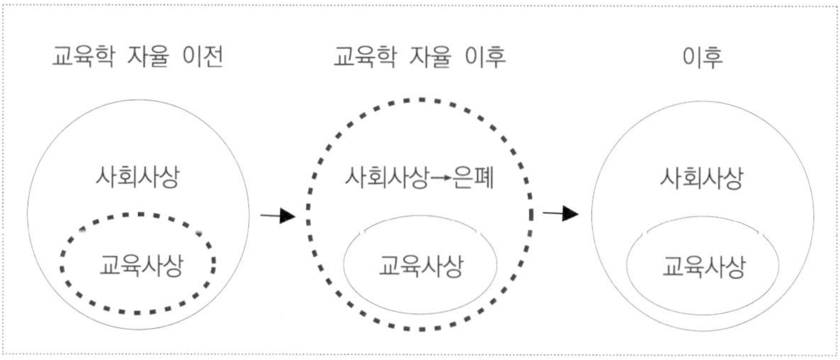

(2) 현대사상은 고전이 될 수 있을까

그렇다면, 우리는 교육사상과 사회사상을 함께 말하기 위해 이후 어떤 텍스트를 고찰의 실마리로 삼을 것인가? 여태까지 '교육사상가'로 위치 지어져 온 이들의 것일까? 혹은, 종래의 교육사상에서 발견하지 못한 현대사상이나 포스트모던 사상가의 그것일까?

필자는 이와 같은 의문에서 교육철학회 제57회 대회의 연구토론인 「'교육학의 고전'은 어떻게 만들어지고 기능해 왔는가: 교육철학의 메타 히스토리」(2014년 9월 13일, 니혼여자대학 니시쿠타 캠퍼스)에서 「'교육학의 고전'에 관한 앙케이트」를 실시하였다(下司 · 本村, 2015).[86] 교육철학회 대회에서의 조사라서 샘플에 편향은 있겠으나 이후 연구되어야 할 사상가에 관해서는 흥미로운 결과가 나왔다. 듀이(제1위), 루소(제2위), 칸트(제3위), 플라톤(제4위), 페스탈로치(제4위), 코메니우스(제6위), 헤르바르트(제7위), 프뢰벨(제10위) 등 교육사상사에서 잘 언급되어온 인물이 제10위 이내에 들어가 있는가 하면, 푸코(제7위)나 일리치(제9위) 등 교육비판 사상가도 중시되고 있다.

제20위 이내에는 마르크스(제11위), 니체(제14위), 아렌트(제14위), 데리다(제14위) 등 '현대사상'과 그 선구자가 눈에 띈다(표 7-2). 이후 교육철학이나 교육사상 연구의 대상이 되는 사상가는 시대 상황에 맞게 변화해 갈 것이다.

하지만 다른 한편으로 교육철학 · 교육사상 연구의 대상은 무제한적으로 확장되어도 좋은가 묻는다면 그렇지 않다. 새로운 사상이 마땅히 연구대상이 되어야 하는지는 알 수 없다. 이 책에서 묘사한

86 질문지는 연구토론의 보고자, 사회자(아야이 사쿠라코 · 무로이 레이코 · 후지모토 다코로모 · 야노 사토지와 게시)가 하라안을 작성하고, 사무라 다쿠야木村拓也가 사회조사 관점에서 조정을 가해 의견교환을 겹쳐 완성한 것이다. 연구토론에 대한 보고는 (2015)를 참고.

바와 같이 그것을 독해하는 시대와 교육현실 간의 대응, 그리고 여태까지 축적해 온 교육학과의 관계가 명확해지지 않으면 안 된다. 또, 종래의 교육사상 연구가 무엇을 대상으로 삼았고, 무엇을 대상으로 삼지 않았는가를 검토해야 할 것이다.[87]

표 7-2 이후 연구되어야 할 사상가(복수응답, n=126)

(下司·木村, 2015: 235에서)

순위	사상가	전체 (126)	~20대 (38)	30대 (28)	40대 (26)	50대 (18)	60대 (12)	70대 (4)
1	듀이	62.7% (79)	63.1 (24)	64.2 (18)	69.2 (18)	55.5 (10)	58.3 (7)	50.0 (2)
2	루소	54.7 (69)	50 (19)	50.0 (14)	65.3 (17)	44.4 (8)	66.6 (8)	75.0 (3)
3	칸트	34.1 (43)	36.8 (14)	32.1 (9)	42.3 (11)	22.2 (4)	16.6 (2)	75.3 (3)
4	플라톤	31.7 (40)	21.0 (8)	50.0 (14)	34.6 (9)	27.7 (5)	25.0 (3)	25.0 (1)
4	페스탈로치	31.7 (40)	21.0 (8)	28.5 (8)	38.4 (10)	33.3 (6)	50.0 (6)	50.0 (2)
6	코메니우스	30.9 (39)	21.0 (8)	35.7 (10)	34.6 (9)	38.8 (7)	25.0 (3)	50.0 (2)
7	푸코	26.9 (34)	36.8 (14)	28.5 (8)	30.7 (8)	11.1 (2)	8.3 (1)	25.0 (1)
7	헤르바르트	26.9 (34)	26.3 (10)	32.1 (9)	26.9 (7)	16.6 (3)	33.3 (4)	25.0 (1)
9	일리치	21.4 (27)	26.3 (10)	17.8 (5)	26.9 (7)	11.1 (2)	16.6 (2)	25.0 (1)
10	프뢰벨	20.6 (26)	18.4 (7)	21.4 (6)	34.6 (9)	11.1 (2)	16.6 (2)	0.0 (0)
11	마르크스	15.0 (19)	13.1 (5)	14.2 (4)	23.0 (6)	11.1 (2)	16.6 (2)	0.0 (0)

87 이 점에 관해서는 교육사상사학회 제25회 콜로키움인 「교육사상사의 '이면'을 묻는다」(2015년 9월 13일, 게이오대학 미타캠퍼스에서)에서 검토되었다. 소마 외(2016)를 참고.

12	로크	14.2 (18)	11.5 (4)	21.4 (6)	23.0 (6)	11.1 (2)	0.0 (0)	0.0 (0)
13	아리스토텔레스	13.4 (7)	15.7 (6)	10.7 (3)	19.2 (5)	11.1 (2)	8.3 (1)	0.0 (0)
14	아렌트	11.9 (15)	21.0 (8)	10.7 (3)	7.6 (2)	11.1 (2)	0.0 (0)	0.0 (0)
14	데리다	11.9 (15)	23.6 (9)	10.7 (3)	7.6 (2)	5.5 (1)	0.0 (0)	0.0 (0)
14	니체	11.9 (15)	7.8 (32)	14.2 (4)	15.3 (4)	11.1 (2)	8.3 (1)	25.0 (1)
14	헤겔	11.9 (15)	15.7 (6)	10.7 (3)	11.5 (3)	11.1 (2)	0.0 (0)	25.0 (1)
14	레비나스	11.9 (15)	10.5 (4)	17.8 (5)	15.3 (4)	11.1 (2)	0.0 (0)	0.0 (0)
19	비트겐슈타인	11.1 (14)	18.4 (7)	14.2 (2)	7.6 (2)	5.5 (1)	0.0 (0)	0.0 (0)
19	니시다 기타로	11.1 (14)	13.1 (5)	14.2 (2)	15.3 (4)	5.5 (1)	0.0 (0)	0.0 (0)

(3) '의지할 데 없음'을 산다

점차 지면도 다해간다. 이 책 전체의 요약으로 마지막에 조금 대담한 글쓰기에 도전하고자 한다. 히로타 데루유키는 '겁쟁이臆病さ' 교육철학자를 비판한다. 많은 교육철학자는 난해한 고찰이나 사상을 연구하면서 자신의 생각을 암시만 할 뿐, 이후 교육이 지향해야 할 방향을 직접 말하지 않으며, 이는 교육현실과 동떨어져 있음을 보여준다는 것이다(広田, 2009: 111).

필자가 이 주장에 전면적으로 찬성하는 것은 아니다. 연구자는 평론가가 아니기 때문에 할 수 있는 한 금욕적으로 논의를 진행시켜 가야만 하며 애매한 근거에 기반한 단정적인 발언을 해서는 안 된다. 그 점에서 일반적으로 교육사회학자보다 교육철학자 쪽이 억제를 잘한다(교육사 연구자가 그런 경향이 더 강한 것 같다). 필자는 연구 논문에서는 자료가 말하게 하는 쪽이라는 마음을 갖고 있고 이 책에서도 기본적으로 그 입장을 유지하였다. 여태까지 타인의 글쓰기를 비판하면서 논의를 전개해 왔지만 마지막만큼은 자신의 입장을 명확히 해두는 쪽이 좋을 것이다.

필자는 포스트모던파에 위치 지어지기도 하지만 그런 딱지는 상관없다. 필자는 포스트모던 사상의 영향을 강하게 받았지만, 포스트모던 사상을 주로 연구대상으로 삼지는 않았고 포스트모던 풍의 퍼포먼스도 하지 않았다. 반대로, 이 책의 서술이 '근대적'이라는 비판도 쉽게 예상할 수 있지만 문자 교육을 비판하는 『에밀』이 문자를 그대로 썼던 것처럼, 포스트모더니즘을 다루는 논문이 포스트모던적 문체일 필요는 없다.

포스트모던을 주제로 삼는 책의 결론으로는 의외라고 생각할지도 모르지만 계몽의 화법으로 논의를 닫고자 한다. 필자는 이성이나 계몽 같은 근대적 이념은 그 한계가 명확하더라도 거기에 내기를 걸 수밖에 없다고 생각한다. 무엇보다 이런 양의적 태도는 특별히 희귀한 것이 아니다. 데리다나 푸코 등 포스트모더니즘으로 위치 지어진 사상가들에게도 계몽의 이념이나 대학 조직 등을 지켜온 이가 적지 않다. 잘 알려진 바와 같이, 칸트는 「계몽이란 무엇인가」(1748)에서 사람이 미성년에서 벗어나게 해주는 것을 계몽으로 정의한다.

> 계몽이란 인간이, 자신이 초대된 미성년 상태로부터 벗어나는 것이다. 미성년 상태란 타인의 지도 없이는 자신의 이성을 사용할 능력이 없는 것을 말한다. 이 미성년 상태의 원인이 이성의 결여가 아니라, 타인의 지도가 없다면 자신의 이성을 사용할 결의와 용기를 결여한 것이라면, 그 책임은 본인에게 있다. 때문에,

> 계몽의 표어는 '과감하게 현명해賢く 질 것!(Sapere aude!)', '자신의 이성을 쓸 용기를 가질 것!'이다(Kant, 1969: 35/2000: 25).

푸코는 칸트의 「계몽이란 무엇인가」를 검토한 논문에서 계몽을 "하나의 태도에 대한 끊임없는 재활성화", "우리의 역사적인 존재에 대한 끝없는 비판"으로 특징 짓는다. 더구나, 계몽이라는 "철학적 에토스"는 "계몽의 공갈"로도 불릴 위협을 물리친다. 계몽의 공갈이란 "당신이 계몽을 받아들인다면 당신은 계몽이라는 이성주의 전통 속에 멈춰 서는 것이 된다." 반면 "당신이 계몽에 대한 비판을 따르면 그때에 당신은 합리성의 여러 원리에서 달아나고자 하는 것이 된다."라는 "단순하고도 권위적인 양자택일"이라는 것이다(Foucault, 1994: 571-572/2001: 16).

근대밖에 선택지가 없는데 거기로 정색하고 나설 수 있을까? 어디까지나 근대에 대한 회의와 더불어 그것을 계승해야 하는가? 이것이 하버마스와 푸코를 전후교육학과 냉전후 교육학으로 나누는 분기점이다. 계몽에 대한 양의적인 태도. 우리는 이성이나 과학을 사용할 수밖에 없지만 그 위신은 요동치고 있고 정말 거기에 속박되어도 좋은지 아닌지라는 자신을 갖기 어렵다.

그렇다면/그렇기 때문이야말로 어디에도 속박되지 않는 그 '의지할 데 없음'을 산다. 그것이야말로 포스트모던 상황에 있어서 다만 하나의 몸을 거처하게 하는 방식이 아닐까? '의지할 데 없음(Hilflosigkeit)'이란 일반적인 독일어에 프로이트가 정신분석적 의미를 부여한 용어이다. 이는 유아기에 자신의 욕구(굶주림과 갈증)에 스스로 만족하지 못하고 부모와 같은 타자에게 의존하는 상태를 가리킨다(「제지, 병상, 불안」, 1926, G. W. 14: 186-187; 전집19: 83). '의지할 데 없음'은 성인이 되어도 잔존하는 신경증의 원인이지만 많은 사람들은 '위대한 것'에 의존함으로써 그 해소를 원한다. '위대한 것'의 가장 큰 사례가 종교로서 종교는 '의지할 데 없음'의 해소라는 목적에서 나왔다고 프로이트는 말한다.

이와 같은 프로이트의 종교비판서인 「어떤 환영의 미래」(1927)[88]를 읽은 로맹 롤랑(Romain Rolland)은 프로이트에 편지를 보냈다. 당신은 종교 본래의 원천을 이해하지 못한다. 그것은 영원성의 감각이라고 불러야 할 감정, '대양적大洋的' 감정이라고. 프로이트는 「문화에 대한 불만」(1930)에서 이에 답한다. 대양감정을 자신은 느끼지 못하지만 그것은 유아기에 자아가 성립하는 과정에서 잃어버린 만능감, 초인적인 힘을 가졌다고 믿었던 부모의 비호 아래에 있었던 시절 가진 안심의 잔재에 불과하다고.

프로이트는 「어떤 환영의 미래」에서 사회의 기반은 종교가 아닌 이성에 두지 않으면 안 된다고 말한다. 종교가 구속하는 미래는 환영에 불과하다. 인간은 종교에 대한 의존에서 벗어나 과학을 기반으로 나아가야 한다.

> 이성 이상의 심급은 없다. 종교상의 교의가 지닌 진실성이 증거가 되는 이토록 드문 체험의 혜택을 받지 못하는 많은 이들을 어찌하면 좋을 것인가? 살아가면서 가지게 된 이성을 써서 만인에게 원하는 것을 할 수 있다 해도, 한 줌도 못되는 사람에게만 영향을 끼칠 동기 위에서 만인을 속박하는 의무를 수립할 수는 없을 것이다(G. W. 14: 350; 전집20: 30-31).

88 이와나미 서점 판 『프로이트 전집』의 Die Zunkunft einer Illusion은 '어떤 착각의 미래'라고 번역되지만 여기서는 人文書院 판 『프로이트 저작집』의 「어떤 환영의 미래」로 표기한다. 마찬가지로 Das Unbehagen in der Kultur도 이와나미 판의 '문화 속 자리의 불쾌함'이 아닌 人文書院 판의 '문화에 대한 불만'을 채용한다. 인용 장소의 쪽수는 G. W.와 이와나미 판 전집에서 보았지만 번역은 수정한 곳도 있다.

아니, 우리의 과학은 환영이 아니다. 그에 비해 과학이 부여되지 않는 그 외의 어딘가로부터 무언가를 얻을 수 있다고 믿는 것이야말로 환영이라고 해야 할 것이다(G. W. 14: 380; 전집20: 64).

과학이 주는 진리는 잠정적인 것이어서 늘 갱신된다. 그리고 종교에서 얻는 부모한테 보호받는 아이와 같은 안심을 과학은 주지 않는다. 때문에, 종교에 대한 의존을 벗어난 과학을 기반으로 사는 것은 '의지할 데 없음'을 견디는 것과 같다.

프로이트의 과학에 대한 신앙은 적어도 그에게 하나의 세계관으로서 종교의 대체물이 될 수 있을 정도였다. 그가 자주 정신분석 이론을 가리켜 쓰는 '메타심리학'이라는 용어는 종래의 심리학을 넘어선 생물학적인 것에 기반한 무의식의 심리학을 가리킨다. 프로이트에 따르면 정신분석이야말로 인류를 새로운 하나의 체계로 인도하는 특권적인 앎이다(下司, 2006: 제1부). 프로이트는 종교에 대해서는 커다란 회의주의자였지만 과학에 대해서는 구조주의자보다 완고한 기초주의자였다. 에리히 프롬이 지적한 바와 같이, 프로이트는 "계몽기 합리주의의 최후의 위대한 대표자로서 그 한계를 보여준 최초의 사람"이었다(Fromm, 1950: 6/1971: 3).

반대로, 현대의 우리는 이성이나 과학에 대한 신뢰를 프로이트와 공유할 수 없다. 우리는 인간의 지성이 반드시 밝은 미래를 낳지 않는다는 사실을 알기 때문이다. 포스트모던 사상은 인간 지성의 한계를 보여준다. 서장에서 본 심은 포스트모더니즘을 서양 회의주의 전통의 말단에 위치시킨다(Sim, 1999: 3/2002: 11). 만일, 포스트모더니즘을 회의주의의 최신 버전으로 생각한다면, 마찬가지로 진리에 대한 회의는 서양철학 전통과 더불어 긴 물줄기를 형성하고 있다고 해야 할 것이다.

우리는 어쩌면 극한적 진리를 손에 넣을 수 없을 것이다. 주어진 한정적 상황 속에서 시행착오를 겪으면서 조금 더 선택하고자 힘껏 노력해야 할 것이다. 더구나, 그런 것을 지속하더라도 빛나는 미래를 약속받는다고 할 수 없다. 이를 인정하는 가운데에 나아갈 수밖에 없다. 칸트가 「계몽이란 무엇인가」에서 말한 바와 같이, 보호자의 비호를 받는 아동처럼 안녕한 상태는 쉽겠지만, 자신의 오성(이성)을 사용하여 스스로의 발로 걸어 나오지 않으면 안 된다. 칸트의 도식은 앞서 프로이트의 주장과도 겹친다. 프로이트는 자식이 언젠가 부모를 떠나 자립하듯 인류도 종교로부터 독립하여 과학을 기초로 살아가야 할 것이라고 말한다. 종교를 버린 자신이 신의 아들도 아니며, 우주의 중심에 있지도 않다고 생각함으로써 우리는 부모를 떠난 자식과 같이 '의지할 데 없음'에 괴로워할지도 모른다. '그러나' 그리고 프로이트는 계속될 것이다. 유년기는 극복되어야 하기에 존재하는 것이 아닐까라고.

> 그러나 유년기(Infantilismus)란 결국 넘어서야 할 운명에 처한 것이 아닐까? 사람은 영원히 아이일 수 없고 마지막에는 '적의에 찬 인생'으로 나아가지 않으면 안 된다. 이는 '현실에 대한 교육'으로 불러야 할 것으로서, 이 발걸음을 내딛는 것이 필요하다고 거듭 다짐하는 것. 이것이 바로 본 논문의 유일한 목적으로서 새삼스레 말할 필요는 없을 것이다(「어느 환영의 미래」 G. W. 14: 373; 전집20: 56).

여기에서 계몽과 포스트모던의 정신이 일체화된다. 포스트모던 상황에서도 계몽이란 하나의 목표로서 우리는 이제 계몽되는 것이 아니다. 아니, 완전히 계몽되는 것은 이제부터 결코 없다. 푸코는 말한다. "나는 일체 우리가 성인이 되었는가 아닌가를 알지 못한다. 우리가 경험할 여러 사건들, 계몽의 역사적 사건들은 우리를 성인으로 만들어주는 것이 아닐뿐더러 우리 또한 스스로 성인이 되는 것은 아니라고 생각한다(Foucault, 1994: 577/2001: 24)." 우리는 영원히 미성숙한 채로, 불안한 발걸음으로 한 보씩 내딛는 것에 불과하다. 안전한 부모의 비호 아래로 돌아오는 것은 허락되지 않는다. 위대한 존재에 매달릴 수도 없다.

이것이야말로 우리가 스스로 서 있는 위치를 비판적으로 알고 있어야 할 필요성이다. 계몽이란 "역사적인 우리라는 존재에 대한 끝없는 비판"인 것이다(Foucault, 1994: 571-572/2001: 16). 이 책에서 검토한 이들 중에도 가장 포스트모더니즘을 체화한 한 비판적 교육사회학자는 다음과 같이 말한다.

> 어떤 학문=과학이 그 대상에 관해 인식론적으로 반성하지 못하고 존재론적으로 무비판적이라면, 그 학문=과학은 현실을 소재로 삼더라도 현실을 통찰할 수 없다는 위험을 늘 짊어져야 할 것이다. 대상을 마주보는 충실함이, 분석의 전제가 되는 학문과학이, 더더욱 그래서는 안 될 것이다(森, 1987: 111-112).

'교육'의 자명성을 의심하는 교육학. '교육이란 무엇인가'라는 물음에는 대답 불능이라고 말하는 교육철학. '교육사상'은 존재하지 않는다고 전제하는 교육사상사. 그와 같은 포스트모던 양상에 대한 연구야말로 새로운 교육의 비전을 제시할 수 있을 것이다. 니체가 철학을, 마르크스가 경제학을, 프로이트가 심리학을 각각 근본부터 비판하고 의문시함으로써 새로운 시야를 열어젖힌 것처럼.

맺음말

'포스트모던'이라는 말을 처음 알게된 건 언제였을까? 기억은 정확하지 않지만 고교 시절 서브컬처지인 『보물섬宝島』에서 본 게 처음이었던 것 같다. 1980년대 마지막 3년간 도쿄에서 100킬로미터 떨어진 지방 도시에서 연극을 만들고, 밴드를 조직하고, 영화 촬영을 하며 남 못지않게 서브컬처한 소년인체 했던 고교생. 그런 나에게 포스트모던이라는 말은 왠지 그것을 몰라도 '예술적인 활동'을 하는 것이 중요하다고 생각했던 시절이다. 물론, 당시는 그것이 무엇인지를 전부 이해할 수 없었을 뿐 아니라, 내가 할 수 있는 것 이상이었음이 당연하다고 해야 할 것이다. 그 무렵 읽었던 책이나 잡지에 쓰인 것은 정말 난해하고 이해할 수 없었다. 다만, 그 이해할 수 없음이 매력이었달까.

감정 기복이 심하고 혈기 왕성했던 시절, 늘 무언가 초조했었다. 1990년 대학에 들어가 배운 것을 시작으로 교육학은 대학 입시 문제보다 강고하게 정답이 정해져 있다고 생각했다. 아동의 권리, 인권, 발달, 국가가 아닌 국민, 주체성, 무한한 가능성 등. 후에 그것들이 '전후교육학' 용어들임을 알게 되었지만, 이런 사고틀 바깥으로 나가는 것은 허락되지 않았다(다만, 학과 중 가장 젊은 어떤 선생님의 수업은 그런 제한으로부터 자유로워, 매시간 무릎을 치며 지적 흥분으로 가득했다). 그런대로 표면상이나마 예의바르고 제대로 수업을 받았다면 좋았으련만, 어째서 그러지 못하고 집에서 시간을 때우며 제멋대로無手勝流 책을 읽고, 어쩌다 수업에 나가면 표현방식 또한 생소한 듯 모를 반항적인 코멘트를 날렸었다. 생각해 보면 창피할 정도로 곤란한 학생이었다. 이에 괴로워하셨을 은사들께는 지금이라도 깊은 사과의 말씀을 드리고 싶다.

1990년 무렵 포스트모더니즘은 교육학에 한정되지 않고 학문 분야 전반에 침투했다고 생각된다. 이렇게 말하는 나 자신도 포스트모던 사상을 잘 알고 있는 것은 아니어서 시대를 풍미한 실존주의나 마르크스주의 쪽이 더 마음에 든다고 생각했다. 그런데 대학 2학년이던 어느 날 포스트모던이란 무엇인가를 **체감으로 알 수 있었다**. 사르트르의 『구토』와 같이. 이렇게 말하는 것이 어떻게든 허풍을 떠는 것인지라 비유하는 건 맞지 않지만, 어쨌든 그것은 세계에 대한 시각이 전면적으로 변하는 체험이었다. 그리고 되돌려 생각해 보면 포스트모던이란 예전부터 동경해 왔던 것처럼 빛나는 것이 아니라 오히려 어쩐지 슬프고 고통스런 것이었다. 무엇보다 그 감촉은 포스트모던 사상이라기보다 정체성이 흔들렸던 청년기에서 기인하는 것일지도 모르겠다.

마침 그 무렵이었다. '근대교육사상사연구회'가 설립되어 『교육학연보』가 창간되었던 것은. 1990년대의 교육학은 이 책에서 말한 것 같은 패러다임 전환의 한복판에 있었다. 『근대교육포럼』과 『연보』는 그때까지의 교육학에 불만을 느꼈던 작은 무리들 속에서 화제가 되어 모두가 경쟁적으로 사서 보았다. 그리고 나는 망설임을 반복한 끝에 동급생보다 2년 늦게 대학원의 문을 두드렸다. 이렇게 보자면 이 책은 교육학의 세계에 대한 잠입일기와 같은 것이다.

1971년생인 나는 '전후교육학'을 리얼타임으로 경험한 마지막

세대가 아닐까 한다. 재적 당시 주오대학 문학부 교육학과 교육학 코스/대학원 문학연구과 교육학전공 교육학 코스는 전후교육학과 냉전후 교육학이 드나드는 곳, 곧 민물과 바닷물이 모이는 곳과 같았다. 이 책에 등장하는 범위에 한정해도 나가오 주산지, 나가노 아키라, 호리오 테루히사 선생님과 전후교육학을 중점적으로 연구해 온 선생님들이 계셨던 반면 새로운 교육학의 기수로서 모리타 히사토 선생님이 있었고, 가네코 시게루 선생님이 이 두 세대를 중개하였다. 졸업논문이나 구술시험, 대학원에서의 연구발표회 등에서 발표자는 거들떠보지도 않는 선생님들께서 교육학의 존재방식에 관한 논의를 시작하는 것이 상례여서, 매회가 마치 학회 심포지엄 같았다. 두 개의 교육학이라는 좁은 틈에서 호감을 느꼈던 적이 많았고, 이 시대의 공기를 호흡한 것은 큰 행운이다. 이 책의 근간에는 이 원체험이 있다. 성적이 나쁜 학생으로서 모처럼 받들던 가르침을 지키지는 못했지만, 보살펴 준 선생님들의 작업을 나름대로 계승하고 싶다고 생각했다. 메타 비평이라는 성격상 이 책에서 비판적으로 검토된 것들을 너그러운 마음으로 대해주길 바랄 뿐이다.

원체험으로, 이 책을 요약하면서 대학원생 시절 뻔질나게 드나들었던 두 개의 연구회를 자주 떠올린다. 하나는 마츠라 요시미츠 선생님(게이오대학)께서 주재했던 '라연ラ硏'으로 마츠라 선생님이 당시 소속되어 있었던 메이지학원대학에서 개최되었다. 교육사상사학회의 젊은이들이 모였던 이 모임에서는 『근대교육포럼』을 독해하면서 최신 교육학 동향을 추적하고 직접 이 책의 구성에 관련된 시도가 다수 이루어졌다. 다른 하나는 고故 모리 시게오 선생님(방송대학)이 주재했던 '모더니티연구회'이다. 모던 연구회에서는 푸코 연구와 뒤르켐 연구가 있는데, 푸코 연구에는 다나카 사토시 선생님도 참가하였다. 월 2회 열린 모던 연구회는 포스트모더니즘을 실감할 수

있는 매우 귀중한 장이었다. 다나카 선생님은 내가 이 책에 제멋대로 등장시켰지만 거기에는 나의 교육학에 대한 원풍경이 반영되어 있다.

직접 지도해 주신 선생님은 남아계시지 않지만, 이 책의 집필을 지켜봐 준 분들은 수없이 많다. 모든 분의 성함을 열거할 수는 없으나 이 책 집필 경위에 관한 범위에 한하여 남기고자 한다.

교육철학회와 교육사상사학회에 대해서는 거기에서 성장한 사람으로서 커다란 은혜를 느낀다. 특히, 교육사상사학회는 근대교육사상연구회 시절 학회 운영의 말단으로 참가할 무렵부터 하라 하라 선생님이나 이마이 야스오 선생님을 필두로 많은 선생님으로부터 귀중한 지도를 받았다.

이 책의 내용 다수는 교육철학회와 교육사상사학회에서 발표된 것이다. 나는 프로이트파 정신분석에 대한 사상사 연구에서 시작했지만, 근대론이나 포스트모던론에 관한 의뢰를 받은 경우가 많아서 부업으로 했던 것이 이렇게 책으로 나오게 된 것이다. 애초, 원고가 필요했던 사정은 다양했으나 포스트모던이라는 기둥을 중심으로 묶어 본다면 어느 정도 일관된 생각의 흔적을 발견할 수 있을 것이라고 생각한다.

근무지인 니혼대학교 문리학부 교육학과는 2009년 4월에 임용된 이래 많은 자극을 주고 있다. 그중에서도 히로타 데루유키 선생님은 평상시 나눈 이야기의 연장선 상에서 이 책에도 여러 번 등장한다. 히로타 선생님을 대표로 하는 연구 프로젝트에서 사회학·교육사회학을 전공하는 분들과 논의했던 경험도 이 책에 반영되어 있다. 마찬가지로, 오가사와라 히로야쓰小笠原喜康 선생님과 아키오 기타노北野秋男 선생님으로부터는 학교 현장과의 관련성을 필두로 하는 다양한 기회를 얻어, 이후 교육의 방향을 함께 생각해 볼 수 있었다. 은혜로운 환경에 대단히 감사드린다. 전임 학교인 조에스교육대학上越教育大學에서는 동세대의 현직 대학원 선생님들과 교실이나 학교를 어떻게 바꿀 것인가에 관한 이야기를 나누었다. 도쿄로 돌아와 나라 걱정으로 화제를 바꾸느라 고생했지만, 결국 망설임을 해소할 수는 없었다. 이 책에 제시된 원고는 대학원 시절에 쓴 한 편을 포함해서 대부분 도쿄에서 집필하였는데, 사람은 주어진 장소에 따라 생각하는 것도 달라지는 것 같다.

연구 동료인 에구치 기요시江口潔, 아야이 사쿠라코, 시로가네 나츠키白銀夏樹, 히구라시 도모코日暮トモ子, 스가와 기미히로須川公央, 아오야기 히로유키青柳宏幸, 오자키 히로미尾崎博美, 세키네 히로아키関根宏朗, 오야마 유키小山裕樹, 다구치 겐타로田口賢太郎 여러분, 그리고 니혼대학 대학원의 유우키 츠츠미堤優貴, 안도 겐타로安道建太郎, 우스키 류지臼杵龍児, 가토 유타加藤雄大 여러분은 이 책의 초고에 대해 유익한 코멘트를 해주었다. 또, 이 책에 들어간 원고에는 교육철학회 및 교육사상사학회의 회원 여러분, '라연' 및 발달교육학연구회의 성원, 니혼대학문리학부 교육학과 및 대학원 문학연구과 교육학 전공의 학생·대학원생들, 시노도스シノドス 세미나 참가자 모든 분들로부터 들은 귀한 의견들이 담겨있다. 마음으로부터 감사를 전한다.

일로 인해 휴일에도 활자와 컴퓨터만 대하느라 가족과 시간을 충분히 갖지 못했다. 아내와 아이에게는 당연히 변명의 여지없는 마음으로 인사드리고 싶다. 계절의 변화에 따라 매일 변화해가는 풍경을 보며 일과 삶의 균형을 다시 생각한다.

이 책의 기획과 간행에 관해서는 게이소쇼보勁草書房의 후지오藤尾야시오님께서 크게 신경 써 주셨다. 덕분에 「교육사상총서」 제Ⅱ기의 한 권으로 더해질 수 있어서 깊은 감사를 드리고 싶다. 『구조와 힘』을 낸 출판사에서 내가 포스트모던론을 출간하게 될 줄을 고교생 시절 미리 알고 있었다면 어떨지. 마지막이지만, 이 책을 은사님인 모리타 히사토 선생님께 바치고 싶다.

이 책은 이하의 연구비 보조금을 통해 추진된 연구 성과의 일부이다. 신진연구(B) 2011－2013년도 과제번호 26361046, 「포스트근대에서 '자율'과 '계몽'의 재평가」(대표 下司 晶), 기반연구(C) 2014－2016년도 과제번호 26361046, 「포스트모던 이후의 교육철학에서 규범의 재창출」(대표 下司 晶), 기반연구(B) 2010－2012년도 과제번호 22330236, 「사회이론·사회구상과 교육체제 설계와의 이론적·현실적 정합성에 관한 연구」(대표 広田照幸). 다시 한번 감사드린다.

2016년 11월 아이의 탄생을 앞두고 게시 아키라.

옮긴이 후기

교육학은 태생부터 역설을 품고 있는 학문이다. 18세기 후반 범애학파의 트랩과 철학자 임마누엘 칸트가 각각 하레대학과 쾨니히스베르크대학에서 교육학 강의를 시작한 이래로, 교육은 계몽과의 관계 속에서 사고되어 왔다. 칸트에 따르면 계몽이란 스스로의 이성을 사용하여 미성숙 상태에서 빠져나오는 것이다. 그리고 이 계몽 정신의 계승은 미신이나 구습이 아닌 교육을 통해서만 가능하다. 문제는 교육이 어린아이와 같은 미성숙한 상태에서 시작하기에 그 출발부터 타인의 인도를 필요로 한다는 사실이다. 계몽을 위해서는 교육이 반드시 필요함에도 불구하고 그것이 타인의 손길에 의해 가능하다는 역설. 이 역설 위에서 근대교육학이 발전해 왔고 여전히 학교교육을 통해 구현되고 있다.

그러나 서구와 마찬가지로 1970년대부터 일본에서도 학교교육을 거부하는 현상이 두드러진다. 학교폭력, 왕따, 등교 거부와 같은 일들은 기존의 언어로는 설명할 수 없다. 국가가 길러낸 훌륭한 국민이 되기를 거부하고 학교 밖 청소년으로, 대안학교의 일원으로 살아가길 원하는 목소리들이 나오기 시작한 것이다. 그렇다면 이제 학교교육은 실패한 걸까? 저자는 일본의 교육학계가 이를 어떻게 수용했는지를 추적한다. 먼저 근대교육학의 끝자락에는 '전후교육학'이 자리 잡고 있다. '전후교육학'은 근대교육학을 비판하지만 '정부 대 반反정부'라는 이항대립 구도는 그대로 보유하고 있다. 이들은 1950년대 이래 도쿄대를 중심으로 마르크스주의를 공부한 일군의 사회과학도들로서 정치나 경제의 폭거로부터 교육의 순수성을 지켜내고자 한다. 인권, 아동과 같은 개념에 대한 천착과 이를 학교 현장에 보급하려는 활동은 문부성과 마찰을 빚어왔다. 세계사적으로는 냉전이 존재했기에 가능했다. 그러나 1980년대 말 소비에트 연방의 붕괴와 더불어 냉전은 해체되고 '문부성 대 일교조'와 같은 구도에 입각한 논의로는 학교교육에 대한 거부를 설명하기 어렵게 되었다. '전후교육학' 또한 학교교육의 순수성을 옹호하는 담론이기 때문이다.

저자는 '전후교육학' 이후 도래한 '포스트모던 교육사상'에 대한 편견을 벗기고자 이 책을 내놓았다. '포스트모던 교육사상'은 비판만 할 뿐 대안이 없다는 편견이 그것이다. 그것은 푸코, 들뢰즈, 데리다로 대표되는 후기구조주의를 바탕으로 교육학에 타자성과 윤리, 정체성론, 교양론, 신체론, 문체론에 대한 주목을 도입했다. 그간 관심이 부족했던 한 사회 내의 타자들, 정체성과 차이의 문제들, 이성 중심적 근대교육과 실존적 교양(=Bildung)의 관계, 몸과 정신의 관계를 새롭게 사고한 것이다. 이는 교육적 공공성의 재구축과 타자와의 대화라는 규범적 유산을 남김으로써 '포스트모던 교육사상'이 결코 무분별한 상대주의적 담론이 아님을 입증하였다.

흥미로운 것은 저자의 이러한 결론이 근대교육학의 논리를 다시 끌어들일 수밖에 없다는 것이다. 왜 그런가? 교육학은 결국 이성을 사용하여 벌이는 활동이기 때문이다. 그렇지 않다면 교육은 감성에 호소하는 활동과 구별되지 않을 것이다. 우리는 과거 유산인 근대교육학과의 대화야말로 가장 중요하다고 보는 저자의 목소리에서 칸트가 외쳤던 계몽의 의미를 돌아보게 된다. 그러나 그 계몽의 함의는 역사와의 대화 속에서 끊임없이 다듬어지지 않으면 안 된다. 저자가 '포스트모던 교육사상'의 실효성을 소리 높여 외친 이유는 이 때문이리라.

역자는 번역 과정에서 일본 교육학계의 높은 논의 수준에 감탄하지 않을 수 없었다. 또한, 한국 현대교육의 개념화와 그에 대한 평가의 필요성 또한 깨달았다. 우리의 교육학은 좁게는 현장 교육의 요구에, 넓게는 시대의 요구에 잘 응하고 있는가? 저자의 논의는 이 물음에 대한 대답이 주마간산 식으로 이루어져서는 안 된다는 것을 잘 보여준다.

마지막으로 추천사를 써 준 고려대학교 한용진 교수님과 서울교육대학교 오성철 교수님에게 진심으로 감사드린다. 오성철 교수님은 오역과 애매한 표현 등에 관해 자세히 조언해 주셨다. 예나 지금이나 역자는 두 분의 학생인 것 같다. 이 책의 첫 독자는 아내인 민경이다. 우리말의 자연스러운 흐름만을 보겠다고 했지만 실은 전체적인 흐름을 매끄럽게 해주었다. 쫓기는 일정에도 불구하고 엄청난 양의 수정과 재편집을 마다하지 않은 김명희 편집자님과 연구자로서의 보람을 느끼게끔 배려해 준 김한유 대리님, 학술서적 출판의 어려움에도 불구하고 흔쾌히 출판을 결정해 준 안상준 대표님, 노현 대표님과의 인연도 빼놓을 수 없다.

인명색인

※ 원문 순서 그대로 배열하였음.

아ア 행

아사다 아키라浅田 彰 14, 43, 93
아즈마 히로키東 浩紀 14
아도르노 56
아마노 이쿠오天野郁夫 20, 181
아리에스 5, 7, 15, 16, 18, 20, 21, 22, 23, 24, 82, 95, 102, 114, 150, 213
아리스토텔레스 49, 233
아렌트 236, 238
이글턴 12, 144
이에나가 사부로家永三郎 183, 211
이가라시 아키라五十嵐顕 72, 156, 159
이치무라 다카히사市村尚久 76, 82
이나토미 에이지로稲富栄次郎 73, 94, 162
이마이 시게타카今井重孝 44, 46, 52, 86
이마이 야스오今井康雄 42, 46, 51, 77, 88, 90, 95, 107, 113, 114, 122, 128, 137, 148, 171, 248
일리치 5, 7, 15, 16, 17, 18, 19, 24, 82, 95, 213, 224, 237
이리가레 2
비트겐슈타인 13, 57, 61, 238
우에다 가오루上田 薫 81, 82
우에하라 센로쿠上原專祿 211
우사미 히로시宇佐美寛 51, 53, 156, 163
우메네 사토루梅根 悟 108, 111, 210, 211, 212
오타 다카시大田 堯 72, 79, 109, 111, 208, 211
에코 151
에릭슨 88
엥겔스 75
오웬 74
오가사와라 미치오小笠原道雄 50, 73, 77, 94, 155, 177

오가와 타로小川太郎 72
오쿠마 에이지小熊英二 72
오사다 아라타長田 新 151
오스틴 51
오바라 구니요시小原國芳 151

가/카カ 행

가이코 가츠오海後勝雄 72, 156, 159, 208, 211
가이코 도키오미海後宗臣 73
가타야마 가츠시게片山勝茂 60
가다머 2, 13
가타리 12, 61
가츠다 슈이치勝田守一 72, 109, 137, 182, 186, 188, 189, 206, 209, 211, 212, 214
가네코 시게루金子 茂 111, 247
가라타니 고진柄谷行人 8, 23
가리야 다케히코苅谷剛彦 185, 214
가와시마 다케요시川島武宜 108
칸트 56, 57, 66, 75, 133, 175, 199, 200, 201, 236, 237, 239, 240, 243
기든스 222
쿤 217
구라하시 소조倉橋惣三 151
구로사키 이사오黑崎 勳 84, 98, 206, 213, 214, 215
고다마 시게오小玉重夫 53, 72, 89, 91, 180, 187, 195, 229, 232, 235
고미카와 고이치로児美川孝一郎 205, 222, 223
코메니우스 58, 81, 128, 130, 131, 132, 142, 228, 236, 237
콩도르세 193, 233

사サ 행

사이드 157
사토 히로미佐藤広美 220
사토 마나부佐藤 學 38, 84, 89, 91, 159, 213, 214, 218, 229
사누키 히로시佐貫 浩 184, 187, 188
사르트르 74, 246
사와야나기 마사타로澤柳政太郎 151, 170
제임스 175
제임슨 4, 7, 12
젠크스 4, 5, 6, 7
시노하라 스케이치篠原助市 94
시미즈 이쿠다로清水幾太郎 212
시미즈 요시히로清水義弘 159
스고 히로시周郷 博 211
슈타이너 15, 175
쉴러 175
실 6, 7
스키너 102, 107
스즈키 아키코鈴木晶子 30, 54, 88, 90, 128, 138
소마 신이치相馬伸一 30, 128
소칼 14
소크라테스 233
소쉬르 12, 13, 61, 140, 165

다/타タ 행

다카미네 히데오高嶺秀夫 151
다케우치 요竹内 洋 160, 210, 223
다케다 기요코武田清子 76
다나카 사토시田中智志 7, 8, 11, 30, 36, 40, 56, 91, 98, 99, 128, 129, 156, 176, 186, 225, 247
다나카 츠네미田中毎実 92, 115, 156, 163, 168, 171, 172, 176
테일러 219
딜타이 13
듀이 123, 129, 134, 135, 136, 138, 142, 152, 228, 233, 236, 237
뒤르켐 159, 247
데리다 2, 11, 12, 34, 39, 40, 46, 56, 58, 60, 61, 140, 238, 239
들뢰즈 4, 7, 11, 12, 34, 46, 51, 61, 252
도리미츠 미오코鳥光美緒子 25, 44, 52, 86, 102, 176

나ナ 행

나카우치 토시오中内敏夫 22, 23
나가오 주산지長尾十三二 72, 107, 112, 124, 130, 227, 247
나카자와 신이치中沢新一 93
나카다 모토아키中田基昭 156, 163, 166
나가노 아키라中野 光 227
나카무라 유지로中村雄二郎 23, 175
니시하라 다다시西平 直 15, 93, 176
니시무라 다쿠오西村拓生 40, 41, 65, 177
노에 게이이치野家啓一 140
노올 133

하ハ 행

파슨스 13
하버마스 2, 7, 12, 77, 107, 182, 240
바우만 156
하타 다카시羽田貴史 105, 108, 124
바타이유 175
바디우 138, 139
파토카 130, 131, 141, 142
하라 소스케原 聰介 30, 52, 53, 75 ,77, 83, 98, 100, 105, 112, 113, 114, 117, 127, 137, 140, 228, 233
바르트 12, 140, 141
피아제 88
히로타 데루유키広田照幸 24, 36, 37, 47, 98, 102, 113, 115, 123, 127, 135, 185, 214, 217, 232, 238, 248, 250

피쉬 142
푸코 2, 5, 7, 11, 12, 14, 15, 16, 18, 19, 20, 21, 22, 23, 24, 30, 31, 34, 40, 46, 56, 58, 59, 61, 82, 95, 114, 134, 150, 165, 179, 182, 183, 196, 197, 198, 199, 201, 202, 213, 226, 227, 236, 237, 239, 240, 243, 247, 252
부버 168, 175
후지타 히데노리藤田英典 3, 7, 13, 98, 200, 213
후설 13
플라톤 233, 236, 237
부르디외 82
후루타 게이타古屋惠太 89
프레이리 224
프뢰벨 151, 172, 178, 228, 233, 234, 236, 237
프로이트 13, 14, 58, 66, 88, 152, 175, 240, 241, 242, 243, 244, 248
프롬 165, 242
헤겔 74, 75, 88, 238
페스탈로치 77, 81, 130, 151, 228, 233, 234, 236, 237
헤르바르트 30, 105, 128, 130, 132, 133, 142, 152, 175, 228, 236, 237
벤담 19, 196, 198
벤야민 175
포퍼 134
호리오 테루히사堀尾輝久 45, 51, 52, 72, 77, 88, 106, 108, 109, 139, 156, 183, 189, 190, 206, 212, 214, 223, 247
혼다 마스코本田和子 22

마マ 행

마츠라 요시미츠松浦良充 95, 114, 127, 247
마츠시타 료헤이松下良平 86, 91, 179, 204
마르크스 13, 71, 74, 75, 157, 236, 237, 244
마루야마 마사오丸山眞男 75, 107, 108
마루야마 야쓰시丸山恭司 57
미야자와 야쓰토宮澤康人 24
미야데라 아키오宮寺晃夫 36, 38, 63, 91, 99, 105, 120, 235
미야하라 세이이치宮原誠一 209, 211
무나가타 세이야宗像誠也 207
무페 12
무라이 미노루村井 実 52
모리 아키라森 昭 94, 169
모리 시게오森重雄 18, 21, 98, 247
모리타 노부코森田伸子 22, 88, 101, 104, 145, 181, 234
모리타 히사토森田尚人 2, 33, 34, 45, 51, 56, 63, 84, 85, 90, 94, 99, 120, 126, 147, 174, 185, 194, 2017, 213, 214, 219, 220, 225, 250

야ヤ 행

야가와 도쿠미츠矢川德光 72, 211
야기누마 료타柳沼良太 9
야마모토 데츠지山本哲士 17, 19
야노 사토지矢野智司 44, 46, 52, 86, 93, 94, 115, 116, 145, 216, 220, 236
야마나 준山名淳 56, 95, 115
융 15

라ラ 행

라이프니츠 133
러브조이 102
라캉 13, 14, 139
랑케 140
리오타르 2, 4, 6, 7, 9, 12, 60
리쾨르 14
루만 44, 52, 86
루소 58, 81, 106, 123, 130, 152, 181, 228, 233, 234, 236, 237
루터 233
레비-스트로스 12, 23
레비나스 238
로티 2, 5, 7, 12, 40, 61
로크 105, 181, 182, 198, 202, 228, 233, 238

ワ행

와시다 기요카즈鷲田清一 176
와다 슈지和田修二 93

사항색인

아ア 행

왕따 10, 184, 213, 218, 251
이데아 60
이데올로기 76, 125, 126, 147, 159, 161, 162, 174, 188, 195, 198, 202, 207, 210, 225, 230, 231, 233
『이와나미 강좌: 교육』 186, 229
거대서사 4, 6, 9, 10, 15, 26, 27, 60, 63, 92, 217, 218, 224
어른 6, 22, 24, 168
부모 183, 184, 240, 241, 242, 243, 244

가/카カ 행

해석학 2, 10, 13, 140, 142
계급 159, 191
학습 17, 53, 84, 152, 163, 194
혁신 80, 86, 210, 211, 213, 223
혁명 186
학력 49, 181
신 152, 165, 170, 225, 228, 233, 243
기초주의 242
기대되는 인간상 43, 193
규범 29, 33, 35, 37, 41, 46, 49, 50, 52, 53, 66, 91, 156, 182, 219, 250
의무교육 39, 110, 171, 191, 192, 211
역코스 70, 80, 111, 185, 186, 187, 188, 191, 192, 193, 203, 209, 210, 230
교육개혁 9, 48, 49, 50, 81, 82, 127, 128, 186, 187, 192, 218, 229, 231, 235
『교육학연보』 84, 98, 180, 185, 212, 213, 214, 215
교육기본법 70, 73, 91, 95, 98, 143, 179, 207, 210
교육담론 21, 25, 64, 89, 148
교육사 16, 20, 21, 23, 24, 100, 101, 102, 103, 104, 107, 108, 111, 112, 113,

117, 118, 119, 120, 151, 178, 191, 194, 208, 238
교육사학회 118
교육사상사 16, 24, 25, 30, 36, 97, 99, 100, 101, 102, 103, 105, 112, 113, 114, 115, 121, 122, 123, 124, 125, 126, 127, 128, 129, 136, 137, 138, 140, 141, 143, 146, 148, 149, 150, 151, 152, 153, 185, 192, 205, 219, 225, 227, 233, 236, 237, 244
교육사상사학회 3, 29, 84, 97, 98, 99, 100, 106, 112, 113, 115, 117, 118, 119, 120, 125, 127, 128, 130, 134, 137, 138, 139, 140, 142, 145, 147, 148, 149, 180, 181, 213, 237, 247, 248, 249
교육실천 1, 7, 11, 25, 27, 30, 49, 50, 51, 60, 65, 78, 80, 87, 89, 92, 129, 146, 148, 149, 150, 155, 156, 157, 158, 159, 160, 161, 162, 163, 170, 171, 172, 173, 175, 177, 178, 201, 205, 223, 225, 230, 231
교육사회학 7, 16, 18, 20, 21, 22, 24, 40, 41, 63, 84, 102, 150, 177, 207, 213, 214, 216, 220, 229
교육적 가치 49, 109, 129, 137, 138, 152, 210, 227, 230
교육철학 2, 7, 16, 24, 29, 30, 33, 34, 35, 40, 41, 42, 43, 44, 46, 47, 48, 49, 50, 51, 54, 55, 57, 58, 59, 60, 62, 63, 64, 65, 66, 69, 70, 71, 72, 75, 76, 77, 78, 80, 81, 82, 84, 85, 86, 87, 88, 90, 91, 92, 93, 95, 100, 101, 104, 105, 106, 112, 113, 117, 118, 119, 120, 142, 155, 156, 157, 162, 163, 170, 171, 172, 173, 174, 175, 177, 178, 213, 221, 229, 233, 236, 244, 250
교육철학회 29, 33, 34, 41, 43, 44, 45, 47, 48, 53, 54, 59, 71, 72, 73, 74, 84, 94, 99, 114, 118, 145, 147, 156, 162, 172, 174, 176, 236, 248, 249
교육인간학 63, 113, 116, 117, 119, 120, 169
교원 26, 27, 49, 95, 157, 158, 223, 224
교원양성 28, 49, 66, 95, 143, 151, 158, 162, 171, 172, 211
교사 48, 49, 81, 83, 89, 92, 95, 130, 160, 161, 162, 163, 164, 167, 183, 184, 188, 190, 192, 193, 202, 206, 211, 218, 223, 225, 226
교육대학원 158, 162
교토학파 93, 94, 133

공동체 90, 93, 116, 117
그리스도교 136, 182, 226
규율훈련형 권력 183, 196, 198
근대교육 5, 11, 18, 19, 21, 24, 35, 62, 82, 85, 86, 100, 105, 106, 108, 110, 122, 123, 126, 127, 130, 151, 178, 180, 181, 182, 183, 192, 195, 196, 198, 202, 219, 223, 225, 252
근대교육학 6, 8, 15, 18, 30, 37, 44, 56, 81, 84, 97, 98, 99, 100, 104, 105, 107, 110, 112, 113, 114, 116, 117, 119, 120, 121, 122, 123, 124, 125, 126, 127, 131, 136, 145, 152, 180, 181, 191, 196, 202, 216, 218, 234, 251, 252
근대교육(학·사상) 비판 21, 35, 62, 95, 97, 100, 105, 126, 127, 130, 181, 182, 183, 219, 225
근대교육원칙 114, 191, 192, 194, 198, 203, 222, 223
근대교육사상 95, 97, 106, 120, 122, 145, 228, 234
근대교육사상사연구회 30, 97, 98, 99, 106, 113, 114, 125, 130, 147, 185, 213, 215, 246
근대주의 4, 29, 69, 70, 71, 72, 73, 74, 75, 76, 77, 78, 79, 82, 83, 85, 86, 87, 90, 91, 94, 95, 99, 147, 161, 162, 176, 188, 205, 208, 210, 221, 227
근대비판 5, 13, 14, 20, 21, 30, 36, 53, 55, 56, 69, 70, 71, 74, 75, 79, 82, 83, 84, 86, 87, 88, 89, 90, 92, 93, 94, 97, 98, 102, 112, 113, 114, 115, 117, 119, 120, 121, 122, 124, 125, 126, 127, 128, 130, 134, 137, 140, 213, 217, 218, 219, 225
글로벌화 84, 221
경험 49, 88, 151, 166, 167, 185, 217
경제 64, 76, 185, 187, 188, 189, 194, 196, 197, 202, 203, 252
계몽 30, 92, 155, 156, 160, 161, 162, 178, 180, 196, 199, 200, 201, 202, 223, 239, 240, 243, 244, 250, 251, 252
언어게임 57
언어론적 전회 30, 40, 57, 60, 61, 62, 64, 65, 127, 129, 136, 137, 139, 140, 141, 142, 145, 146, 147, 150, 163
현상학 2, 5, 7, 13, 74, 166, 167, 168
권력 19, 20, 38, 40, 77, 195, 196, 197, 198, 199, 201, 203
공교육 86, 109, 179, 187, 193

공공성 49, 53, 64, 89, 90, 169, 170, 229, 230, 231, 252
구성주의 16, 21, 24, 65, 121, 140
구조주의 4, 5, 7, 12, 13, 58, 61, 87, 242
코드 142, 145, 164, 165
학교폭력 10, 78, 79, 181, 213, 251
국민교육 77, 84, 116, 192, 193, 198, 209, 233
55년 체제 26, 27, 80, 84, 89, 161, 149, 181, 183, 210, 213, 221
개인주의 196, 202
국가 19, 26, 50, 70, 73, 78, 79, 80, 81, 82, 84, 86, 93, 95, 111, 115, 162, 165, 179, 180, 183, 184, 185, 187, 188, 189, 190, 191, 192, 193, 196, 197, 198, 200, 201, 202, 203, 204, 210, 211, 212, 220, 221, 232, 245, 251
국가주의 79, 81, 86, 209, 216, 223
고전 40, 48, 50, 55, 58, 82, 85, 95, 143, 144, 145, 150, 174, 175, 181, 182, 192, 194, 195, 233, 236
아동 6, 16, 22, 23, 24, 48, 49, 53, 78, 83, 85, 86, 91, 106, 123, 160, 161, 166, 167, 168, 180, 181, 188, 189, 190, 197, 200, 202, 209, 210, 212, 217, 218, 223, 224, 225, 226, 228, 230, 231, 243, 245, 252

사サ 행

좌파(좌익) 8, 80, 84, 179, 180, 182
시장 91, 120, 231
자연 49, 88, 131, 138, 165, 225, 228, 229, 234
자연과학 166, 167, 176
실천 3, 28, 38, 39, 42, 52, 53, 55, 59, 65, 77, 89, 92, 124, 129, 148, 152, 155, 156, 157, 158, 159, 160, 161, 162, 163, 164, 167, 168, 170, 171, 172, 173, 174, 175, 177, 178, 183, 199, 200, 201, 203, 223, 224, 231
실존주의 13, 15, 74
체험(론) 14, 241, 246
아동중심주의 76, 152, 228
자본주의 70, 11, 209, 227
시민 198, 234
시민사회 70, 107, 189, 192, 194, 195, 197, 198
시민사회파 30, 70, 107, 108, 212
사회과학 207, 216, 252
사회학 25, 40, 64, 185, 248
사회사 5, 7, 15, 20, 23, 24, 102, 146, 147, 150

사회주의 195, 204
자유 5, 6, 7, 9, 17, 20, 48, 73, 81, 192, 193, 194, 198, 203
종교 35, 40, 41, 42, 49, 135, 136, 138, 139, 142, 193, 241, 242, 243
신교육 9, 17, 134, 186, 227, 228
신자유주의 9, 89, 91, 127, 128, 146, 147, 181, 187, 188, 189, 195, 202, 204, 220, 221
신체 19, 197
신비주의 14, 15
진보주의교육 9
진리 64, 73, 76, 85, 126, 129, 130, 137, 138, 139, 140, 143, 152, 170, 176, 199, 242, 243
정의 1, 2, 3, 5, 8, 9, 11, 12, 13, 15, 31, 34, 43, 50, 53, 54, 55, 73, 90, 91, 101, 106, 144, 197, 205, 206, 209, 239
성찰 67, 125, 126, 155, 168, 199
정치 8, 20, 36, 42, 44, 64, 65, 73, 77, 79, 80, 81, 82, 86, 111, 125, 129, 136, 146, 149, 160, 161, 174, 181, 184, 185, 186, 187, 189, 190, 191, 194, 195, 197, 202, 203, 209, 210, 213, 230, 252
정신분석 25, 152, 240, 242, 248
생활 65, 166, 197, 225
생명 49, 115, 225, 226, 227
서양 48, 69, 70, 74, 75, 77, 79, 83, 93, 107, 110, 124, 143, 191, 192, 200, 210, 242
전후교육학 8, 19, 26, 27, 30, 31, 45, 48, 52, 69, 70, 72, 76, 83, 84, 85, 86, 88, 89, 90, 92, 94, 95, 100, 104, 105, 106, 107, 108, 109, 110, 111, 112, 113, 114, 115, 116, 117, 119, 120, 125, 135, 137, 139, 143, 156, 157, 159, 160, 161, 162, 163, 179, 180, 181, 182, 183, 185, 186, 187, 188, 189, 192, 195, 196, 202, 203, 205, 206, 207, 208, 209, 210, 211, 212, 213, 214, 215, 216, 217, 218, 219, 220, 221, 222, 223, 224, 226, 227, 229, 230, 231, 232, 233, 240, 245, 246, 247, 251, 252
전일본교직원조합 213, 223
종합학습(종합적 학습의 시간) 84, 134, 152, 213
상대화 5, 10, 55, 90, 132, 147, 148, 217, 231

다/타ㇱ 행

대학 10, 25, 28, 80, 92, 95, 157, 158, 164, 171, 172, 176, 177, 178, 210, 239, 245, 246
대중 24, 25, 156, 157, 191, 192, 195, 198, 207, 223
대화 62, 66, 125, 126, 155, 157, 162, 163, 168, 169, 170, 175, 252, 253
타자 49, 62, 66, 93, 117, 126, 135, 155, 163, 164, 165, 166, 167, 168, 175, 198, 226, 231, 240, 252
탈학교(론) 17, 83
탈구축 2, 3, 4, 8, 21, 36, 39, 40, 55, 60, 87, 115, 140, 219, 227
혼 15
지식 9, 11, 15, 16, 18, 21, 39, 47, 48, 49, 50, 51, 55, 61, 87, 88, 90, 139, 155, 156, 157, 175, 193, 194, 201, 209, 215, 223
지육 179, 191, 193, 194, 196, 198, 201
지식인 156, 157, 209, 223
텍스트 59, 65, 85, 102, 104, 129, 130, 131, 132, 133, 136, 137, 138, 139, 140, 141, 142, 143, 144, 145, 152, 157, 170, 172, 173, 174, 175, 177, 178, 212, 234, 236
천황 73, 86, 88, 111
도덕 30, 49, 91, 135, 165, 172, 179, 181, 182, 185, 187, 188, 190, 192, 193, 194, 195, 196, 198, 200, 201, 202, 203, 204, 211, 219, 220, 223, 225
통치성 183, 196, 197, 227
도야 63, 64, 77
동양 93, 94
덕육 179, 191, 193, 194, 196, 198, 201
독자 11, 28, 29, 72, 79, 80, 88, 125, 126, 132, 140, 141, 142, 143, 171, 190, 203, 215

나ナ 행

내셔널리즘 117, 187, 194
이원론 108, 135, 177, 192, 193, 203
일본교육학회 73, 77, 106, 128, 211, 215
일본교직원조합 211
일본인론 71, 75
뉴아카데미즘 14
뉴에이지 14, 15, 92
인간 10, 17, 19, 21, 23, 44, 48, 49, 50, 57, 64, 75, 77, 81, 87 103, 106, 133, 166, 190, 193, 194, 197, 202, 217, 233, 234, 239, 241, 242
인간학 21, 48, 60, 63, 64, 65,

93, 113, 116, 117, 119, 120, 142, 202, 210
인간형성 92, 93, 168, 169, 170, 172, 176
능력 16, 46, 47, 79, 157, 219, 239

하ハ 행

발달 6, 15, 23, 52, 79, 88, 138, 161, 180, 189, 190, 210, 212, 217, 223, 228, 230, 231, 233, 245
판옵티콘 40, 196, 198
퍼포먼스 51, 54, 239
패러다임 41, 43, 86, 87, 115, 184, 185, 190, 212, 213, 214, 215, 216, 217, 246
반(反)근대 58, 130
반反교육학 85
반성 15, 16, 24, 28, 48, 51, 62, 70, 73, 77, 91, 100, 104, 138, 149, 155, 157, 163, 168, 169, 170, 174, 175, 181, 206, 207, 209, 216, 222, 224
휴머니즘 23, 76
표상 4, 21, 62, 89, 155, 157, 158, 159, 162, 163, 176, 178
페미니즘 2
복지국가 188, 189, 195, 231
부등교(등교거부) 52, 53, 181, 213, 218
보편 6, 16, 18, 36, 38, 66, 70, 73, 75, 76, 93, 134, 143, 156, 157, 161, 162, 165, 167, 180, 198, 200, 208, 220, 221, 224, 226, 231
프래그머티즘 2, 39, 40
플라톤주의 57, 60, 61, 64
분석철학 163
후기구조주의 2, 4, 5, 7, 11, 12, 13, 14, 15, 18, 34, 39, 58, 59, 61, 252
포스트모더니즘(포스트모던 사상) 1, 2, 3, …
포스트모던 상황 7, 8, 9, 10, 11, 25, 27, 30, 31, 83, 87, 91, 156, 160, 181, 218, 221, 224, 229, 232, 240, 243
보수 8, 39, 80, 86, 181, 182, 184, 187, 210
본질 2, 3, 12, 24, 37, 60, 61, 66, 75, 76, 103, 110, 139, 144, 152, 153, 165, 167, 185, 186, 195, 199
본질주의 24, 122, 153

마マ 행

마르크스주의 2, 19, 24, 70, 94, 95, 108, 146, 147, 155, 156, 158, 159, 160, 161, 162, 176, 180, 188, 195, 208, 209, 212, 221, 222, 227, 231, 246, 252
민주주의 64, 70, 72, 78, 111, 135, 192, 195, 209

미디어　49, 51, 91
이야기　10, 35, 36, 41, 44, 60, 89, 92, 94, 106, 136, 159, 182, 191, 196, 199, 203, 216, 217, 231, 234, 248, 249
문부(과학)성　26, 27, 83, 84, 111, 183, 184, 213, 252

야ヤ행

유도리 교육　9, 84, 176, 213
의지할 데 없음　238, 240, 241, 242, 243
유럽　9, 22, 23, 70, 73, 109, 110, 191

라ラ 행

이성　10, 13, 44, 75, 83, 92, 93, 193, 219, 239, 240, 241, 242, 243, 252
이론　3, 17, 30, 42, 64, 77, 81, 85, 86, 89, 92, 100, 111, 123, 138, 139, 148, 153, 155, 156, 158, 159, 161, 162, 168, 169, 170, 171, 175, 177, 178, 180, 182, 183, 184, 190, 209, 215, 216, 222, 223, 230, 231, 242
이론－실천(문제)　89, 92, 148, 156, 158, 162, 170, 177
임시교육심의회　78, 81
임상　49, 92, 157, 168, 169, 170, 172, 175, 176
임상심리학　41, 63, 161, 175, 177
윤리　62, 108, 117, 134, 135, 139, 200, 224, 225, 227
냉전(후)　26, 27, 80, 84, 87, 115, 132, 146, 147, 174, 180, 186, 187, 195, 221, 231, 252
냉전후 교육학　26, 27, 115, 180, 182, 205, 221, 240, 247
역사학　24, 30, 140, 146, 147, 149, 150, 152
역사법칙　159, 161, 208
노동자　10, 191, 198

최초 출처

그러나 매우 많이 수정하였다.

서장 새로 씀.

제1장 「포스트모더니즘의 커다란 유산」, 교육철학회 『교육철학연구』 제106호, 2012년 11월, pp. 24－25., 「포스트모더니즘과 규범의 상실?: 교육철학의 포스트모던 사상수용」, 히로타 데루유키 · 미야데라 아키오 편 『교육체제와 사회: 그 이론적 검토』, 世職書房, 2014년 8월, pp. 297－321.

제2장 「근대비판, 미완의 프로젝트: 『교육철학연구』에서 근대론의 전개」, 교육철학회 『교육철학연구』 100호 기념 특별호, 2009년 11월, pp. 279－296.

제3장 「교육사상사의 과제와 방법에 기대어: 근대교육학 비판의 현실성」, 교육사상사학회 『근대교육포럼』 제10호, 2000년 9월, pp. 49－58.

제4장 「언어론적 전회 이후의 교육사상사: 혹은 포스트모더니즘의 어떤 점이 불가한가?」, 교육사상사학회 『근대교육포럼』 제20호, 2011년 9월, pp. 171－181.

제5장 「상실된 계몽의 행방: 교육철학과 교육실천, 그 관계성의 전환」, 교육철학회 『교육철학연구』 제109호, 2014년 5월, pp. 42－48., 「교육실천의 표상으로서의 사상: 전후교육학과 더불어 상실된 것/임상 붐이 보지 못한 것」, 교육사상사학회 『근대교육포럼』 제18호, 2009년 9월, pp. 229－232.

제6장 「국민의 교육권론을 푸코로 다시 짜다: 교육사상의 포스트모던·서설」, 교육사상사학회 『근대교육포럼』 제24호, 2009년 9월, pp. 88－94.

종장 「사회/교육의 이분법을 넘어」, 히로타 데루유키·미야데라 아키오 편 『교육체제와 사회: 그 이론적 검토』, 世職書房, 2014년 8월, pp. 233－239.

저자

게시 아키라(下司 晶)

일본대학 문리학부 교수. 주오대학교대학원 문학연구과 박사후기과정 수료. 프로이트파 정신분석과 교육에 관한 연구로 교육학 박사학위 취득. 일본교육철학회 이사, 교육사상사학회 이사, 일본교육학회 도쿄지구 이사. 프로이트 및 프로이트파 정신분석의 사상사적 연구, 포스트모던 사상 연구, 일본 교육학설사 연구를 전문으로 삼고 있다. 저서로 『정신분석적 아이의 탄생: 프로이트주의와 교육담론』(2006), 『응석부림과 자율의 교육학: 돌봄·도덕·관계성』 (편저, 2015), 『교원양성을 되묻다: 제도·실천·사상』(공편저, 2016), 『교원양성을 철학하다: 교육철학은 무엇을 할 수 있는가』(공편저, 2014) 등이 있다.

역자

최승현

충북대학교 교육학과 교수. 들뢰즈에 관한 연구로 고려대학교에서 교육학 박사학위를 받았다. 한국교육철학학회 학술위원을 맡고 있다. 들뢰즈, 푸코, 벤야민을 비롯한 현대 사상가들의 사유와 교육학을 접목하는 한편, 일본 현대 교육사상을 연구하고 있다. 논문으로 『역사적 담론으로서의 인성교육론』(2015) 등이, 역서로 『바이로이드적 생명: 니체와 탈인간의 조건』(2019) 등이, 저서로 『미래학교를 위한 놀이와 교육』(공저, 2020) 등이 있다.

포스트모던 교육사상

: 일본교육학은 포스트모던을 어떻게 수용했는가

초판발행	2020년 9월 25일
지은이	게시 아키라
옮긴이	최승현
펴낸이	노 현
편 집	김명희
기획/마케팅	김한유
표지디자인	조아라
제 작	우인도·고철민
펴낸곳	㈜ 피와이메이트 서울특별시 금천구 가산디지털2로 53 한라시그마밸리 210호(가산동) 등록 2014. 2. 12. 제2018-000080호
전 화	02)733-6771
f a x	02)736-4818
e-mail	pys@pybook.co.kr
homepage	www.pybook.co.kr
ISBN	979-11-6519-085-9 93370

정 가 17,000원